JN182812

法人職員・公務員のための
労働法72話

小嶌典明 著

まえがき

人事労務の現場にとって、本当に必要な労働法の知識（knowledge）、知恵（wisdom）とは何か。本書は、それを身近にある具体例を示しながら、できるだけわかりやすく解説することを目的としている。

第一部「公務員法と労働法の違いがわかる30話」は、『文部科学教育通信』の二九七号（平成二十四年八月十三日号）から三二六号（平成二十五年十月二十八日号）に連載した「国立大学法人と労働法」（第一回から第三〇回）を、第二部「労働法の基礎と応用が身につく42話」は、これに続いて、同誌三二七号（平成二十五年十一月十一日号）から三六八号（平成二十七年七月二十七日号）に掲載された「続・国立大学法人と労働法」（第一回から第四二回）を、それぞれベースとしている。

このうち、第一部は「実務に役立つ三〇話」として、『国立大学法人と労働法』（ジアース教育新社、平成二十六年）の第一部「講話編」に収録したものと、コンテンツを基本的に同じくしているとはいえ、今回の収録に際しては、右の「講話編」に収めた五つのコラム（初出は後掲）とともに、内容の全面的な改訂を行っている。

時代の流れは、恐ろしく速い。今読んでもおかしくない程度に中身を改めるだけでも、第一部はもとより、第二部についてもかなりの書き直しを必要とした。

本書は、タイトルにもあるように、法人職員（国立大学法人のほか、いわゆる独立行政法人、学校法人等の職員を含む）や公務員を、主な読者として想定している。ただ、民間の労働法と公務員法との違いがわかれば、労働法の世界をより深く理解することが可能になる、とも筆者は考えている。その意味で、民間企業の職員（現場担当者）や学生諸君を対象から除外しているわけではもとよりない。

事件は現場で起きる。この点においては、民間と公務員の間に違いはない。現場には、現場にしかわからない悩みがあり、一方で現場担当者には、現場を実際に任されている者としての矜持もある。そうした悩みや矜持を、少しでも読者に知って（共有して）もらいたい。そんな思いも、筆者にはあった。

なお、本書の出版に当たっては、前著『国立大学法人と労働法』と同様、ジアース教育新社の加藤勝博代表取締役社長および同社編集部の中村憲正氏に、大変お世話になった。最後になったが、深謝の意を表したい。

平成二十七年十月　待兼山キャンパスにて　小嶌典明

目次

第二部◆労働法の基礎と応用が身につく42話 —— 207

《コラム初出一覧》

コラム1・3　『ビジネス・レーバー・トレンド』（労働政策研究・研修機構）四五三号（平成二十四年十二月号）に、「労働組合の『代表性』――先人の教えと議論の必要性」として掲載。

コラム2・4・5　『週刊労働新聞』（労働新聞社）二六一九号（平成十九年二月五日号）、二六五五号（同年十一月五日号）および二六五九号（同年十二月三日号）の「ぶれい考」欄に、同名のタイトルで掲載。

第一部

公務員法と労働法の違いがわかる30話

第一話　ある裁判例から

敗訴をもたらした「お役所仕事」

ミスもすれば、ドジも踏む。神ならぬ人間が仕事をする以上、多少のミスは避けられないし、失敗はこれを繰り返さなければ、仕事をしている証拠でもある。とはいえ、仕事に手抜きは禁物であり、それが「お役所仕事」のレベルにまで達すると、多大な損害を法人に被らせることもある。

例えば、以下にみる裁判例（東京都自動車整備振興会事件＝平成二十一年三月六日東京地裁判決）は、その典型といってもよい。事件の舞台＝被告となったのは公益社団法人（当時）であり、事実経過を要約すると、およそ次のようになる。

① 原告がパート職員として被告に採用された平成四年当時、正社員である一般職員には六〇歳定年が適用されていたが、パート職員には定年制がなかった。

② 平成八年四月末ころ、被告は原告の所属する組合に対して、パート職員への定年制導

入について協力を依頼し、組合側も定年制がないことを前提として既に雇用されているパート職員については、既得権保護の見地から、適用除外を認めることを条件に定年制の導入に協力することとした。

③　平成八年五月七日、これを受け、被告と組合はパート職員の定年を六〇歳と定める定年制協約とともに、定年制を「原告を含む一六名の組合員には適用しない」と規定する定年制除外協約を締結した。

④　平成十六年四月、被告は組合に対して適用除外者を含む全パート職員に定年制を適用する旨の申入れを行い、平成十七年十二月八日には、定年制除外協約を破棄し、翌十八年三月九日付けをもって同協約が失効する旨を組合に通告した。

これに対して、組合が、平成十八年二月二十一日付けで、労働協約の一部破棄については「団体交渉で協議されたこと自体がないこと」等を指摘して、協約破棄の撤回を求めたところ、被告は「事実に反し、当を得ない」と回答した。

⑤　平成十八年三月八日、被告は、破棄通告から九〇日を経過したとして、定年制除外協約の失効を通告。組合は協約破棄を無効として団体交渉の開催を要求したが、被告はこれを「当を得ないもの」として、団交の開催を拒否した。

⑥　平成十九年六月一日、被告は、同年七月六日付けで原告が満六〇歳に達するとして、定年となる旨を原告に通知。その後、再雇用をめぐるやりとりはあったものの、これが

頓挫したため、被告は原告を定年退職扱いとした。

以上の事実をもとに、判決は、本件定年制協約および定年制除外協約は「不可分一体のものと解するのが相当」であるとした上で、「労働協約の一方的解約は、特別の規定や相手方の同意がない限り、当該労働協約の全体についてなしうるものであって、本件定年制除外協約のみを解約することはできない」として、雇用契約上の地位の確認および「定年」後の賃金の支払いを求める原告の請求をほぼ全面的に認めるものとなった。

右の判旨は、労働協約が全体としてギブ・アンド・テイクの産物であることを根拠に、協約の一部解約を原則として無効と解する（テイクした部分は解約せず、ギブした部分のみを解約することを認めない）判例・学説の立場に沿ったものといえるが、被告法人が敗訴した真の理由は、その「お役所仕事」にあったとも考えられる。

将来のことをあまり考えずに組合と協約を締結し、問題のある状況を長期間にわたって放置した末に、十分な用意も整わないまま、いとも簡単に協約を破棄してしまう。まさに画に描いたような「お役所仕事」というべき事案であり、裁判の帰趨は最初から決まっていた。こういっても誤りではない事件だったのである。

被告の逆を行く——敗訴事件の教訓

本件の場合、パート職員への定年制の導入を労働協約（定年制協約）の締結ではなく、就業規則の作成または変更という方法によって行っていれば、協約の一部解約という批判を受けることもなかった（注：就業規則を変更する場合には、合理性の有無が問題となるが、その作成義務が使用者にある以上、全部解約＝破棄といったことは考えられず、労働協約とは異なり、部分的な変更が問題とされることもない）。

他方、定年制がないものとして雇用されてきたパート職員（組合員）について、組合の要求を容れて、定年制の適用を除外する場合においても、除外期間を「当分の間」に限るといった知恵が働いていれば、協約（定年制除外協約）の破棄も、法人側の対応次第では当初から予定されていたものとして、比較的スムーズに認められた可能性がある。

また、定年制協約と措置期間に限定のない除外協約とが併存するという悪条件を前提とせざるを得ない場合であっても、これを法人が長期間放置せず、除外協約の解約を求めて十分な説明と交渉を行っていれば、裁判所も協約の一部解約のみを理由として、その無効をいうのは難しかったに違いない。

思うに、本件の場合、組合は、非組合員であるパート職員に限定して定年制を導入するという、きわめて異例な内容の協約を結んだというにすぎず、組合が法人に譲歩（ギブ）した部分は実際にはなかったに等しい。したがって、協約の一部解約を論ずべき事件ではそもそもなかったということもできる。

しかし、日頃の「お役所仕事」はそのままにして、このような「理屈」だけで、裁判に勝とうとしても、やはり無理がある。

本件の場合、被告は、上記の「理屈」ではなく、誰がみても「屁理屈」としか思えないような「理屈」を持ち出して、裁判に臨んだものの、当然のことながら、裁判官はこれを認めなかった（注：被告の主張は、本件は組合と被告が「団体交渉の当事者でない非組合員の首切りを意図して労働協約を締結したもので、本件定年制除外協約は公序良俗に反し無効である」とするものであったが、判決は「協約を締結した一方当事者であるはずの被告自らが、このような主張をすること自体、当を得ないもの」として、これを一蹴した）。「理屈」で「事実」は変えられない。裁判もまたその例外ではないことをしっかりと認識する必要があろう。

では、「お役所仕事」をやめるにはどうすればよいか。要は、本件における被告法人の逆をいけばよい。つまり、①目の前の問題から逃げない、②易きに流れない（楽をしようとはしない）の二点がそれである。

こうした「お役所仕事」をやめる覚悟さえあれば、必要な知恵は後からついてくる。これを逆にいうと、このような覚悟がなければ、知識をどれだけ詰め込んでも、それが実践で活きる知恵となることはない。

期間の定めのない労働協約について、これを解約するには九〇日前の予告が必要（労働組合法十五条四項を参照）との知識はあっても、そうした知識があるというだけでは現場は到底務まらない。

労働組合との間でいったん協約を締結した以上、これを解約するためには、当然、その理由を交渉の場で可能な限り詳細に説明することが必要になる。それを本件被告のように「当を得ない」の一言ですませようとするなど、もってのほかなのである。

「お役所仕事」にどっぷりつかってしまうと、そんな常識さえ脳裏に浮かばなくなる。ただ、その危険は、国立大学法人を含め、常にどの法人・企業にもある。このことも失念すべきではあるまい。

第二話　就業規則の作成

試行錯誤からわかったこと

法人化に当たって、国立大学が求められたことの一つに就業規則の作成がある。自らは労働条件を定めず、勤務条件は法令で定めるもの（勤務条件法定主義）と思い込んできた国立大学にとって、それは想像以上に困難な作業であった。

国家公務員法や給与法（一般職の職員の給与に関する法律）、勤務時間法（一般職の職員の勤務時間、休暇等に関する法律）をはじめとする法律のほか、これらの法律に根拠を置く数多くの人事院規則は、就業規則の作成に際して、その拠り所とはなったものの、縦（法令は現在も縦書き）を横（就業規則は一般に横書き）に直せばすむという話ではもとよりなかった。

就業規則の制度は一応知っているが、実際に作成したことはない。就業規則の作成に従事した教職員も、その多くはそんな素人同然のレベルにあった。

ただ、法人化の日程（平成十六年四月一日）は、既に決まっており、ここはやる以外に選択肢はない。どのようにすれば、就業規則［らしきもの］ができるのか。試行錯誤を重ねるなかで、押さえるべき作成の勘所も徐々にわかってきた。例えば、次のような事柄がそれである。

① 主語は学長ではなく、大学とする

オーナー経営の会社であっても、就業規則に社長は登場しない。会社組織の場合、社長ではなく、会社が従業員を採用し、解雇等の処分を行う「使用者」となる。

法人化前、国立大学には当然のことながら法人格がなかった。そのために「任命権者」という概念を必要としたが、法人化後はその必要もなくなった。

公務員時代の発想では、就業規則の主語はそれまでの任命権者、つまり「学長」とするのが自然である（なお、学長の「任命権」については、第七話および第二一話を参照）が、それでは国立大学「法人」とはいえなくなる（このことと、大学の管理運営において「学長」がリーダーシップを発揮することとは、別次元の問題である）。

「学長」で始まる条文（案）を一つひとつ「大学」を主語とするものに置き換えていく。このような発想の転換、頭の切り替えを必要とする作業から、就業規則の作成はスタートしたのである。

②　文末を「できる」とは表現しない

公務員関係の法律には、その末尾が「○○しなければならない」とか「○○することができる」といった表現で終わる条文が多い。行政府の行為に、立法府が外から枠をはめることにその目的があるからである。

しかし、こうした他人任《ひとまか》せの公務員時代の感覚のまま、就業規則の作成に臨むと、その内容までが他人事《ひとごと》になってしまう。

就業規則は、使用者が自らその判断と責任において作成することを本旨とするが、右のような「他力本願」の状況を続けていると、こうした自主・自律の精神も、いきおい育たなくなる。

「できる」と書かれていれば、それが常に「できる」ものと錯覚する。そうしたリスクが生じることも、現場サイドの問題としては考慮する必要があった（なお、「できる」を逆に「しなくてもよい」と読み替える身勝手さも現場にはあるが、ここでは問題にしない）。

これに代わる案としては、「○○しなければならない」は「○○する（ものとする）」と、「○○することができる」は「○○することがある」と書き改めることが一応考えられるが、後述するように「する」と「することがある」では、その意味がまったく違ってくる。就業規則の作成は、そうした「違い」を身をもってわからせてくれるチャンスでもあったのである。

③　何をどう規定するかをよく考える

退職者に、就業規則の適用はない。にもかかわらず、国立大学の多くは「国立大学法人の役員及び職員は、職務上知ることのできた秘密を漏らしてはならない。その職を退いた後も、同様とする」と定める国立大学法人法（国大法）十八条の規定に従って、同趣旨の定めを就業規則に設けた。

守秘義務は、就業規則に定める服務規律の根幹をなす一方で、法律上は在職中であると退職後であるとを問わず、これに違反した者は等しく刑罰の対象となる（一年以下の懲役又は五十万円以下の罰金に処せられる。国大法三十八条を参照）。

だとすれば、教職員の注意を喚起する意味でも、この義務が退職後もなくならないことを就業規則で規定したほうがよい。

実際には、そこまで考えてはいなかったというのが正直なところかもしれないが、本来退職者に適用がないことを知りつつ、「理屈」よりも「実利」を優先させた国立大学法人に誤りはなかった。

他方、法律や人事院規則に規定された勤務条件と関わる重要事項であっても、就業規則には同様の定めを置かないほうがよい場合もある。

例えば、給与法十九条の四以下に規定する期末・勤勉手当（賞与）の支給月数や、人事院規則九―八に規定する「初任給、昇格、昇給等の基準」はその代表例といえる。

いわゆる格付けを従業員と相談して決める会社はないし、賞与の支給月数は、通常その期ごとまたは年単位で決まる。それゆえ、右のような規定はいずれも就業規則にはなじまないといえるが、これをそのまま就業規則に定めた大学も現実には少なくなかった。ただ、試行錯誤である以上、多少の失敗は避けられない。就業規則の作成は、そうした失敗から学ぶ貴重な機会を提供してくれる場でもあったのである。

「誤った期待」をいだかせない

有期労働契約の更新や定年退職者の再雇用については、「更新することがある」等と就業規則に定め、解雇については、端的に「解雇する」と規定する。

このように条文を書き分けることの目的は「誤った期待」をいだかせないことにあるが、就業規則の作成に当たっては、前述した点に加え、この理を十分に理解することが重要なポイントとなる。

就業規則に「○○の場合には、契約を更新する」と規定すると、更新を約束したことになるが、「更新することがある」と定めても、これを約束したことにはならない。

このことは、現場担当者の間でも比較的よく理解されているとはいえ、「解雇することがある」との定めから「解雇されないケースもある」との「誤った期待」が生じることまでは、なかなか考えが及ばない。

懲戒解雇に伴う退職手当の不支給についても、「支給しないことがある」などと中途半端な定めを置くと、懲戒解雇は有効と判断されても、退職手当の一部支給を裁判所から命じられる可能性がある。

確かに、退職手当については、懲戒解雇の場合には不支給とし、諭旨解雇の場合にはその一部を不支給とする定めを就業規則に置けば、一応の解決にはなる（懲戒解雇が有効であれば、就業規則上、退職手当の一部支給を命じる根拠はない。東宝舞台事件＝平成十九年十二月六日東京地裁判決を参照）。

他方、解雇について「解雇することがある」といった問題のある規定を避けようと思えば、同義反復のきらいはあるものの、「雇用関係を維持し難い場合」に解雇の対象を限定する等のテクニックが必要になる。

ただ、「誤った期待」をいだかせないという自覚さえあれば、テクニックは後からいくらでも身につけられる。経験者がいうのだから、間違いはない。

第三話　就業規則の作成（続）

過半数代表者の選出と意見聴取

平成十六年四月一日。法人化の第一日目に当たるこの日から、就業規則の適用を可能にしておく必要が国立大学にはあった。規則を作成したというだけでは終わらない。法人化前の完了を不可欠とする、そうした準備作業の一つに過半数代表者の意見聴取があった。就業規則の作成（または変更）に当たっては、「労働者の過半数で組織する労働組合」またはこうした過半数組合が存在しない場合には、過半数代表者つまり「労働者の過半数を代表する者」の意見を聴かなければならない（労働基準法（労基法）九十条一項を参照）。

しかし、過半数組合の存在する国立大学はごく少数にとどまる。そこで、大半の大学では、過半数代表者をいかにして選出するかという難問に直面することとなった。

総合大学の場合、一事業場で働く教職員の数が千名を超えることも珍しくない。事業場が同じであっても、部局の独立性が強い現状では、投票によると否とを問わず、事業場内の全教職員を母体とする「直接選挙方式」を採用することはきわめて難しい。

部局ごとに選挙人を選出し、そこで選ばれた選挙人が過半数代表者を互選する。複数の部局からなる事業場では、多くの場合、このような「間接選挙方式」が自然と採用されることになった。

このように大学が過半数代表者の選出方法を決めることについては、これを問題視する向きもあったが、就業規則の作成は使用者の義務（労基法八十九条を参照）であり、意見聴取も使用者の責任において行うものであることからすると、代表者の選出を適正かつ円滑に実施するためにも、その選出手続きについては、事前にこれを定めておくことがむしろ望ましく、選出手続きを使用者が定めることは代表者の選出への不当な干渉に当たらない。こう整理することが可能であった。

また、法人化前の国立大学には労働基準法の適用が除外されていたこと（国家公務員法附則十六条を参照）から、同法に定める労働者とはいえない国家公務員の地位にあった代表者の意見を聴くことについても、その有効性を危ぶむ声があったものの、国立大学法人の場合、「身分承継方式」が採用されたこと（国立大学法人法附則四条を参照）もあって、大きな問題とはならなかった（ちなみに、「身分承継方式」が採られなかった日本年金機構では、機構の発足直後に意見聴取が行われている）。

そして、過半数代表者には、大方の予想に違わず、少数組合である教職員組合の委員長をはじめとして、その現・元役員が選出されることになる。直接選挙であれ、間接選挙であれ、組合関係者以外に手を挙げる者がいなかったからである。組合の組織率がきわめて低い場合であっても、こうした状況に変わりはなかった。

確かに、法律は就業規則の作成に当たって使用者に対し過半数代表者の意見を聴くことを義務づけているだけであって、代表者との協議や交渉までは義務づけていない。

しかし、少数組合の委員長が過半数代表者にそのまま選出されたような場合には、意見聴取の場が交渉の場と化す。そこにある種の混乱（交渉と意見聴取との混同）が生じることは避けようがなかった。

労働基準法と同様、法人化前の国立大学には労働組合法の適用もなかった（国家公務員法附則十六条を参照。それゆえ、労働委員会が関与する可能性もなかった）とはいうものの、法律ごとに異なる対応をとることはもとより選択肢にはなかった。

ただ、少数組合との交渉は次第に組合員のための交渉ではなく、全教職員のための交渉であるかのような様相を呈していく。当初の混乱が、そうした問題のある状況を生み出す要因となったことも忘れてはならない。

過半数組合は、その権限の及ぶ範囲が意見聴取等の法定事項に限られるとはいえ、労働組合として、事業場内の全労働者を代表する従業員代表としての地位を得る。

他方、少数組合は、その役員が仮に過半数代表者として従業員代表の地位を得ることがあったとしても、労働組合としてはあくまで組合員を代表する存在に終始する。

そこには、微妙ではあるが、大きな違いがある。だが、その違いを十分に自覚していた交渉当事者はほとんどいなかった。こうした事情から、組織率が一〇%に満たない組合であっても、全教職員の「代表」として交渉を行う。そうした状況が国立大学法人には広範にみられたのである。

なお、法人化後一〇年余りを経た今となっては、もはや「過去」の話ということになるのであろうが、意見聴取とも関連するややテクニカルな届出の問題についても少し触れておきたい。

まず、作成（または変更）された就業規則については、行政官庁への届出が必要になるが、届出に際しては過半数代表者の「意見を記した書面」（意見書）を添付しなければならない（労基法八十九条、九十条二項を参照）。

就業規則の届出自体は、行政官庁＝所轄労働基準監督署長宛に行うことになるが、意見書の名宛人は国立大学法人の場合、法人の代表者つまり学長となる（ただし、監督署長宛ではないのに、意見書についても正本の提出を求められるので注意）。また、意見書には過半数代表者の署名（自署）または記名押印のあることが要求される（労基法施行規則四十九条を参照）。

厚生労働省労働基準局「労働基準監督年報」によれば、平成二十五年における就業規則の届出（変更届を含む）件数は約五九万件。就業規則の作成義務のある事業場（規模一〇人以上、約一〇八万事業場）に占める、その割合は五割を少し上回る現状にある。これを多いとみるか少ないとみるかは、議論の分かれるところであろう。

周知をめぐる実務上の問題

法令を適用するためには公布という手続きが必要とされる（第二二話を参照）のと同様、法的規範としての拘束力（法的規範性）が認められる就業規則についても、これを適用するためには周知という手続きが必要となる。

国立大学法人の場合、周知の方法としては教職員が常時アクセスすることのできる学内ホームページ等への掲載という方法が一般に活用されているが、勤務場所（労基法百六条一項にいう「作業場」）が方々に分散していることや、規則改正の頻度から考えても、こうしたイントラネット等の活用に勝る方法はないといえる（例えば、備え付けの場合には、差し替えを失念する等のミスが避けられないといった問題もある）。

他方、国立大学法人の場合、「職員の給与及び退職手当の支給の基準」については、大学に公表義務が課せられている（国立大学法人法三十五条によって準用される、独立行政法人通則法六十三条二項〔平成二十七年四月一日以降、五十条の十第二項〕を参照）ため、給与規程や退職手当規程については、学外からのアクセスが可能なインターネットを活用している大学も多い。

また、法律上の周知義務はないとはいえ、過半数代表者の意見書やこれに対する大学側の応答文書についても、可能な限り教職員には周知を図ることが期待される。

意見聴取を「意見を聴くだけ」には終わらせない。就業規則を現に作成（変更）した者の責務として、この程度の努力は惜しんではならない（不利益変更が裁判で争われた場合には、大学側に有利に働くという効用もある）。最初は面倒であっても、慣れさえすれば、そうしないことがむしろ「異常」にみえてくる。騙されたと思って、一度トライしてみてほしい。

なお、就業規則中に「大学が必要と認めた場合」といった文言があり、その基準が周知されていたとしても、基準自体が就業規則になるわけではない（したがって、基準を変更する場合にも意見聴取は不要）。

実際に必要と認めるかどうかは大学が判断し、決定する。右のような定めのある就業規則では、その自由を大学が留保していると解するほかない。現場担当者の間でも、この点については誤解が多いと聞くので、付言しておきたい。

第四話　労使協定の締結

初日から必要となる三六協定

一年間の届出件数が百万件を超える。このような労使協定は、三六協定（「労働基準監督年報」によれば、平成二十五年の届出件数は約一一三一万件）をおいてほかにはない。

三六協定の名称は、労働基準法三十六条にその定めがあることに由来する。過半数代表者等と「書面による協定」をし、これを行政官庁（所轄労働基準監督署長）に「届け出た場合」には、同法に定める法定労働時間（一週四〇時間、一日八時間）または法定休日（四週四日）に関する規定にかかわらず、「その協定で定めるところによって労働時間を延長し、又は休日に労働させることができる」。同条一項本文は、概ねこのように規定している。

国立大学の場合、法人化初日からこのような時間外労働が必要とされた（その可能性を否定できなかった）ため、三六協定の締結と届出は就業規則の作成と届出と同様、公務員時代にすませておく必要があった。

協定すべき事項や届出様式等については、省令（労働基準法施行規則十六条、十七条）に定めがあり、実務も当然これに従うことになる。しかし、以下にみるように、協定書や協定届の作成に従事するなかで、初めて理解できたことも少なくなかった。

①　協定書と協定届との関係

労働基準法施行規則十六条一項によれば、「時間外又は休日の労働をさせる必要のある具体的事由、業務の種類、労働者の数並びに一日及び一日を超える一定の期間についての延長することができる時間又は労働させることができる休日」が三六協定で協定すべき事項となる。

これらの協定事項は、すべて同規則十七条一項に定める届出様式（様式第九号）の記載事項となっているが、実際の様式ではこれに加え、所定労働時間や所定休日等についても記入を求めるものとなっている。

また、届出様式には過半数代表者の押印欄こそ設けられていないものの、押印等がある場合には協定届をもって協定書（労働基準法三十六条にいう「書面による協定」）に代えることも、通達では認められている。

業務の種類や労働者数については、実務上も協定届にのみ記入する例が多く（業務の種類を問わず、事業場内の全労働者を対象とする場合、協定書本体に定めを置くことにあまり意味はない）、その場合、協定届は文字どおり、教職員への周知を必要とする（労働基準法百六条一項を参照）協定書の一部を構成することになる。

ただ、時間外労働等を職員に命じる場合の通知方法や協定に疑義が生じた場合の措置等、協定の締結を円滑に進めるために必要となる事項であって、協定届には定めることのできない事項も少なからず存在する。その意味では、協定届にはない独自の意味が協定書にはあるということもできよう。

②　法令と現実とのギャップ

時間外労働や休日労働は、あくまで例外としてのみ認められる。労働基準法はそうしたスタンスに立っており、同法施行規則が先にみたように「時間外又は休日の労働をさせる必要のある具体的事由」を協定事項の冒頭に掲げているのも、そこに理由がある。

しかし、時間外労働等を命じる具体的事由を協定に定めることは現実には不可能に近い。「業務上必要がある場合には、時間外労働等を命じることがある」。このようにフラットに規定した就業規則のほうが、むしろ職場の実情には合致しているといえなくもない。

協定に規定する時間外労働等の事由がともすれば抽象的なものとなり、「その他前各号に準ずる業務上の必要があるとき」といった定めを必須とするのは、一度でも三六協定の案文を起案した経験のある者であれば、すぐにわかる。残業や休日出勤が必要かどうかは、最終的には現場が判断する。法令のタテマエはともかく、これが否定できない現実であるからである。

他方、休日出勤の多くが、休日労働ではなく、一週四〇時間の法定労働時間を超えるものとして時間外労働となるという「理屈」にも、現場にはかなりの違和感があった。休日出勤がなぜ、「労働時間を延長」（労働基準法三十六条一項）することになるのか。通常の言語感覚では、到底理解できなかったからである。

週休二日制が定着をみた現在とは異なり、週休一日が当たり前であった時代の名残といえば、それまでであるが、「労働させることができる休日」を四週に二日と協定した場合にも、それが「四週間を通してすべての土曜日に出勤し、日曜日も二日しか休まない」というような一般には考えにくい状況を想定していることは、協定当事者の間でも正確に認識されていたかどうかはかなり怪しい。それが偽りのない現実だったのである。

時間外労働の限度とその例外

一日は二四時間。そこから法定労働時間（八時間）と休憩時間（一時間）を差し引けば、一五時間となる。一日当たりの残業時間については、この一五時間を限度として協定に定めている企業も実際には珍しくない。

三六協定には、このようにいかなる不測の事態にも対応できるようにする「保険」としての意味があり、一カ月または一年当たりの限度時間についても、それぞれ四五時間または三六〇時間と、大臣告示（労働基準法第三十六条第一項の協定で定める労働時間の延長の限度等に関する基準）の認める上限一杯にこれを定めることが、わが国の企業では慣行として定着している。国立大学法人も、この慣行に倣うことに迷いはなかった。

確かに、年間三六〇時間の時間外労働を必要とする職員は、国立大学においても決して多くはない。しかし、それでも足りない部署もなかにはある。たとえコンマ以下の確率であっても、こうした例外が生じる可能性にはやはり備える必要がある。

いわゆる特別条項付き協定の締結がその備えに当たるが、前述の大臣告示は「限度時間を超えて労働時間を延長しなければならない特別の事情（臨時的なものに限る。）が生じたときに限り」、これを認めるものとなっている。

そこで、このように特別に認められる延長時間（特別延長時間）については、その事由が臨時的なものであることを協定上も明確にすることが必要になる。これを逆にいえば、限度時間の範囲に収まる時間外労働については、その事由から臨時的なものを除く必要が生じる。そうしないと三六協定全体としての整合性が失われるからであるが、監督署ではそうしたテクニカルな問題が指摘されることもあるので、注意を要する。

また、特別条項付き協定については、協定に定める一定期間ごとに労使で合意した通告等の手続きを経て労働時間を延長することが必要になるほか、通達では「特定の労働者についての特別条項付き協定の適用が一年のうち半分を超えないものとする」ことが要求されるなど、これを適用するに当たっては制約も少なくないのが現状となっている。

ただ、特別延長時間そのものについては、大臣告示も特に制限は設けていない。それゆえであろうか、日本労働組合総連合会（連合）が実施した平成二十六年度の「労働時間に関する調査」結果をみても、特別条項付き協定を締結している組合が全体の八四・六％を占めるなかで、特別延長時間は一ヵ月平均で七七・三時間、一年平均で六二五時間となっており、先にみた告示に定める限度時間との間には大きな開きがある。

予期せぬ場所で、予期せぬ業務が発生する。このようなことは、国立大学においてもしばしばみられるところであって、特別延長時間についても、ある程度の余裕をもってその設定を行う必要がある。備えあれば憂いなし。現場の心得もまた、この一言に尽きるのである。

第五話　労使協定の締結（続）

教員を対象とした裁量労働協定

平成十五年厚生労働省告示第三五四号。同年十月二十二日に公示されたこの改正告示により、「学校教育法（略）に規定する大学における教授研究の業務（主として研究に従事するものに限る。）」が専門業務型裁量労働制の対象業務として新たに追加される。平成十六年一月一日適用。この改正告示の適用日からもわかるように、それが法人化を目前に控えた国立大学を念頭においた措置であることはいうまでもなかった。

これを受け、実際にも、多くの国立大学が裁量労働制の導入に動くことになる。文系の場合、教員については時間管理はおろか出退勤管理も十分には行われていないのが現実であり、このような現状のもとでは裁量労働制の導入が少なくとも必要になると考えられたからである。

確かに、理系部局からは、裁量労働制の適用を理由に教員が出勤しなくなるのではないかと、その「濫用」を危惧する声も聞かれたが、同制度は出勤するか否かの自由まで教員に与えるものではもとよりなかった（なお、自宅研修＝事業場外労働を認めるかどうかは就業規則の定めによる。裁量労働制の適用とは直接関係がないことに注意）。

労使協定で定めた時間、労働したものとみなす（労働基準法三十八条の三を参照）。そもそも時間とは無関係に仕事をすることを当然と考えてきた教員について、これまでどおりの働き方を可能にするためには、新たに制度化された裁量労働制を導入する以外に選択肢はなかったともいえる。

教師、医師、弁護士。これら三種の専門職については、報酬の多寡にかかわらず、労働時間規制の適用除外（エグゼンプション）が認められる。このようなアメリカの現状からわが国は程遠いところにある。

平成十六年三月十九日に閣議決定された「規制改革・民間開放推進三か年計画」では「大学教員を含め適用除外方式を採用することを検討する」旨が明記されたものの、適用除外方式の採用そのものが労働組合の反対に遭い、頓挫を余儀なくされる。

冒頭にみた告示の改正は「裁量性の高い業務については適用除外方式を採用することを検討する」とし、「最も裁量性の高い職種と考えられる大学教員について、労働時間規制の在り方を早急に検討する」とした「規制改革推進三か年計画（再改定）」（平成十五年三月二十八日閣議決定）を具体化したものではあったが、大学教員についても適用除外までは認められなかった。そのような経緯も知っておく必要があろう。

裁量労働制の適用にとどまる限り、時間外労働や深夜労働、休日労働の問題は依然として残る（なお、労働基準法四十一条二号により時間規制の適用が除外される管理監督者についても、深夜の割増賃金規制（同法三十七条四項）は除外されないとの解釈が確立している。ことぶき事件＝平成二十一年十二月十八日最高裁第二小法廷判決を参照）。

土日の「出勤」（月曜から金曜まで「出勤」していたとすると、一日の労働時間を八時間とみなしたとしても、一週の法定労働時間＝四〇時間を超えてしまう）や午後十時以降の「勤務」を禁止できれば、このような問題は生じないとはいえ、大半の教員が「ノー」ということは目にみえている。

授業や会議のある日を除き、曜日や時間帯を問わず、いつ大学で仕事をするのかを教員の裁量に委ねることは教員自身の望むところでもある。そうした裁量の自由が教員にあることを協定で明示するとともに、勤務時間に関する規定の適用を除外する旨を定めることによって、程良い規制が実現するよう工夫をした大学もなかにはあった。

他方、右にみた時間外労働の問題が生じるのを避けるため、週単位のみなしを採用した大学もなくはなかった。ただ、その場合、祝祭日のある週に、みなし労働時間が所定労働時間を上回るという問題をどうするかという新たな「難問」の解決を迫られることになる。そこで、一日単位のみなしにとどめた大学も多かったと聞く。

限界のある法令のもとで完全を求めても、所詮無理がある。しかし、不完全ではあっても、試行錯誤を重ねていけば、それが経験という名の財産となる。裁量労働協定の締結もその例外ではなかったのである。

法人化当初の「混乱」とその収拾

改正告示の公示に合わせて、厚生労働省はその行政解釈を明らかにする。以下のように述べる労働基準局長名の通達（基発第一〇二二〇〇四号）がそれである。

「教授研究」とは、学校教育法に規定する大学の教授、助教授又は講師が、学生を教授し、その研究を指導し、研究に従事することをいうものであること。患者との関係のために、一定の時間帯を設定して行う診療の業務は含まれないものであること。

「主として研究に従事する」とは、業務の中心はあくまで研究の業務であることをいうものであり、具体的には、講義等の授業の時間が、多くとも、一週の所定労働時間又は法定労働時間のうち短いものについて、そのおおむね五割に満たない程度であることをいうものであること。

なお、患者との関係のために、一定の時間帯を設定して行う診療の業務は教授研究の業務に含まれないことから、当該業務を行う大学の教授、助教授又は講師は専門業務型裁量労働制の対象とならないものであること。

しかし、この通達が現場に大きな「混乱」を招くことになる。まず、問題となったのは入試業務をめぐる解釈であった。

大学にとって、入試業務が教員の従事すべき必要欠くべからざる業務であることは言を俟たない。にもかかわらず、通達では入試業務が講義等の授業と同様に取り扱われるのかどうかが判然とせず、各地の大学でその取扱いをめぐって、労働局や労働基準監督署をも巻き込んだトラブルが頻発した。

これが収拾に向かったのが平成十七年三月二十五日。同日閣議決定をみた「規制改革・民間開放推進三か年計画（改定）」が「大学教員の行う入試業務等の教育関連業務については、授業等の時間と合算した時間が一週の法定労働時間または所定労働時間のうち短いほうの時間の概ね五割程度に満たない場合には、専門業務型裁量労働制の対象業務となる（入試業務等に従事した日についても労働時間のみなしが可能である）」旨を明記し、ようやくその解決が図られることになる（その結果、厚生労働省のＨＰに掲載された解説も「講義等の授業や、入試事務等の教育関連業務の時間が」と、傍線部を追加する形で内容が改められる）。

また、翌平成十八年二月十五日には、上記通達の一部改正通達（基発第〇二一五〇〇二号）の発出により、「大学病院等において行われる診療の業務については、専ら診療行為を行う教授等が従事するものは、教授研究の業務に含まれないものであるが、医学研究を行う教授等がその一環として従事する診療の業務であって、チーム制（複数の医師が共同で診療の業務を担当するため、当該診療の業務について代替要員の確保が容易である体制をいう。）により行われるものは、教授研究の業務として取り扱って差し支えない」旨が明確にされ、医学部等の附属病院に勤務し、一定の診療行為を行う教員についても、裁量労働制を適用することが可能になる。

いずれも、部外者からみれば、重箱の隅をつつくようなトリビアルな問題ではあろうが、現場にいる当事者にとっては、深刻かつ切実な問題であった。そして、事態収拾のために要した時間とエネルギーも、決して小さくはなかったのである。

第六話　公務員法の世界（1）

はじめに――国立大学と公務員法

ジンキ、クッパー、オツナナヨン。法人化前の国立大学においては、このようなある種の符丁ともいえる言葉が、人事・給与担当者の間で飛びかっていた。

ジンキが人事院規則を意味することはまだわかるとしても、クッパーが同規則の九―八（初任給、昇格、昇給等の基準）を意味し、オツナナヨンが「教育職俸給表の適用を受ける職員の職務の級及び俸給月額の決定等について」（昭和三十九年給実乙第七四号）を指す（なお、同名のオツゴーナナロク（昭和六十二年給実乙第五七六号）もあるが、実務ではオツナナヨンが重視された）ことは、現場の実務担当者でないと、およそ理解できない。

さすがに、法人化後はこのような言葉を耳にすることは少なくなったとはいうものの、内規等を通じて、法人化前とそれほど異ならない運用が現在も続いている。

国家公務員法や給与法（一般職の職員の給与に関する法律）、勤務時間法（一般職の職員の勤務時間、休暇等に関する法律）をはじめとする法律に加え、これらの法律に根拠を置く数多くの人事院規則（以下、これらを総称して「公務員法」という）が、就業規則の作成に際して、その拠り所＝モデルとなったことは既に述べた（第二話を参照）。

法人化を機に、国立大学に適用される法規が公務員法から労働法に変わったにもかかわらず、給与実務等の運用を大きく変更せずにすんだ根本の理由もここにある。このような仕組みのもとで、公務員法は国立大学法人に「踏襲」され、今日に至っている。そうした側面は確かにある。

公務員法による労働法の適用除外

公務員法の世界では「労働」という言葉を原則として使用しない。より正確にいえば、この原則には、今のところ例外もない。

労働時間は勤務時間、労働条件は勤務条件と、それぞれ言い換える。労働組合も自らがそのように称する場合は別として、労働組合とはいわず、法律上は職員団体という。労働契約に至っては、その概念すらない。任用や任命と契約とは違う。少なくともこのような考え方が従来は一貫してとられてきた。

「この法律の規定は、一般職に属するすべての職（以下その職を官職といい、その職を占める者を職員という。）に、これを適用する」。国家公務員法は二条四項前段でこのように定め、附則十六条で、労働組合法や労働関係調整法、労働基準法（労働三法）等の法律については「第二条の一般職に属する職員には、これを適用しない」旨を規定している。

また、労働契約法については、先に述べた理由から、一般職の職員に限定せず、特別職の職員を含む公務員一般を対象として、その適用を除外することを、同法自身が二十二条一項で明確にしている。

ただ、こうした適用除外規定があっても、これらの法律と同じ用語が公務員法にあるとやはり混同が生じ、混乱を招くことは避けられない。右にみたように、公務員法の世界において、これまで徹底した言い換えが行われてきたのも、この点を懸念したことによるものと思われる。

例えば、労働組合法三条は「職業の種類を問わず、賃金、給料その他これに準ずる収入によって生活する者」を同法にいう「労働者」と定義しており、そこに公務員が含まれないとは考えにくい。とはいえ、公務員法にいう職員団体は「労働組合」に含まれないとさえいえば、適用除外規定をわざわざ持ち出さなくても、労働組合法が公務員に適用されないことは直ちにイメージできる。

しかし、労働組合法と同様に、公務員法でも「労働組合」という言葉が使用されるようになると、当然話は違ってくる。

民主党政権時代に国会に提出され、その後、衆議院の解散に伴って廃案となった「国家公務員の労働関係に関する法律案」がそれであるが、組合員の過半数を「職員」が占めていれば、その他の組合員が「労働者」であっても、交渉権を有する「労働組合」（認証労働組合）となることを、この国家公務員労働関係法案は認めていた。仮に法案が原案どおり成立していた場合、かなりの混乱が生じたであろうことは想像に難くない。

確かに、国立大学法人は、労働組合法等の適用除外という点では、公務員法を「踏襲」しなかった。その結果、法人が多少の混乱を経験したことは事実であるが、民間企業も同じだといわれれば、返す言葉はない。ただ、だからといって、労働組合法をコピーしたかのような団体交渉制度や不当労働行為制度を公務員法の世界にまで持ち込むというのは、いずれにせよ乱暴にすぎる。

いかなる少数組合であっても、団体協約がいったん当該組合との間で締結されると、その内容を反映した法案提出等が内閣には義務づけられる。勤務条件法定主義のもとでのみ必要になる、このような事態を国家公務員労働関係法案が前提としていたとすれば、尚更である。

公務員についても、現行の人事院勧告制度に代えて、勤務条件を労使交渉によって決定する制度が採用された場合、何を基準に給与額を決めればよいのか。いかにもお役所的な疑問であるとはいえ、国立大学法人の関心はもっぱらそこにあったとも聞く。

だが、交渉モデルを提供した労働組合法には、労働者の多数を代表する組合が交渉組合となるという、労働組合の「代表性」を重視する発想がそもそもなく、これでは肝心要の交渉システムが機能しなくなる恐れもある。問題の核心はむしろこの点にあるということもできよう。

公務員法に倣った職員の種別

常勤職員と非常勤職員。国立大学が法人化後も当然のように受け入れてきたこの職員の種別も、モトを正せば公務員法に由来する。

常時勤務を要する職員を常勤職員といい、常時勤務を要しない職員を非常勤職員というが、国家公務員法六十五条一項七号が「常時勤務を要しない官職を占める職員の給与に関する事項」を法定事項とし、給与法二十二条二項がこれを受けて「常勤の職員の給与との権衡を考慮し、予算の範囲内で、給与を支給する」と定め、勤務時間法二十三条も「勤務時間及び休暇に関する事項については、……その職務の性質等を考慮して人事院規則で定める」とはしているものの、法律上の規定はこのように簡単なものにとどまっている。

非常勤職員については、給与原資が運営費交付金ではないケースが近年増加したこともあって、法人化後、その処遇は大学ごとに相当差異がみられるものとなったが、国の方針としては、非常勤職員に対しても「通勤手当に相当する給与」の支給を求める（平成二十年給実甲第一〇六四号「一般職の職員の給与に関する法律第二十二条第二項の非常勤職員に対する給与について」を参照）等、これを改善する方向にむかっている（しかし、法人の非常勤職員については、時間給に通勤手当相当額を含めて支給しているところもあり、そのような場合にまで一律支給を求めることには問題がある）。

なお、法人化前の国立大学には、勤務時間が常勤職員と異ならない日々雇用職員（現在の期間業務職員がこれに当たる。日々雇用職員および期間業務職員について詳しくは、第二五話から第二七話を参照）が相当数在職していたものの、常勤職員との処遇面の違いを説明することが困難なため、国立大学は法人化の前後から、その採用を基本的にストップしている。

そこで、国立大学に在職中の非常勤職員は、その大半がそれ以外の非常勤職員（時間雇用職員）ということになるが、国家公務員であれば、このような非常勤職員の勤務時間は、常勤職員の一週間当たりの勤務時間（三八・七五時間）の「四分の三を超えない範囲内」＝二九時間以内となる（人事院規則一五―一五（非常勤職員の勤務時間及び休暇）二条）。国立大学法人の場合も、このことは共済組合の組合員資格と微妙にリンクしている（国家公務員共済組合法二条一項一号を参照）ので、注意が必要といえよう。

第七話　公務員法の世界（２）

学校教育法もからむ欠格条項

国家公務員法三十八条は、「次の各号のいずれかに該当する者は、人事院規則の定める場合を除くほか、官職に就く能力を有しない」と定めている（なお、ここにいう人事院規則は、いまだに制定されていない）。

一　成年被後見人又は被保佐人
二　禁錮以上の刑に処せられ、その執行を終わるまで又は執行を受けることがなくなるまでの者
三　懲戒免職の処分を受け、当該処分の日から二年を経過しない者
四　人事院の人事官又は事務総長の職にあって、第百九条から第百十二条までに規定する罪を犯し刑に処せられた者
五　日本国憲法施行の日以後において、日本国憲法又はその下に成立した政府を暴力で破壊することを主張する政党その他の団体を結成し、又はこれに加入した者

これを欠格条項というが、学校教育法九条にも「次の各号のいずれかに該当する者は、校長又は教員となることができない」と規定するほぼ同趣旨の定めが置かれている。

ただ、学校教育法の場合、三号および四号については、教育職員免許法に定める免許状の失効または取り上げ処分後の三年間を対象とした規定にこれが置き換わるといった違いもある。こういえば、国立大学の場合、教育学部の附属小中学校等の校長や教員のみが同条の適用を受けるように思われるかもしれないが、ここにいう教員には三号および四号を除き、大学教員も含まれることに注意する必要がある。

また、学校教育法では、二号についても、「禁錮以上の刑に処せられた者」とシンプルに規定されていることから、執行猶予が付かず、実刑に処せられた者については微妙な差異が生じることになる（刑の執行が終了することによって欠格事由が消滅する公務員とは異なり、教員については刑の執行を終えた後、罰金以上の刑に処せられることなく、さらに一〇年を経過しなければ欠格事由は消滅しない。刑法三十四条の二第一項前段を参照）。

国立大学の場合、法人化後も事務・技術系職員の採用については、国家公務員に準ずる形で受験資格を定め、統一採用試験を行っている。このこと自体は、国立大学法人の高度の公共的性格を考えれば当然とはいえ、三号を法人化後の国立大学にふさわしくどう表現するかは意外に難しい（なお、適用場面に乏しい規定と解されたためか、五号は統一採用試験では欠格事由とされていない）。

国立大学協会のＨＰに掲載された要項では「懲戒解雇又はこれに相当する処分を受けたことのある者で、その処分の日から二年を経過していない者」には受験資格がないと定められているが、公務員時代よりも欠格事由該当者の対象を拡げないという考え方に立てば（現状のままでは、民間企業で懲戒解雇された者もこれに含まれる恐れがある）、右にいう「処分を受けたことのある者」を「国家公務員又は国立大学法人等の職員として」処分を受けた者に限ることが望ましい。

さらに、学校教育法九条は、公務員に適用を限定した規定ではないため、教員については、同条が法人化後も等しく適用されるという問題がある。実務上、現実に問題となるのは「禁錮以上の刑に処せられた者」の取扱いに限られるのではあろうが、執行猶予期間中の者を誤って教員に採用したような場合には、しかるべき対応が必要となる（なお、執行猶予が取り消されることなく、その期間が満了すれば欠格事由は消滅する。刑法二十七条を参照）。

人権問題への配慮もあって、ＪＩＳ規格の履歴書から賞罰欄が消えた現在、このようなセンシティブな問題については事実確認一つをとっても容易ではないという現実がある。形式的には犯罪歴に関する事実の申告を求めていない以上、これを申告しなかったことを重大な経歴詐称として解雇できるのかという問題もある。現場にとっては対応に苦慮する難題といえよう。

採用内定から正式採用まで

公務員であれ、民間企業の従業員であれ、採用に至るプロセスにそれほど大きな違いがあるわけではない。採用内定についてもこのようにいってよいが、その法的性格は双方の間で著しく異なる。

契約は、申込みと承諾の意思表示が合致すれば成立することから、民間企業の場合、応募（申込み）に対して、採用内定の通知（承諾）があれば、それで労働契約は成立をみたことになる（大日本印刷事件＝昭和五十四年七月二十日最高裁第二小法廷判決）。

これに対して、公務員の場合、「採用内定の通知は、単に採用発令の手続を支障なく行うための準備手続としてされる事実上の行為にすぎず」、これによって「職員たる地位を取得する」ものではないと解されている（東京都建設局事件＝昭和五十七年五月二十七日最高裁第一小法廷判決）。

任命権者による正式な任命行為＝辞令交付がなければ、任用関係は成立しない。こうした考えがその背景にはあるといえるが、「法人の職員は、学長が任命する」（国立大学法人法三十五条による独立行政法人通則法二十六条の準用）国立大学においても、これと同様に解すべきか否かが一応問題となる。

しかし、任用関係は契約関係とは異なるという考え方は、公務員の世界に固有のものであって、法人化後の国立大学には妥当しない。新卒者を職員として採用する場合、最近では十月一日に内定式を行い、学長名で内定を証する文書を交付している大学も多いと聞くが、これをもって労働契約は成立したものと考えるべきであろう（なお、それ以前に人事課長名等で行う「通知」は、意思確認のために行われるものであって、いわゆる内々定にとどまり、これによって労働契約が成立したとはいえない）。

「新たに職員（略）となった者は、任命権者又はその指定する職員の面前において別記様式による宣誓書に署名して、任命権者に提出しなければならない」（職員の服務の宣誓に関する政令一条一項）。公務員時代には必要とされたこのような厳粛な儀式も、法人化後の国立大学ではみられなくなった。

国家公務員の場合、その宣誓書（別記様式）には、「私は、国民全体の奉仕者として公共の利益のために勤務すべき責務を深く自覚し、日本国憲法を遵守し、並びに法令及び上司の職務上の命令に従い、不偏不党かつ公正に職務の遂行に当たることをかたく誓います」とある。

国家（日本国）があって、初めて国立大学も存在する。このことを思えば、その精神だけは今日も忘れてはなるまい。こうした観点から、少なくとも祝祭日や入学式・卒業式等の主要な行事が行われる日には、国旗（日の丸）を大学の正門や会場に掲揚するのは当然といえよう。

なお、国家公務員法を素直に読む限り、条件附任用（採用）期間というスクリーニングを経なければ、公務員の採用は正式のものとならないと読める。「一般職に属するすべての官職に対する職員の採用又は昇任は、すべて条件附のものとし、その職員が、その官職において六月を下らない期間を勤務し、その間その職務を良好な成績で遂行したときに、正式のものとなるものとする」と定める、同法五十九条一項の規定がそれである。

確かに、そこにいう「良好な」を「普通の」と読み替える解釈は、既に慣行として定着し、正式採用されない者など現実にはほとんどいない（なお、ここでは、昇任については論じない）。民間企業における試用期間もこれと似たような現状にあるとはいえ、こうした現状を当たり前と考えることは、明らかに間違っている。

このような状況が改められなければ、公務員や国立大学法人に対するバッシングは今後も止むことはない。そう考えたほうがよいであろう。

第八話　公務員法の世界（３）

週休日と休日が異なる公務員

就業規則に定める休日を一般に所定休日という。民間企業の場合、この所定休日を週休日（土日）とそれ以外の休日（祝日等）との間で区別することにあまり意味はなく、労働基準法（労基法）も、双方の間で異なる取扱いを認めるものとはなっていない。

他方、国家公務員の場合、勤務時間法（一般職の職員の勤務時間、休暇等に関する法律）は両者を明確に区別する。週休日は「勤務時間を割り振らない日」と定義される（同法六条一項を参照）とともに、「国民の祝日に関する法律」（祝日法）三条に規定する休日のほか、年末年始の休日のみが、勤務時間法十四条にいう休日、つまり「正規の勤務時間においても勤務することを要しない」日となる。

この定義からもわかるように、勤務時間法にいう休日は、たとえ職員がその日に勤務しなくても「正規の勤務時間」勤務したものとして取り扱われ、給与が支給される。祝日法に定める休日が増えても、該当する月の給与が減らない理由はここにある。

また、国立大学の法人化当時、勤務時間法が「月曜日から金曜日までの五日間において、一日につき八時間の勤務時間を割り振るものとする」（六条二項）ことを前提に、「職員の勤務時間は、休憩時間を除き、一週間当たり四十時間とする」（五条一項）と規定していたのも、あくまでこうした週休日と休日の区別をその与件としていた。

仮に祝日や年末年始の休日が勤務時間としてカウントされないとすれば、これらの休日を含む週については、その勤務時間が必然的に四〇時間よりも短いものになってしまう。つまり、右の条文そのものが意味をなさなくなるのである。

ただし、その結果、国家公務員の場合には、給与法（一般職の職員の給与に関する法律）十六条および十七条に規定する超過勤務手当および休日給（なお、週休日の勤務に対しては超過勤務手当が、休日の実勤務に対しては休日給がそれぞれ支給される。割増率はともに三割五分）の算定基礎となる「勤務一時間当たりの給与額」（十九条）が、労基法の適用される民間企業より少なくてすむことにもなった。

勤務時間法の改正に伴い、平成二十一年四月以降、国家公務員については、労基法の基準を上回る勤務時間の短縮が実施された（勤務時間を一週三八時間四五分、一日七時間四五分に短縮）ため、時間単価はその分上がったとはいうものの、労基法に基づいて週休日と休日を区別せずに算定した額との間には依然として大きな開きがある。

割増賃金の算定基礎となる賃金の額（時間単価）は、年収（月給の一二倍）を年間の総労働時間数（週の所定労働時間数の五二倍）で除して通常算出されるが、法人化＝労基法の適用に伴い、勤務時間法にいう休日に相当する時間（年に約二〇〇時間）を分母となる年間の総労働時間数から除くことが必要となったため、国立大学では時間単価が約一〇％も上昇をみることになった。

勤務実態にまったく変化はないにもかかわらず、適用法規が変わるだけで、一瞬にして労務コストがアップする。国立大学にとって法人化は、そのような「苦行」を強いられる出来事でもあったのである。

なお、従前、国家公務員の休憩時間は、一日当たり三〇分とされていたが、労基法には定めのない「正規の勤務時間に含まれる」合計三〇分の休息時間が、一方で職員には付与されていた。こうしたなか、法人化に伴い、国立大学の多くは、休憩時間を四五分（労基法三十四条一項を参照）に延長するとともに、法人化前の勤務条件を可能な限り維持するとの観点から、一五分の休息時間に相当する「原則として勤務を命じない時間」を設けることになる。

その後、国家公務員の休憩時間は、一日につき六〇分へと延長され、現在では休息時間の制度も、一部の例外を除き廃止されるに至っている。

大半の国立大学は、このような国の動きに連動して制度変更を行ったが、休息時間には勤務時間法にいう休日と同様、時短に伴う時間単価の上昇を抑えるという、捨て難い効用もあった。このことも忘れてはなるまい。

民間との違いが目立つ有給休暇

公務員には「ノーワーク・ノーペイの原則」が適用されない。そう錯覚してもおかしくないほど、公務員には多種多様な充実した有給の休暇制度が用意されている。年次休暇、病気休暇および一八種類を数える特別休暇がそれである（給与の減額について定めた給与法十五条は、このような「休暇による場合」を「休日」等とともに、減額の対象から除外している。なお、このほかに無給の介護休暇がある）。

まず、年次休暇について定めた勤務時間法十七条には、労基法三十九条とは違い、八割出勤の要件を規定した定めがない。四月一日採用であれば、入職一年目から一五日の休暇が付与され、翌年一月一日以降、その日数は二〇日となる（人事院規則一五―一四（職員の勤務時間、休日及び休暇）別表第一を参照）。

このように採用当初から無条件に年次休暇が付与されるため、八割出勤要件はそもそも課しようがない。また、こうした仕組みのもとでは、在職者についてのみ前年の勤務実績を問うことも難しい。労基法とは次元の異なる世界が、そこにはある。

次に、労基法にはない病気休暇の定めも、勤務時間法には存在する。「病気休暇は、職員が負傷又は疾病のため療養する必要があり、その勤務しないことがやむを得ないと認められる場合における休暇とする」と定めた、同法十八条の規定がそれであり、人事院規則も「病気休暇の期間は、療養のため勤務しないことがやむを得ないと認められる必要最小限度の期間とする」（前掲規則二十一条一項本文）と規定する。

しかし、「必要最小限度」とはいうものの、九〇日間は給与が減額されない（なお、給与法十五条の特例として「当分の間、……病気休暇……の開始の日から起算して九十日（略）を超えて引き続き勤務しないときは、その期間経過後の当該病気休暇……に係る日につき、俸給の半額を減ずる」と定めた同法附則第六項の反対解釈が、その根拠とされる）。

その結果、公務員の共済組合は、病気休暇の期間中は傷病手当金（国家公務員共済組合法六十六条）の支給を免れるという「恩恵」に浴することにもなった。給与も傷病手当金も財源は同じという公務員特有の発想によるのであろうが、これでは納税者＝国民の理解を得ることは到底望めない。

このような背景のもと、平成二十二年一月に発足をみた日本年金機構（国立大学法人とは異なり、年金機構の職員は共済組合ではなく、健康保険に加入）では、病気休暇の無給化が図られることになる。給与に代えて支給されることになった傷病手当金の場合、一年六カ月間は、標準報酬日額の三分の二に相当する金額が支給され（健康保険法九十九条を参照）、保険給付である以上、課税もされない（同法六十二条を参照）。このような事情に加え、年金保険料を負担する国民との均衡を考慮すると、病気休暇については無給とすることが妥当と判断されたのである。

なお、年金機構は、その発足に当たって、一七種類（当時）の特別休暇（前掲規則二十二条一項［十二号の短期の介護を除く］を参照）のうち、①産前、②産後、③哺育時間の三種類については、給与の全額支給を維持するが、❶公民権の行使、❷証人等としての官公署への出頭、❸骨髄移植のための骨髄液の提供、❹結婚、❺妻の出産、❻妻の産休期間中の子の養育、❼子の看護、❽親族の死亡の八種類については、その支給額を半減し、㋐災害援助等のボランティア、㋑父母の法事、㋒夏季、㋓地震・火災等による住居の滅失損壊に伴う復旧作業、㋔地震や交通機関の事故等による出勤の著しい困難、㋕地震・水害等による退勤途上の危険回避の六種類については、これを廃止することとした。

こうした年金機構の取組みは、国立大学法人にとっても、今後、特別休暇のあり方を見直す際に大いに参考となろう。

第九話　公務員法の世界（4）

基本給としての俸給とその性格

民間企業でいう「基本給」のことを、国家公務員の世界では「俸給」（地方公務員の場合は「給料」）という。

民間企業の場合、基本給をはじめとする賃金は、後払いを原則（民法六百二十四条一項を参照）とすることから、二十日締めの二十五日払い（その間に、支払うべき賃金の額を計算し確定する）というように、賃金の支払日は、通常、締切日の後にくる。

他方、給与法（一般職の職員の給与に関する法律）九条は、「俸給は、毎月一回、その月の十五日以後の日のうち人事院規則で定める日（注：俸給の原則的な支給日は、所属する府省によっても異なる。ちなみに、文部科学省の場合、十七日となる）に、その月の月額の全額を支給する」と定める。つまり、公務員の場合、月の前半については後払い、後半については前払いが原則となる。

支給日が締切日よりも先にくる。一般人の常識では、容易に理解できない現実がここにはある。また、級別に俸給月額の号俸を定めた給与法の別表＝俸給表も、号俸数の多さ等において、民間企業にはあまり例をみないものとなっている。

ギョウイチやキョウイチと略称されることの多い、行政職俸給表㈠や教育職俸給表㈠がそれであるが、法人化後の国立大学も、その名称を基本給表などと多少変更したとはいえ、これを踏襲することになった（具体的な金額についても、大学間の異動により増減が生じないようにするため、少なくとも当初は、国立大学の間で違いを設けなかった）。

給与法四条は、「各職員の受ける俸給は、その職務の複雑、困難及び責任の度に基き、且つ、勤労の強度、勤務時間、勤労環境その他の勤務条件を考慮したものでなければならない」と規定しており、俸給表に定める級も「職務の級」として位置づけられる。

そして、「職員の職務は、その複雑、困難及び責任の度に基づきこれを俸給表に定める職務の級に分類するものとし、その分類の基準となるべき標準的な職務の内容は、人事院が定める」とした同法六条三項の規定を受け、人事院規則九―八（初任給、昇格、昇給等の基準）別表第一には「級別標準職務表」の定めが置かれている。

例えば、行政職俸給表㈠の場合、一級から四級までの「標準的な職務」は、それぞれ次のようになる。

一級　定型的な業務を行う職務
二級　1　主任の職務／2　特に高度の知識又は経験を必要とする業務を行う職務

三級　1　本省、管区機関又は府県単位機関の係長又は困難な業務を処理する主任の職務／2　地方出先機関の相当困難な業務を分掌する係の長又は困難な業務を処理する主任の職務／3　特定の分野についての特に高度の専門的な知識又は経験を必要とする業務を独立して行う専門官の職務

四級　1　略／2　管区機関の課長補佐又は困難な業務を分掌する係の長の職務／3　府県単位機関の特に困難な業務を分掌する係の長の職務／4　地方出先機関の課長の職務

ここにいう管区機関、府県単位機関および地方出先機関の区分は管轄区域の規模によるものであるが、国立大学がそのいずれに該当するかも基本的には大学の規模によるということになろう（ただし、いわゆる「級別定数」については、その規模にかかわらず、地方出先機関として扱われてきたとも聞く）。

以上を要するに、俸給表は、職務等級表の一種といってもあながち誤りではない。しかし、俸給の性格は、欧米諸国でいう職務給とは大きく違っており、職務給制度を採用したものとはおよそいい難い。

また、級ごとに号俸は決まるとはいうものの、号俸数そのものが前述のようにきわめて多く、下位級と上位級の間のダブリも少なくない（例えば、行政職俸給表(一)の場合、二級の最高号俸は一二五号俸となっており、その俸給額は三級の四六号俸、四級の二二号俸の

額を上回っている)。こうした点にも留意が必要といえよう。

初任給の決定と昇給の仕組み

採用試験の結果に基づいて新たに職員となった者の職務の級および号俸は、人事院規則九―八別表第二に定める「初任給基準表」によって決まる（同規則十一条二項および十二条一項一号を参照)。

例えば、大学卒業後直ちに行政職俸給表㈠の適用を受ける職員となった者（従前のⅡ種、現在の一般職（大卒）採用）の俸給は一級二五号俸となる。統一採用試験を受けて、国立大学法人に採用された事務職員についても、これと同様と考えて間違いはない。

その俸給月額は、平成二十七年十月現在、一七万四二〇〇円。地域手当を加算しても、東京二三区を含む一部の地域を除けば、二〇万円を下回る。公務員だからといって、必ずしも厚遇されているわけではない。

他方、民間企業のなかには、大手であっても定期昇給制度を採用していない会社があるのに対して、公務員の世界には年功的な給与の上昇を背後で支える、ある意味で典型的ともいえる昇給制度が存在する。

確かに、給与法八条は、その六項で「職員（略）の昇給は、人事院規則で定める日（注：一月一日）に、同日前において人事院規則で定める日（注：九月三十日）以前一年間における者の勤務成績に応じて、行うものとする」と定めた上で、七項で「前項の規定により職員（略）を昇給させるか否か及び昇給させる場合の昇給の号俸数は、前項前段に規定する期間の全部を良好な成績で勤務し、かつ、同項後段の規定の適用を受けない（注：懲戒処分等を受けていない）職員の昇給の号俸数を四号俸（略）とすることを標準として人事院規則で定める基準に従い決定するものとする」と規定している。

しかし、そこにいう「良好」な成績とは、一般に使用される日本語とは異なり、「普通」ないし「標準」の成績を意味することにも注意しなければならない。

職員の勤務成績に応じて決定される昇給の区分は、いわゆる昇給評語によって表されるが、その区分は次の五段階からなり、具体的な昇給号俸数は、Ａが八以上、Ｂが六、Ｃが四、Ｄが二、Ｅがゼロとなる（人事院規則九—八第三十七条一項［規則改正により、条文上の表現は少し変わったが、その意味するところは、基本的に変わっていない］のほか、同規則の別表第七の四を参照）。

Ａ　勤務成績が極めて良好である職員
Ｂ　勤務成績が特に良好である職員
Ｃ　勤務成績が良好である職員
Ｄ　勤務成績がやや良好でない職員
Ｅ　勤務成績が良好でない職員

右の昇給区分のうち「職員の総数に占めるA又はBの昇給区分に決定する職員の数の割合」については、人事院規則九―八が三十七条六項で「人事院の定める割合におおむね合致していなければならない」と規定しており、これを受けて人事院事務総長発の運用通知（給実甲第三二六号）は、その割合を原則としてAについては五％、Bについては二〇％とする旨を定めている。

しかし、DおよびEについては、その割合に関する定めがなく、これらの昇給区分に該当する者は、実務上もごく少数にとどまっているという。つまり、職員の四分の三近くが実際には「勤務成績が良好」な職員として、毎年四号俸昇給する。このような現実がみられるのである。

ただ、これでは、号俸数を細分化した（平成十七年の給与法改正〔同十八年四月一日施行〕により、一号俸を四分割した）意味がないといわれても仕方があるまい。

なお、平成二十四年の人事院勧告は、民間との均衡を図るため、勤務成績が標準＝良好にとどまる職員については五五歳で昇給を停止するよう勧告したが、政局の関係もあっていったんは見送りとなり、結局、一年後れの平成二十六年一月一日に施行されている（詳しくは、第三六話のCase Studyを参照）。従前は、五五歳以降であっても、まだ昇給していた。民間企業の目からみれば、それこそが異常だったのである。

第一〇話　公務員法の世界（5）

昇任（昇進）と昇格の区別

民間企業と公務員とでは、使用する言葉が違い、言葉が同じでも、その意味が異なる。よくある話ではあるが、昇任（昇進）と昇格も、そうした例の一つに数えられる。

昇任とは「職員をその職員が現に任命されている官職より上位の職制上の段階に属する官職に任命することをいう」。国家公務員法は、三十四条一項二号でこう定義する。

また、同条一項五号は、標準職務遂行能力を「職制上の段階の標準的な官職の職務を遂行する上で発揮することが求められる能力として内閣総理大臣が定めるものをいう」と定義した上で、同条二項で「前項第五号の標準的な官職は、係員、係長、課長補佐、課長その他の官職とし、職制上の段階及び職務の種類に応じ、政令で定める」とする。「標準的な官職を定める政令」が、その政令に当たる。係員の上のポストには主任があるではないかといった疑問もあろうが、政令にこの二文字はない。

昇任の任とは、任用ないし任命の任。公務員臭が鼻につくのを嫌ってか、民間企業ではこれに代えて、昇進という言葉を一般に使用する。ただ、昇進も役職や職位の上昇を意味することから、昇進＝昇任と考えて大きな間違いはない。

他方、昇格は官民が共通して用いる言葉であるにもかかわらず、民間企業と公務員とではその意味がかなり違う。

昇格とは「職員の職務の級を同一の俸給表の上位の職務の級に変更することをいう」。第九話でも言及した、人事院規則九―八（初任給、昇格、昇給等の基準）は、二条二号でこのように定義する。

具体的には、一級から二級へ、二級から三級へという具合に、級が上昇することをいうが、昇級という言葉はなぜかしら人事院規則を含む法令にはまったく登場しない。つまり法令用語ではない。

昇格すれば、給与が少しでも上がるよう号俸付けがされることから、昇格にはそれ自体に昇給としての意味がある。また、上位級の最高号俸は下位級のそれを当然上回るため、将来における昇給の可能性も、昇格によってその分だけ大きくなる。

昇格は、いうまでもなく昇任と密接な関係にあるが、事務職員の場合、昇任しなくても昇格する場合がある一方で、昇任しても昇格しない場合がある。課長補佐であれば四・五級、課長は五・六級というように、職位（職制上の段階）と職務の級が一対一の対応関係にはないからである。

これに対して、教員の場合には職位と職務の級が一対一の対応関係にあり、よほど若くして昇任したような場合を除き、昇任は即、昇格につながる。昇任と昇格は違うと教員にいくら説明しても、容易に理解してもらえない理由はここにある。

なお、このような仕組みは、法人化後も何ら変更をみなかった。その余裕もなかった、というのが正直なところかもしれない。

では、民間企業でいう昇格は、公務員の世界でいう昇格とどう違うのか。

民間企業の場合、昇格とは、一般に職能資格制度のもとにおける資格の上昇を指していう。職能資格制度とは、従業員の能力の程度に応じて役職とは異なる「資格」を与える制度をいうが、当該制度を採用している企業では、給与もこの職能資格によって決まる。

職務や役職ではなく、その保有する能力に応じて給与を決定する。こうした「職能給」の考え方が、その背景にはある。

職能資格も等級で表されることがあるが、職能資格等級と職務等級とでは、その意味が違う。公務員の場合、俸給表は職務等級表の一種とはいえるが、その運用実態はきわめて年功的色彩の強いものであり、職能資格等級を定めたものとはおよそいい難い。

民間企業における職能資格制度も年功的に運用されてきたきらいはあるものの、公務員の比ではない。公務員の給与も能力によって決定されてきたといえば、それは嘘になる。ただ、このような問題のある昇格の現状は、できるだけ早く改める必要がある。国立大学法人も、もとよりその例外ではない。

降給を意味する降格と降号

国家公務員法は、昭和二十二年の制定当初から、七十五条二項で「職員は、人事院規則（注：昭和二十三年の法改正までは「人事委員会規則」）の定める事由に該当するときは、降給されるものとする」と定めていた。しかし、にわかには信じ難い話ではあるが、平成二十一年に人事院規則一一―一〇（職員の降給）が制定されるまで、降給について定めた人事院規則は存在しなかった。

降格と降号。新たに制定をみた人事院規則は、降給をこの二種類からなると定めた。降格とは「職員の意に反して、当該職員の職務の級を同一の俸給表の下位の職務の級に変更すること」をいい、降号とは「職員の意に反して、当該職員の号俸を同一の職務の級の下位の号俸に変更すること」をいう。規則三条は、このように規定する。

ただ、降号ですら「職員の定期評価の全体評語が最下位の段階である場合その他勤務の状況を示す事実に基づき勤務実績がよくないと認められる場合であり、かつ、その職務の級に分類されている職務を遂行することが可能であると認められる場合であって、指導その他の人事院が定める措置を行ったにもかかわらず、なお勤務実績がよくない状態が改善されない場合において、必要があると認めるとき」（五条）に初めて、これを行うことが可能になる。

降号と降格との区別は、原則として「その職務の級に分類されている職務を遂行することが」可能か、困難（四条一号イを参照）かによるが、勤務成績がたとえ最低ランクのEであっても、それだけでは給与を減らされる心配はない。そんなメッセージがこの人事院規則からは伝わってくる。

確かに、定員の改廃や予算の減少により、級別定数に不足が生じた場合にも降格は可能とされる（四条二号を参照）が、そうしたケースは現実には想定することさえ難しい。

規則は制定したものの、現に降格処分が行われた例は、平成二十六年度までの六年間でわずか三名（うち二名は、後述の降任処分に伴うもの）にとどまっている（降号はゼロ）。

このような体たらくでは、国民の納得は到底得られまい。

民間では降格という降任

公務員の世界には、以上にみた降格とは別に降任という概念がある。民間企業ではこの両者を併せて降格という。

降任とは昇任と対をなす概念であり、国家公務員法三十四条一項三号は、これを「職員をその職員が現に任命されている官職より下位の職制上の段階に属する官職に任命することをいう」と定義する。

昇任に昇格を伴う場合とそうでない場合があるのと同様、降任にも、六級の課長が五級の課長補佐に降任される場合のように降格を伴うケースと、五級の課長が同じ五級の課長補佐に降任される場合のように降格を伴わないケースがある。

課長から課長補佐に降任されると、いずれの場合にも、民間でいう管理職手当に当たる「俸給の特別調整額」（一般職の職員の給与に関する法律十条の二を参照）が支給されなくなるが、それは一定の役職から外れることによって当然生ずる結果であって、独立した不利益処分として行われる降給とはその性格を明確に異にする。

なお、降任はいわゆる分限処分としてなされるものであり、職員の「意に反して」これを行うには、所定の分限事由に該当することが必要となる（国家公務員法七十五条一項、七十八条を参照）。

他方、民間企業の場合、誰をいかなる役職につけるのか（逆に誰をその役職から外すのか）は、人事権の行使として、使用者の裁量に委ねられていると一般に解されている。

民間企業で広く導入されている役職定年制はその好例といえる（これに対して、公務員の場合、役職定年を分限事由として定めた規定がない以上、現状ではこれを採用すること自体が違法として認められない）が、それが基本給の引下げにつながる職能資格の変更を伴う場合は、話は当然違ってくる。物事はやはりそう単純ではないのである。

第一一話　公務員法の世界（6）

公務員にみる諸手当とその特徴

国家公務員の給与には、俸給以外に諸手当が含まれる。諸手当という言葉は人事院規則二―三（人事院事務総局等の組織）三十七条および三十九条に登場する法令用語ではあるが、この人事院規則においても「俸給の調整額を含む」という点を除き、定義らしい定義はなされていない。

ただ、一般には、給与法（一般職の職員の給与に関する法律）十条以下に規定する下記の手当（プラス特別法に定める寒冷地手当）が諸手当に当たるとされている。

すなわち、①俸給の調整額（職務の特殊性に基づき支給。ただし、給与法五条一項は、これを俸給に含める）、②俸給の特別調整額（管理職手当に相当）、③本府省業務調整手当、④初任給調整手当（医師等に支給）、⑤専門スタッフ職調整手当、⑥扶養手当、⑦地域手当、⑧広域異動手当、⑨研究員調整手当、⑩住居手当、⑪通勤手当、⑫単身赴任手当、⑬特殊勤務手当、⑭特地・準特地勤務手当、⑮超過勤務手当、⑯休日給、⑰夜勤手当、⑱宿日直手当、⑲管理職員特別勤務手当（管理職員以外の者に支給される⑮［一部］・⑯に相当）、および賞与に当たる⑳期末手当や㉑勤勉手当がそれである。

俸給と同様、こうした諸手当も等しく国民の税金を原資としている以上、いかなる場合にどのような諸手当を支給するかは、法令の定めによってこれを明確にする必要がある。「勝手なお手盛りは許さない」という考え方であるが、勤務条件法定主義もかみくだいて説明すれば、このようになる。

その結果、種類の多さもさることながら、支給要件や支給額等についても、法令（給与法と人事院規則）によって事細かくその内容が定められることになった。ここに公務員の世界における諸手当の民間とは異なる最も大きな特徴がある、といっても誤りではない。

民間企業の場合、賞与の支給月数をはじめとする支給基準を就業規則（給与規程等）に定める会社はきわめて希であるが、公務員の場合には、以上にみたような事情から、これを法令に定めることが必須となる。

国立大学の場合も、国立大学法人法三十五条によって準用される、独立行政法人通則法六十三条がその二項（平成二十七年四月一日以降、五十条の十第二項）で、法人が職員の給与（賞与は給与に当然含まれる）の支給基準を定め、これを主務大臣（国立大学法人の場合は文部科学大臣）に届け出た上で、公表しなければならないと規定していることから、就業規則で賞与の支給基準を定め、これを公表している大学が多い。

しかし、賞与は、景気の動向や会社の業績等を反映して増えることもあれば、減ることもあるのが世の習いであり、民間準拠を旨とする公務員の世界でも、その支給月数が増減を繰り返してきたという経緯がある。

公務員であれば、給与法を改正することですむ話でも、就業規則で賞与の支給基準まで定めると、不利益変更の問題を避けられなくなる。右にみたように、国立大学の対応は、一面で法に忠実であったといえなくもないが、熟慮の末の判断とは到底思えない。

労働基準法も、通常の賃金と賞与とでは、就業規則に規定すべき事項を明確に区別している。賞与は、同法八十九条四号に規定する「臨時の賃金等」に該当し（二十四条二項を参照）、就業規則には「これに関する事項」を規定すればよい。つまり、通常の賃金とは異なり、その決定や計算方法までは規定する必要がない（この点につき、八十九条二号を比較参照）。

このような事情から、厚生労働省のモデル就業規則（平成二十五年四月一日）も賞与については、次のような規定を例示するにとどまっている。現行規定を見直す際には、ぜひ参考にされたい。

（賞与）

第○○条　賞与は、原則として、下記の算定対象期間に在籍した労働者に対し、会社の業績等を勘案して下記の支給日に支給する。ただし、会社の業績の著しい低下その他やむを得ない事由により、支給時期を延期し、又は支給しないことがある。

（算定対象期間および支給日の表　略）

2　前項の賞与の額は、会社の業績及び労働者の勤務成績などを考慮して各人ごとに決定する。

期末・勤勉手当の現状と問題点

公務員に支給される期末・勤勉手当と民間企業における賞与との間には、次にみるように、その中身についてもいくつかの違いが存在する（なお、期末・勤勉手当に関する説明は、断りのない限り、平成二十七年十月現在における、給与法十九条の四から十九条の七まで、および人事院規則九―四〇（期末手当及び勤勉手当）の規定による）。

①　支給日に在籍している必要がない

多くの民間企業が「支給日に在籍していること」を、賞与の支給要件としていることはよく知られている。

賞与を支給するかどうかは本来、使用者の自由であり、いかなる場合に賞与を支給するかについても、裁判所は原則としてクチバシをはさまない。このような事情から、判例も支給日在籍を要件とする慣行や就業規則の定めについては、その合理性を広く認めている

（大和銀行事件＝昭和五十七年十月七日最高裁第一小法廷判決ほかを参照）。

これに対して、公務員の場合には、支給日（六月三十日、十二月十日）以外に、基準日という概念があり、この基準日（六月一日、十二月一日）に在籍していれば、期末・勤勉手当が支給される仕組みになっている。

しかも、基準日前一カ月以内に死亡または退職した職員（懲戒免職された者や禁錮以上の刑に処せられたことを理由に失職した者等を除く）に対しても、期末・勤勉手当は支給されるため、基準日に在籍していることさえ絶対的な要件ではない。

確かに、期末・勤勉手当も、無給の休職者には支給されない（なお、勤勉手当は、公務災害による場合を除いて、有給の休職者にも支給されない）とはいえ、産前・産後の休暇を含む特別休暇や病気休暇中の者にはこれが支給される（「休暇」中は第八話でみたように給与がそもそも減額されない。給与法十五条を参照）。ただ、ここまでの「厚遇」はやはり公務員固有のものと考えたほうがよい。

②　支給額が業績によって決まらない

給与法は、国家公務員に支給される賞与の標準的な支給月数を、期末手当については二・六カ月（六月期が一・二二五カ月、十二月期が一・三七五カ月）、勤勉手当については一・五カ月（六月期・十二月期ともに、〇・七五カ月）と定めている。したがって、全体で四・

一カ月分となる賞与の約三分の二は、期末手当として支給されている、という計算になる（勤勉手当の場合、その性格上、手当の算定基礎額に扶養手当を含まないことから、期末手当の比率が全体の三分の二を超えるケースもある。なお、いずれの場合も、手当の基礎額には、俸給［俸給の調整額を含む］に加え、地域手当が含まれる）。

他方、勤勉手当については「直近の人事評価の結果及び基準日以前六箇月以内の期間における勤務の状況に応じて」支給するとされているのに対して、期末手当についてはこうした縛りがなく、在職期間のみが支給月数に影響を与える仕組みが採用されていることにも注意する必要がある。

つまり、個人の勤務成績（業績）に問題があったとしても、そのことによって支給額が影響を受ける賞与の範囲は、最大でも三分の一を超えることはない。さらに、勤勉手当が標準的な支給月数を下回るケースは、現実には懲戒処分や訓告等の矯正措置の対象となる場合に限られている。

なるほど、期末・勤勉手当の支給額は、かつて（平成二十四年度および二十五年度の二年間）「臨時特例」として、右にみた額から九・七七％減じた額とされたことがあったとはいえ、これとても一千兆円にも及ぶ赤字をかかえる国家財政からみて十分ではないとの批判が一方にはあった。このことも忘れてはなるまい。

第一二話　公務員法の世界（7）

期末手当による給与の減額調整

公務員の給与は、年度（四月～三月）を単位として決定される。国家公務員の場合、夏の人事院勧告をもとに、秋の臨時国会で給与法（一般職の職員の給与に関する法律）の改正が行われる（ただし、平成二十五年度は、昭和三十五年度の人事院勧告制度創設以来、初めて、勧告が行われず、報告のみが行われた。また、平成二十七年度は、臨時国会が開催されなかった）。その年度（六月期の期末・勤勉手当については、実際には翌年度）における俸給や期末・勤勉手当の額は、従来そうした手順に従って決められてきた。

デフレ経済があまりにも長く続いたこともあって、俸給額の改定（俸給表の書き換え）とはいっても、それがベースアップを意味することは久しくなかった。定昇は知っているが、ベアは知らない。そんな職員も、少なからずいた。アベノミクスのもと、平成二十六年度には再びベアが復活をみたものの、若年層に対象を限定したものを除けば、平成十一年度以降の一五年間、ベアは絶えてなかったのである。

この平成十一年度の場合、十一月二十五日に公布をみた給与法等の一部を改正する法律は、俸給の増額改定を定めた「第一条の規定（略）による改正後の給与法（略）の規定……は、平成十一年四月一日から適用する」との定めを附則第二項に置いている。

このように俸給を増額改定する場合には、その年の四月一日に遡って、これが（遡及）適用されることになる。

既に支給された六月期の期末・勤勉手当への俸給等増額分の「はね返り」を含め、このような「遡及適用」方式が昭和四十七年度以降ほぼ一貫して採用されてきたこと（なお、俸給改定が見送られた昭和五十七年度を除き、この間、増額改定を毎年度実施）も記憶にとどめられてよい。

また、これに加え、給与法が改正される前の規定に基づいて支給された給与は、改正後の規定による給与の「内払い」とみなす旨の定め（確認規定）が併せて附則に設けられることもしばしばあった。

これに対して、ベースダウン（俸給の減額改定）が年度の途中で実施される場合には、十二月期の期末手当を減額することによって、その調整が行われることになる。

こうした年度途中における俸給の減額改定は、これまで平成十四年度、十五年度、十七年度、二十一年度、二十二年度および二十三年度の計六回実施されているが、具体的には給与法の改正に当たって、次のような「調整額」を十二月期（平成二十三年度に限り、翌二十四年度の六月期）の期末手当から減じる旨を附則に定めることにより、これを行うものとなっている（以下の引用は、平成二十二年の給与法改正附則三条一項による）。

一　平成二十二年四月一日（略）において減額改定対象職員が受けるべき俸給、俸給の特別調整額、本府省業務調整手当、初任給調整手当、専門スタッフ職調整手当、扶養手当、地域手当、広域異動手当、研究員調整手当、住居手当、単身赴任手当（略）及び特地勤務手当（略）の月額の合計額に百分の〇・二八を乗じて得た額に、同月から施行日の属する月の前月までの月数（略）を乗じて得た額

二　平成二十二年六月一日において減額改定対象職員であった者（略）に同月に支給された期末手当及び勤勉手当の合計額に百分の〇・二八を乗じて得た額

遡及適用ではなく、期末手当による「減額調整」という方法がとられた理由は「不利益不遡及の原則」を意識したものといえるが、裁判例のなかには「公務員の給与が民間の給与を下回る場合だけでなく、上回ることも有り得ることは当然の事理であるところ、前者の場合のみ見直しの結果に基づく遡及的な調整が許容され、後者の場合にその方法のいかんを問わずこれが許容されないとするのは衡平を失する」としたもの（兵庫県（期末手当減額）事件＝平成十八年二月十日大阪高裁判決）もある。

また、公務員に準拠して教職員の年間給与を決定してきたある学校法人の事件においても、最高裁は次のように述べ、右の裁判例とその基本的な考え方を同じくすることを明確

にしている（福岡雙葉学園事件＝平成十九年十二月十八日第三小法廷判決）。

「上告人においては、長年にわたり、四月分以降の年間給与の総額について人事院勧告を踏まえて調整するという方針を採り、人事院勧告に倣って毎年一一月ころに給与規程を増額改定し、その年の四月分から一一月分までの給与の増額に相当する分について別途支給する措置を採ってきたというのであって、増額の場合にのみ［遡］及的な調整が行われ、減額の場合にこれが許容されないとするのでは衡平を失するものというべきであるから、人事院勧告に倣って本件調整を行う旨の一一月理事会の決定は合理性を有するものであり、同決定がこの観点からその効力を否定されることはない」。

ただ、本件の場合「期末勤勉手当は、……その都度理事会が定める金額を支給する」との定めが法人の給与規程にはあったことにも留意する必要がある。公務員のように本則で支給額を定め、附則でその特例を認めるような方法では、不利益変更の問題を免れない。このことも忘れてはなるまい。

支給額明示に伴うその他の問題

給与法十六条により「正規の勤務時間を超えて勤務することを命ぜられた職員」には、超過勤務手当が支給される。

また、超過勤務手当の算定基礎となる「勤務一時間当たりの給与額」については、給与法十九条が「俸給の月額並びにこれに対する地域手当、広域異動手当及び研究員調整手当の月額の合計額に十二を乗じ、その額を一週間当たりの勤務時間に五十二を乗じたもので除して得た額とする」と規定している。

それゆえ、公務員の場合、期末・勤勉手当については、扶養手当や通勤手当と同様に、これが超過勤務手当の算定基礎となる給与に含まれることはない。

他方、労働基準法三十七条は、その一項で時間外労働等の割増賃金を算定するに当たっては「通常の労働時間又は労働日の賃金の計算額」がその計算基礎となることを定めるとともに、五項でこのような「割増賃金の基礎となる賃金には、家族手当、通勤手当その他厚生労働省令で定める賃金は算入しない」旨を規定している。

そして、賞与は、右にいう厚生労働省令に当たる、同法施行規則二十一条五号に定める「一箇月を超える期間ごとに支払われる賃金」として、「割増賃金の基礎となる賃金」には算入されないことになる。

しかし、賞与の場合、「労働基準法の施行に関する件」と題する、同法の施行通達（昭和二十二年九月十三日発基第一七号）が「賞与とは、定期又は臨時に、原則として労働者の勤務成績に応じて支給されるものであって、その支給額が予め確定されてゐないものを云ふこと。定期的に支給され、且その支給額が確定してゐるものは、名称の如何にかゝはらず、これを賞与とはみなさないこと」としており、この行政解釈に依拠して、次のように述べる近年の通達（平成十二年三月八日基収第七八号）もある。

「割増賃金の基礎となる賃金に算入しない賃金の一つである『賞与』とは支給額が予め確定されていないものをいい、支給額が確定しているものは『賞与』とみなされない（略）としているので、年俸制で毎月払い部分と賞与部分を合計して予め年俸額が確定している場合（注：年俸の一七分の一を毎月支給し、一七分の五を六月と十二月に二分して賞与として支給するような場合）の賞与部分は上記『賞与』に該当しない。したがって、賞与部分を含めて当該確定した年俸額を算定の基礎として割増賃金を支払う必要がある」。

このような行政解釈は、右にみた労働基準法施行規則二十一条五号の規定とも矛盾する（次官通達も「毎月払い」の原則との関係を問題としていた）とはいえ、国立大学法人の多くがそうであるように、給与規程に賞与の支給額を予め定めているような場合（第一一話を参照）には、割増賃金の額がこれに伴って跳ね上がるリスクもなくはない。このことにも留意する必要があろう。

第一三話　公務員法の世界（８）

身分保障と分限処分――総論

公務員の身分は保障されており、政権交代があっても、免職や降任の憂き目をみる心配はない。このようにして公務の中立性および安定性を確保し、その適切かつ能率的な運営を図ることに身分保障の目的はある。

こうした考え方から、国家公務員法は「すべて職員の分限、懲戒及び保障については、公正でなければならない」（七十四条一項）と定めるとともに、「職員は、法律又は人事院規則に定める事由による場合でなければ、その意に反して、降任され、休職され、又は免職されることはない」（七十五条一項）と、その身分保障について規定している。

公務員法の世界でいう「分限」とは、このような身分保障を前提とする、官職との関係における身分関係の変動をいうが、法定事由に該当しなければ、その処分をなし得ないという点に重要なポイントがある。

具体的には、例えば本人の意に反する降任および免職の場合、国家公務員法七十八条に定める次の各号のいずれかに該当することが必要になる。
一　人事評価又は勤務の状況を示す事実に照らして、勤務実績がよくない場合
二　心身の故障のため、職務の遂行に支障があり、又はこれに堪えない場合
三　その他その官職に必要な適格性を欠く場合
四　官制若しくは定員の改廃又は予算の減少により廃職又は過員を生じた場合

法令用語の用法に従えば、三号に「その他」とある以上、一・二号のいずれかに該当すると三号には該当しないということになるが、一・二号は三号の例示といってもよく（実務上もそのように取り扱われている）、通常の場合、四号は別として、三号にいう「官職に必要な適格性を欠く場合」には分限処分が可能になる、と考えて大きな間違いはない。

また、いかなるケースが「官職に必要な適格性を欠く場合」に当たるのかについては、これを抽象的に定義した人事院規則一一―四（職員の身分保障）の運用通知（昭和五十四年十二月二十八日任企第五四八号、第七条関係）が、次のように行政解釈の基準を示すに至っている。

つまり、「当該職員の容易に矯正することができない持続性を有する素質、能力、性格等に基因してその職務の円滑な遂行に支障があり、又は支障を生ずる高度の蓋然性が認められる場合」というのがそれであるが、同旨の判例（広島県教委（分限降任）事件＝昭和四十八年九月十四日最高裁第二小法廷判決）がその根拠を提供したとはいえ、こうした現

行法の解釈運用が分限処分を著しく困難にしていることも疑いを容れない。

例えば、およそ七年間にわたって「超過勤務命令拒否、研修拒否、始業時刻後の出勤簿押印、始業時刻後の更衣、標準作業方法違反、バイク乗車拒否、胸章不着用、制服不着用、管理者に対する暴言、構内無許可駐車、組合掲示物の無断掲示、指サック不使用、私物の放置、書留鞄の放置及び局長室への召還拒否の非違行為」を繰り返し、この間に「合計九三七回の指導及び職務命令、合計一三回の注意、合計一一八回の訓告及び合計五回の懲戒処分を受けた」職員の分限免職が一・二審では認められず、上告審でようやく認められるに至った（大曲郵便局事件＝平成十六年三月二十五日最高裁第一小法廷判決）のは、その象徴ともいえる。

このような事情もあって、三号該当事案が多い分限免職の大半は、現実には失踪（原則として一月以上にわたる行方不明）によって占められているともいう。

全体としてみても、分限免職された職員の数は、平成二十五度が一三人、二十六年度は一五人と驚くほど少ない。だからといって、分限降任の対象となった職員が多いわけでは決してない。過去五年間では、平成二十四年度に二人、二十五年度に一人を記録するにとどまっている（以上、人事院『公務員白書』による）。それもまた事実なのである。

整理免職と病気休職――各論

何事にも例外はある。旧郵政公社の事案ではあるが、平成十八年度に分限降任の処分を受けた公社の職員は一七二人を数えた（平成十九年度は二〇人。いずれも一・三号該当。なお、当時、公社職員は国家公務員として、国家公務員法の適用を受けていた）。

また、平成二十一年度には、社会保険庁の廃止（平成二十一年十二月三十一日廃止、翌二十二年一月一日に日本年金機構設立）に伴って、計五二五人の同庁職員が廃職を理由として分限免職されている（ちなみに、これらの職員については定年退職者と同様の算定式に基づいて、退職手当が割増支給されている。国家公務員退職手当法五条一項を参照）。

ただ、国家公務員法七十八条四号に定める整理免職が昭和三十九年の六人（姫路城保存修理工事の終了、および憲法調査会の廃止に伴うもの）を最後に長らく途絶えていたことからもわかるように、こうしたケースはあくまで例外中の例外でしかない。

一般職の職員だけでも約三四万人（平成二十六年度現在）を数える国家公務員の規模からすれば、分限免職や分限降任がほとんど行われていないにも等しい現状は、国民の目にはやはり奇異に映る。

公務の中立性や安定性を確保するためには身分保障が必要といった冒頭にみた「理屈」で、このような現状についてまで正当化することには著しい無理がある。

公務員と同様、国民の税金で禄を食む国立大学の職員が、法人化後の今日においても、こうした現状を異常と思わないのであれば、それこそ異常である。倒産も失業もなければ人間は働かなくなる。その結果、共産主義という名の壮大な実験が失敗に終わったことを再度想い起こす必要があろう。

他方、このように少数にとどまる分限処分としての免職や降任とは対照的に、被処分者数がコンスタントに一五〇〇人を超える分限処分に休職がある。

国家公務員法七十九条は「心身の故障のため、長期の休養を要する場合」（一号）および「刑事事件に関し起訴された場合」（二号）を分限休職の事由として規定しているが、休職者の四分の三強は、一号の「病気休職」によって占められている（平成二十六年七月一日現在、一八二五人中一三九六人（七六・五％）。これに対して、二号の「刑事（起訴）休職」は二人（〇・一％）にとどまっている）。

「病気休職」の期間は、更新期間を含め、最長三年（人事院規則一一―四第五条一項を参照）とされているが、ここまで長い休職期間は民間企業ではあまり聞かない。

確かに、共済組合から「傷病手当金」として標準報酬日額の三分の二が支給される期間は、健康保険の場合と同様、一年六ヵ月間に限られる（国家公務員共済組合法六十六条、健康保険法九十九条を参照）。

しかし、国立大学法人の職員もその組合員である文部科学省共済組合の場合、他省庁の共済組合と同様、組合の定款は、平成二十四年度末まで、残りの一年六カ月間についても

「傷病手当金附加金」として同一内容の給付を行うことを可能にするものとなっていた、という事実がある（詳しくは、第一五話を参照）。

私立学校の共済組合も同様の給付を行っているとの言い分もあろうが、少なくとも私学の場合には、倒産と失業のリスクがある。しかも、私学の場合、学生納付金が主な収入源となっており、人件費の大半を国民の税金＝運営費交付金で賄っている国立大学と同日に論ずべきではない。

なお、「病気休職」の期間が満一年に達するまでは、俸給のほか、扶養手当、地域手当、期末手当等の「百分の八十を支給することができる」と定めた「一般職の職員の給与に関する法律」二十三条三項は、法人化に伴い、これが適用されなくなったにもかかわらず、大半の国立大学では、現在も従前どおりの措置が講じられ、その分、傷病手当金の支給を免れるものとなっている。第八話でみた「病気休暇」と同様、共済組合の負担を軽くするための「お手盛り」といわれても仕方はあるまい。

第一四話　公務員法の世界（9）

懲戒処分とその種類

「職員が、次の各号のいずれかに該当する場合においては、これに対し懲戒処分として、免職、停職、減給又は戒告の処分をすることができる」。国家公務員法八十二条は、一項でこのように定めている。

一　この法律若しくは国家公務員倫理法又はこれらの法律に基づく命令（略）に違反した場合

二　職務上の義務に違反し、又は職務を怠った場合

三　国民全体の奉仕者たるにふさわしくない非行のあった場合

どのような非行に対して、どのような処分がなされるのか。右の条文を読んだだけではその判断は困難という以外にないが、これを補うものとして、人事院規則一二―〇（職員の懲戒）や、「懲戒処分の指針について」と題する人事院事務総長名の通知（平成十二年三月三十一日職職第六八号）がある。

例えば、人事院『公務員白書』によれば、平成二十六年に懲戒処分を受けた国家公務員は、合計三六七人。その内訳は、免職二三人（六・三％）、停職五九人（一六・一％）、減給一八四人（五〇・一％）、戒告一〇一人（二七・五％）となっているが、公務員の場合、多少順位が入れ替わることはあっても減給処分が常に上位を占めるのも、人事院規則に定める定義にその理由がある。

「減給は、一年以下の期間、俸給の月額の五分の一以下に相当する額を、給与から減ずるものとする」と定めた人事院規則一二—〇第三条がそれであるが、「三月間俸給の月額の十分の一を減給する」といった懲戒処分が可能になる根拠もここにある。

これに対して、民間企業の場合、「減給は、一回の額が平均賃金の一日分の半額を超え、総額が一賃金支払期における賃金の総額の十分の一を超えてはならない」と規定した労働基準法九十一条が適用される。

同じ減給とはいっても、その程度は著しく異なる。法人化後の国立大学が懲戒処分としての減給をあまり行わなくなったのも、ある意味で当然であった。

確かに、減給とは違い、停職に関する制限規定は労働基準法にもないことから、人事院規則一二—〇第二条の規定に倣って「停職の期間は、一日以上一年以下とする」旨の定めを就業規則に設けた上で、公務員時代の減給に見合う懲戒処分を停職という形で行うことも不可能ではない。

とはいえ、公務員の懲戒処分は、ある程度実効性のある減給処分を行い得ることを前提として制度設計がなされており、先に言及した「懲戒処分の指針」も、こうした前提のもとで作成されているという点に留意する必要がある。

例えば、部下が懲戒処分を受けることになった場合、上司である管理監督者もその監督責任を問われることがあるが、「指針」にある標準例が予定しているのは「停職」ではなく、「減給又は戒告」にとどまっている。

ただ、指導監督にかなり問題がある場合であっても、「平均賃金の一日分の半額」（月給の約六〇分の一、注：「総額の十分の一」は対象外）を上限とする減給しかできないというのでは、懲戒処分としてはほとんど意味をなさない。

他方、停職と減給では、勤勉手当の成績率も大きく違ってくる。仮に停職期間が基準日にぶつかれば、期末手当も勤勉手当もともに支給されないといった事態にもなる（人事院規則九―四〇（期末手当及び勤勉手当）とその運用通知を参照）。減給を停職に置き換えるといっても、そう簡単ではないのである。

労働基準法に定める実態に合わない減給の制限規定を公務員並みに緩和すればすむ話ではあるが、それが当分叶わぬ以上、国立大学としては公務員法と民間労働法との間で試行錯誤を繰り返すしかない。こう観念するしかないともいえよう。

なお、国立大学の多くは、法人化に際して公務員用語である免職を解雇と言い換えたとはいえ、戒告については、これをそのまま維持した大学も少なくない。

ただ、民間企業で戒告に代えて用いられることの多い譴責《けんせき》も、モトを正せば官吏＝文官の世界における用語に由来する（明治三十二年に制定された文官懲戒令三条三号を参照）。したがって、戒告を譴責と言い換えたとしても、それは旧に復したにすぎないのである。

懲戒免職と退職手当

国家公務員退職手当法は、懲戒免職の処分を受けた者に対しては退職手当を支給しない旨を、かつては明文の規定をもって定めていた（旧八条一項一号を参照）。

これが平成二十年の法改正（翌二十一年四月一日施行）により、懲戒免職の処分を受けた者に対しても「非違の内容及び程度、当該非違が公務に対する国民の信頼に及ぼす影響」等の事情を勘案して、退職手当の「全部又は一部を支給しないこととする処分を行うことができる」と改められ、その一部支給を可能にする道が拓かれることになる（現行十二条一項一号を参照）。

法改正の背景には、懲戒解雇が仮に有効であるとしても、退職金には功労報償的要素とともに賃金の後払い的要素があり、こうした「賃金の後払い的要素の強い退職金について、その退職金全額を不支給とするには、それが当該労働者の永年の勤続の功を抹消してしまうほどの重大な不信行為があることが必要」（小田急電鉄事件＝平成十五年十二月十一日東京高裁判決）とする裁判例が存在し、この理が公務員の懲戒免職と退職手当の関係においても等しく妥当する、との考え方があった。

しかし、退職手当を不支給とするか、一部支給とするかの基準が明確にされないまま、一部支給に踏み切れば、本来退職手当の全部を不支給とすべき懲戒免職の事案であっても、一部支給を余儀なくされる恐れは十分にある。

右の事件も、懲戒解雇の有効性については疑いを差し挟む余地のないケースではあったが、過去に退職金の一部を支給した懲戒解雇の事案が数件あったことから、これと同等の退職金支給（三割支給）を、裁判所は使用者に命じるものとなっている。

事件当時、会社には諭旨解雇の制度が存在せず、このこととも関連して「懲戒解雇により退職するもの……には、原則として、退職金は支給しない」といった、退職金の不支給に例外を認める、中途半端な規定を就業規則（退職金支給規則）に置かざるを得なかったことも、会社側が敗訴する一因となった。

それゆえ、このような問題が生じないようにするためには、懲戒解雇とは別に諭旨解雇の制度を設け、懲戒解雇については退職金を不支給とし、諭旨解雇については退職金の一部を不支給とする定めを就業規則に置くことが必要になる（右の事件においても、会社はその後、諭旨解雇を制度化している）。

その場合、第二話でも言及したことであるが、懲戒解雇が有効であれば、就業規則上、退職手当の一部支給を使用者に命じる根拠はない、とする裁判例（東宝舞台事件＝平成十九年十二月六日東京地裁判決）もある。

そこでも指摘したように、支給することが「ある」とか「できる」というような表現は努めてこれを避ける必要がある。その意味では、上述した国家公務員退職手当法の改正は公務員の世界でしか通用しない、と考えたほうがよいともいえる。

なお、右に言及した国家公務員退職手当法の改正においては、在職中に懲戒免職処分を受けるべき行為があったと認められる場合にも、退職者に退職手当の返納を命ずること等を可能にする改正が併せて行われている（現行十五条と旧十二条の三を比較参照）。

従前は在職中の行為について禁錮以上の刑に処せられない限り、返納を不可としていたことを考えれば、前進には違いないものの、遅きに失したとの感もないではない。

法改正に先行してでも、必要な制度改正は進んで実行する。退職手当の返納についても法改正に先んじて所要の措置を講じた大学があったように、やってやれないことはない。要はやる気の問題なのである。

第一五話　公務員法の世界（10）

二種類ある知恵

道理に適った知恵と、適わない知恵。知恵にも、この二種類がある。良い知恵と、悪い知恵。このように言い換えてもよい。なかには、特定の者にとってのみ、都合の良い知恵というものもある。

以下では、第一三話でも少し触れた、傷病手当金附加金の見直しを例に、こうした知恵の理非曲直について考えてみたい。

傷病手当金附加金は、国家公務員共済組合法五十二条および同法施行令十一条の三に定める附加給付の一種であり、共済組合の定款に定めを置けば、その給付が可能となる。

国立大学法人の職員が加入する文部科学省共済組合の場合、平成二十四年度末にこれが改正されるまで、その定款は、傷病手当金附加金について次のように規定していた。

（傷病手当金附加金）
第二十四条　組合員（略）が法第六十六条の傷病手当金の支給期間が経過してなお引

き続いて専ら療養のため勤務に服することができないときは、一日につき、同条（略）及び法第六十九条の規定の例により計算した額を傷病手当金附加金として支給する。ただし、当該組合員が組合員の資格を喪失したとき、又は休職（国家公務員法（略）第七十九条第一号の規定による休職又はこれに相当するものとして……国立大学法人等の役職員若しくは組合職員に係る就業規則に規定するものをいう。以下同じ。）になった日から三年を経過したときのいずれかに該当することとなったとき以後は、この限りでない。

2　略

そして、そこで引用された国家公務員共済組合法六十六条および六十九条は、それぞれ以下のように規定していた（なお、その内容は、現在も変わっていない）。

（傷病手当金）

第六十六条　組合員（略）が公務によらないで病気にかかり、又は負傷し、療養のため引き続き勤務に服することができない場合には、傷病手当金として、勤務に服することができなくなった日以後三日を経過した日から、その後における勤務に服することができない期間一日につき標準報酬の日額の三分の二に相当する金額（略）を支給する。

2　傷病手当金の支給期間は、同一の病気又は負傷及びこれらにより生じた病気（以下「傷病」という。）については、前項に規定する勤務に服することができなくなった日以後三日を経過した日（同日において第六十九条の規定により傷病手当金の全部を支給しないときは、その支給を始めた日）から通算して一年六月間（結核性の病気については、三年間）とする。

3　以下、略

（報酬との調整）

第六十九条　傷病手当金……は、その支給期間に係る報酬の全部又は一部を受ける場合には、その受ける金額を基準として政令で定める金額の限度において、その全部又は一部を支給しない。

上記の定款二十四条一項に定める「休職になった日から三年」を、平成二十五年四月に「傷病手当金附加金支給開始後十二月」と改め、平成二十六年四月以降、この「十二月」をさらに「六月」に短縮することを、平成二十四年度の改正はその内容としていた。

従前の定款規定をもとに、条文にある「三年」を「二年六月」、そして「二年」とその期間を段階的に短縮する。本来ならば、このようになるはずであるが、現実にはそうならなかった。このような規定改正では、傷病手当金附加金を支給する機会がなくなり、傷病手当金について定めた法規定ともバッティングする。そうした問題があったからである。なぜか。

休職当初の一年間は、八割の限度で給与を支給し（第一三話を参照）、その後一年六カ月の間、傷病手当金を支給すれば、それだけで二年六カ月（残りの休職期間は六カ月）となる。国家公務員はもとより、大半の国立大学では、従来、こうした取扱いが当然のこととして理解されていた。

確かに、国家公務員共済組合法六十六条二項によれば、傷病手当金の支給期間は、同法「六十九条の規定により傷病手当金の全部を支給しないときは、その支給を始めた日」が起算日となる。傷病手当金やその附加金について、右のような取扱いが可能とされるのはここに理由があり、傷病手当金附加金の支給期間を休職開始後「二年」と定めれば、こうした現状と齟齬を来すことは避けられなかった。

そこで、知恵を絞ったのであろうが、先にみたような定款の改正では、形だけの見直しといわれても、これに抗弁することはきわめて難しい。

従前と同様、休職期間中の給与支給を引き続き一年間行うとすれば、傷病手当金附加金の支給期間は六カ月ですむ（三年の休職期間はそれですべてカバーできる）ことになり、規定改正の影響を受ける者は現実には存在しないからである。

また、休職期間中の給与は誰が払っているのか、という問題も一方にはある。納税者である国民によって給与が支払われているとの自覚が少しでもあれば、知恵の出し方も多少違っていたのではないか。このように考えることも可能であろう。

公僕としての自覚

Public servantを直訳すると、公僕となる。国立大学の職員は、公務員としての地位にはもはやないとはいえ、公務員と同様に税金で禄を食む者として、国立大学の公共的性格を論じるまでもなく、公僕としての自覚は常にこれを持つ必要がある。

ただ、公僕としての自覚は、行動を伴ってこそ意味があり、行動を伴わないような自覚は、単なる繰り言にすぎない。

傷病手当金の問題に関しても、休職期間については、そのすべてを既に無給化している大学もある。公僕としての自覚があれば、後には退けない。再び運営費交付金＝国民の税金によって休職期間中の給与を支給することは、その額が傷病手当金に相当する額にとどまるとしても道理に反する。そう考えるのが筋であろう。

共済組合定款二十四条に定める傷病手当金附加金については、支給期間を二段階で短縮すること以外にも、改正規定は「施行日［注：平成二十五年四月一日］以後に療養のため引き続き勤務に服することができない状態となった日（以下「休業開始日」という。）がある場合について適用し、施行日前に休業開始日がある場合については、従前の例による」との措置が講じられることになったものの、経過措置としては、必要最小限の範囲を出るものではなかった。

そもそも傷病休職期間について、その上限を三年としなければならないのか。そうした発想も、ときには必要になる。仮に休職期間が短くなれば、職員の復職に向けた動機付けを強めることにもつながる。休職期間をその本来の姿である復職を前提とした期間として再認識してもらうためにも、これを二年程度に短縮することは十分検討に値しよう。

例えば、日本年金機構では、平成二十二年一月の発足に際して、休職期間を無給化するとともに、その上限を二年＝二四カ月に短縮した上で、勤続①五年未満は一二カ月、②五年以上一〇年未満は一八カ月、③一〇年以上は二四カ月と、勤続年数によって休職期間に違いを設けた制度が採用されている。

また、第八話でも紹介したように、年金機構では、病気休暇についても、その無給化が図られた結果、傷病手当金の支給が病気休暇中に始まることとなり、勤続年数が五年以上になれば、傷病手当金の支給が休職期間中に終わることが前提となっている。

このような民間企業の基準により近い休職制度への変更は、年金機構の職員が共済組合ではなく、健康保険に加入することになったことによるとも考えられるが、制度の再検討に当たって、大いに参考になることはいうまでもない。

国立大学法人の職員を含め、公僕であればこそ、公務員時代の旧弊にとらわれることなく、民間企業をむしろその範とすることが求められる。思うに、そうした時代に、世の中は移行したのである。

コラム1　公務員制度改革について

公務員にも協約締結権を与え、「自律的労使関係制度」の導入を図ることにより、公務員制度改革を進めようとする動きがある（「国家公務員制度改革基本法」十二条を参照）。

このことに関連して、民主党政権の時代には四つの法案が国会に提出された（その後、衆議院の解散に伴い、会期末に提出された地方公務員に関する同様の法案とともに廃案となった）が、なかでも注目されるものに「国家公務員の労働関係に関する法律案」（公務員労働関係法案）があった。

国家公務員法に定める登録職員団体に代えて認証労働組合の制度を導入し、この認証労働組合を通じて、当局との間で団体交渉を行い、団体協約を締結できる仕組みを整備する。法案の骨子はこのような点にあったが、民間部門と同様の不当労働行為制度を新たに導入するなど、労働組合法をモデルとした規定も少なくなかった。

組合員の過半数が職員でさえあれば、労働組合としての認証要件を満たし、このようにして、いったん労働組合として認証されると、——組合員数の多寡にかかわらず——職員の勤務条件について定めた法律（給与法や勤務時間法）の改廃を要求して当局に団体交渉を申し入れることができ、当局が正当な理由なしに認証労働組合との団体交渉を拒否すれば、団交拒否の不当労働行為として、労働委員会による救済の対象となる。

他方、勤務条件法定主義そのものは維持されるため、いかなる少数組合といえども、法律の制定または改廃を要する事項について、当該組合との間で団体協約が締結されれば、内閣は必要な法律案を国会に提出することを義務づけられる。

法律案を発議するには、国会議員ですら、衆議院では二〇人（予算を伴う法律案の場合五〇人）以上、参議院では一〇人（二〇人）以上の議員の賛成を必要とする（国会法五十六条一項を参照）のに対して、職員二人と職員以外の者一人で労働組合を結成し、認証さえ得れば、協約の締結という手段を用いて、理論的には法律案の提出を内閣に義務づけることも可能になる。

そんな少数組合とは団体協約など締結しなければよいとはいうものの、だからといって少数組合であることを理由として団体交渉を拒否することは、不当労働行為としてこれを認めない。そうした内容の法案であった。

ただ、団体交渉一つをとっても、そのコストを最終的に負担するのは当の国民であることも忘れてはならない。相当数の職員を現に組織し代表している労働組合にのみ交渉権＝協約締結権を認める。今後の議論においては、そうした労働組合の「代表性」に留意した検討も必要になろう。

第一六話　法改正と大学の対応（1）

公務員法の改正に対する備え

誤解されることも多いが、国立大学法人は世にいう独立行政法人、つまり独立行政法人通則法二条一項に規定する独立行政法人ではない。国立大学法人には、通則法は適用されず、その一部が準用されるにすぎない（国立大学法人法三十五条を参照）。

一方、国立大学法人は、総務省設置法四条十三号に規定する独立行政法人には含まれる。そこで、次のような政府の要請も、国立大学法人を対象としたものであることを理解した上で、これに応えていく必要があった。

「独立行政法人（総務省設置法（略）第四条第十三号に規定する独立行政法人をいう。）の役職員の給与改定に当たっては、国家公務員の給与水準を十分考慮して国民の理解が得られる適正な給与水準とするよう厳しく見直すことを要請する」（「公務員の給与改定に関する取扱いについて」平成二十五年一月二十四日閣議決定）。

国立大学法人の（役）職員の給与については、国家公務員の水準を上回らないように、その改定を行わなければならない。単刀直入にいえば、法人に対する右の要請の趣旨は、およそこんなところにあった。

準用規定の一つである通則法六十三条（当時）も、三項で、職員の給与および退職手当の支給の基準は、当該法人の「業務の実績を考慮し、かつ、社会一般の情勢に適合したものとなるように定められなければならない」と規定していた（現行の五十条の十第三項と比較参照。詳しくは、第六一話を参照）。国家公務員法二十八条一項に定める「情勢適応の原則」に相当する「情勢適合の原則」がこれである。

世にいうアベノミクスの一環として、政府は、デフレからの脱却を目指して、経済界に給与の引上げを求めている（経済界も、これに応じる姿勢を示している）が、国家財政の破綻を招かないためには、国の借金をこれ以上増やさないことも、同時に必要となる。

仮に民間企業の給与が多少上がったとしても、公務員や法人職員にとっては、まだまだ我慢のときが続く。一千兆円にも及ぶ借金の大きさを思えば、このように肚をくくることも覚悟しなければなるまい。

上記の閣議決定の主眼も、勤務成績が標準（良好）にとどまる職員については五五歳で昇給を停止するように求めた、平成二十四年八月の人事院勧告に従って、平成二十五年度（直近の昇給日である平成二十六年一月一日）から、給与の改定を行うことを明確にすること（注：平成二十五年三月十二日に、給与法（一般職の職員の給与に関する法律）改正法案を提出、同年六月十七日に可決成立）にあった。

　民主党政権ではついに実現をみなかった（第九話を参照）とはいうものの、政権を再び取り戻した自公両党は、これを実行に移す意思を直ちに明らかにする。民間に比べ、五〇歳台後半層の給与が高い以上、情勢適応（適合）の原則に照らせば、当然の措置。国民の大半は、そう受け取ったに違いない。

　確かに、年齢のいかんを問わず、昇給停止は歓迎すべからざる事態ではある。臨時特例による給与の引下げが、当時は同時進行していたことを考えれば、尚更であろう。ただ、こうなることは、かなり以前からわかっていた。平成十七年の給与法改正（翌十八年四月一日施行）によって、五五歳昇給停止を原則として法定することを止める。このことに、そもそも大きな無理があったのである。

　いわゆる枠外昇給（俸給表にある最高号俸を超える昇給）を廃止する代わりに、五五歳以降の昇給を復活させる。右の給与法改正においては、このような〝取引〟が職員団体との間であったとも聞く。

　民間企業の場合、五五歳をピークに給与はむしろ下降線をたどるのが普通なのに、これは何だ。こんな改正規定は長続きするはずがないとして、給与規程では五五歳昇給停止を本則に残した国立大学もなかにはあった。

　後になって、不利益変更と非難されるのを避けるためには、たとえ五五歳以上の昇給を復活させるとしても、これが「当分の間」における経過措置にとどまることを附則で明記する必要がある（そのためにも、本則は変えない。なお、前述した人事院勧告では、平成十七年の給与法改正前の状況に戻すことがイメージされていたことに注意（以上につき、第三六話のCase Studyを併せ参照））。

法律の改正は容易であっても、就業規則の改正となると、そう簡単ではない。国立大学が公務員法の改正に準じた措置を講じる場合、最も注意すべき点はここにある。現場担当者にとって必要なのは、そうした活きた知識＝知恵なのである。

労働法の改正に対する心構え

コンプライアンス＝法令遵守ではない。わが国を代表する危機管理の専門家、佐々淳行氏によれば、コンプライアンスとは、本来「あらゆる『不平・不満・苦情・撤回要求、不良品買戻し（リコール）・製造者責任・謝罪・損害賠償』などにどう対応するかという組織防衛のためのノウハウと解すべきだ」（佐々著『定本　危機管理――我が経験とノウハウ』（ぎょうせい、平成二十六年）二〇五頁）という。

労働法の改正に対して、大学がどのように対応するかを考えるに当たっても、こうした「組織防衛」の観点が不可欠となる。改正法に唯々諾々と従うだけでは、大学という組織は到底守れない。

とはいっても、頭をかかえて思い悩むほど難しいことではない。できることは約束するが「できないことは約束しない」。要は、この鉄則を貫けばよいという話になる。

例えば、労働契約法十八条に定める無期転換規定。複数の有期労働契約の期間が通算して五年を超えると、無期労働契約への転換を認めることに、平成二十四年の法改正により設けられた本条（翌二十五年四月一日施行）の趣旨はあった。

大半の国立大学では、非常勤職員等との間で有期労働契約を締結する際には、雇用可能期間（更新期間を含む通算契約期間）に三年ないし五年の上限を設けることを就業規則に規定するとともに、これを明示した上で、募集・採用を行っていることから、このままでも問題は生じないかにみえる。

しかし、「原則」についてはこういえても、そこに「例外」が認められている場合には、当然話は違ってくる。更新に上限が設けられていなかった公務員時代から大学に在職しており、そのため「例外」の対象とせざるを得なかった非常勤職員（時間雇用職員、詳しくは第二五話を参照）の問題がそれである。

職務内容がさほど変わらないにもかかわらず、一方に契約期間に上限のある職員がおり、他方にはこのような上限のない職員がいる。こうしたダブルスタンダードともいえる状況は「激変緩和」を理由に一時的には許されるとしても、その期間をすぎれば合理的な説明が著しく困難なものとなる。

そこで、「できないことは約束しない」との考え方から、契約期間に上限を設けることについて「例外」を認めるに当たっても、それがあくまでも経過措置にとどまることを明確にするため、「当分の間」における措置としてのみ「例外」を認め、その期間が経過したと考えられる時点（契約期間の上限が到来したことを理由とする最初の退職者が出る時点）で、さらに一定の猶予期間を設けて「例外」の解消を図った大学もあった。

具体的には、右の猶予期間中、受験回数には制限を設けず、毎年特別の試験を行って、試験に合格した者については常勤職員に登用し、不合格に終わった者（受験しなかった者を含む）については猶予期間が経過したとき以降、労働契約を更新しない（上記ケースに該当する者を含む猶予期間中の退職者には、法人化前の勤続年数に応じて、勤続慰労金を併せて支給する）。こうした措置が、この大学では講じられた。

それでは、このような措置を講じていない大学は、もはや手遅れかというと、そうともいえない。労働契約法十八条にいう通算契約期間は、平成二十五年四月一日以降に締結または更新される契約からカウントする。そうした定めが平成二十四年の改正法にはあったからである（改正附則第二項を参照）。

そうはいっても、残された時間はわずかに二年余り。もはや先送りは許されない。この短い時間に、コンプライアンス＝組織防衛のために何ができるのか。それを考え、直ちに実行する以外に選択肢はないといえよう。

第一七話　法改正と大学の対応（2）

戦前にもあった官吏の減俸

国家公務員法制定以前の官吏を含めれば、国家公務員について大幅な減俸が実施されたのは、平成二十四年四月一日から平成二十六年三月三十一日までの二年間をその対象期間とした、臨時特例が初めてではなかった。

歴史を遡れば、明治二十六年四月一日からの五年間、文武官等の俸給の一割を「国庫ニ納付セシム」との措置がとられている。

同年二月の「国家軍防の事に至《いたり》ては苟《いやしく》も一日を緩くするときは或は百年の悔を遺《のこ》さむ朕《ちん》茲《ここ》に内廷の費を省き六年の間毎歳三十万円を下付し又文武の官僚に命し特別の情状ある者を除く外同年月間其の俸給十分一を納れ以《い》て製艦費の補足に充てしむ」とした、明治天皇の詔《みことのり》を受けた措置であるが、その目的はいうまでもなく巨艦定遠を含む北洋艦隊を擁する清国との戦争（明治二十七年八月〜翌二十八年三月）に勝つことにあった。

これをきっかけとして、建艦計画に反対であった帝国議会も、その姿勢を一八〇度転換することになる。日清戦争に勝利し、多額の賠償金を得たこともあって、返納期間は当初の予定を一年繰り上げて終了したが、それは結果論にすぎない。

このように明治の先達は大いにその気概を示したとはいうものの、大正デモクラシーを経験した昭和の時代には、減俸の実施もそう簡単には進まなくなる。

例えば「年額千二百円を超ゆる文官及武官の俸給定額に対し大凡《おおよそ》一割を減すること」等を内容とする、昭和四年十月に浜口雄幸内閣が閣議決定した減俸案（翌五年一月一日より施行を予定）は、司法官（判検事）のほか、鉄道省、逓信省等の官吏の強い反対に遭い、早々に挫折する。

歳入が落ち込めば、歳出も減らす。目前に控えた金輸出の解禁のためにも必要とされた減俸ではあったが、こうした「正論」も減俸反対を叫ぶ官吏の耳には届かなかった。

しかし、時を同じくして発生した世界恐慌の影響もあって、株価や物価はその後も低落を続け、企業倒産が相次ぎ、町村財政の窮状も深刻さを増したことから、昭和六年五月には、若槻礼次郎内閣が減俸の実施（同年六月一日施行）に再び挑戦することになる。

当初、政府は、年間の俸給総額（二億五千万円）に比し、平均七分二厘（千八百万円）の減俸を予定。月俸または月給が五十円以上の者をその対象としていたが、反対論も強く最終的には判任官四級俸（百円）以上の者に対象を限定する（減俸は最高二割最低五分とするが、判任官四級についてはこれを三分とする等の経過措置を認める）ことを余儀なくされる。その結果、減俸による歳出の削減幅も、当初の想定を大きく下回るもの（平年度九百八十八万円）となった。

また、司法官を代表する判事については、裁判所構成法七十三条一項が本文で「判事ハ刑法ノ宣告又ハ懲戒ノ処分ニ由ルニ非サレハ其ノ意ニ反シテ転官転所停職免職又ハ減俸セラルヽコトナシ」と規定していたことから、判事全体を対象とする減俸がこの規定に抵触しないかどうかが問題となり、改正高等官官等俸給令に「本令施行ノ際現ニ従前ノ規定ニ依リ俸給（略）ヲ受クル判事ニ付テハ其ノ意ニ反シテ現ニ受クル額ヲ減ズルコトナシ」とする附則を設けることにより、最後は解決が図られることになる。

個々の判事の意に反して、俸給令に定める額を下回る俸給しか支給しないことは違法の問題を生じるが、俸給令の改正により同令に定める判事全体の俸給額を減じることは違法の問題を生じないし、また司法の独立を侵すものでもない。こうした考え方も十分に可能ではあったが、政府はあえて慎重を期した。それほど、判事による減俸への反対が当時は強かったのである。

その後、わが国は、減俸が実施された昭和六年の暮れには、高橋是清蔵相のもとで、金の輸出再禁止と兌換停止に踏み切るとともに、積極経済政策（リフレーション政策）に転換したことから、いち早く恐慌の影響を脱し、以後、経済は成長を続けた。

しかし、これもまた後知恵であって、減俸そのものが不要であったということには必ずしもならない。公債の追加発行はしない、というのが晩年における高橋蔵相の基本姿勢でもあったからである（二・二六事件で蔵相が暗殺された理由もここにあった）。

平成二十五年度をもって終了した臨時特例についても、巨額の国債残高等、わが国の厳しい財政状況を考慮すると、当初の予定どおり二年間で終わる保証はどこにもなかった。一方に消費税の引上げがあり、他方ではアベノミクスとの調和という問題もあって、特例期間の延長は結局なかったものの、仮に民主党政権が続いていれば、おそらく話は違っていた。こうもいえるのである。

裁判官の報酬等の引下げ

裁判官も公務員。こういえば意外かもしれないが、国家公務員法二条三項十三号によると、裁判官は「特別職の国家公務員」ということになる。

一般職の職員でない以上、裁判官は「一般職の職員の給与に関する法律」（給与法）の適用は受けない。給与法に代わるものとしては「裁判官の報酬等に関する法律」（裁判官報酬法）があり、同法にいう「報酬」とは、給与法でいう「俸給」を指す。

その「報酬」についても、裁判官報酬法は「裁判官の報酬月額は、別表による」（二条）と規定するにすぎず、「報酬以外の給与」に関しても、同法は、判事の場合、給与法「による指定職俸給表の適用を受ける職員の例に準じ、その他の裁判官には、一般の官吏の例に準じて最高裁判所の定めるところによりこれを支給する」等（九条一項）と定めるにとどまっている（なお、同項ただし書は、超過勤務手当や休日給、夜勤手当等については、これを裁判官に支給しないと規定している）。

それゆえ、給与法の改正に併せて、裁判官報酬法が改正されたとしても、何ら不思議ではない。臨時特例についても、もとよりその例外ではなかった。

新任の判事補であっても、改正法施行の日から平成二十六年三月三十一日までの間は、その報酬月額に百分の七・七七を乗じて得た額に相当する額を減ずる。このように定める規定（附則十六条一項。なお、同項に定める最高裁長官の減額率は百分の三十）を新たに設けた同法の改正がそれであった。

確かに、憲法七十九条六項および八十条二項は、最高裁判所および下級裁判所の裁判官「の報酬は、在任中、これを減額することができない」旨を規定している。戦前の裁判所構成法の流れをくむ裁判所法にも、裁判官は「その意思に反して、免官、転官、転所、職務の停止又は報酬の減額をされることはない」とした規定（四十八条）は存在する。

このことから、一般職の職員に連動して、裁判官の報酬を減額することは違憲・違法であるとの見解もみられたが、それはあくまで一部の少数意見にすぎなかった（最高裁も、このような考え方には与していない）。

報酬減額に当たっては、司法の独立を尊重する観点から、最高裁の裁判官会議に政府案を諮り、これを了承するという慎重な手続きがとられたものの、同じ公務員として、一般職の職員との間に、給与・報酬の減額について差を設けるべきではない。その程度の常識は、裁判官にもあった。

他方、退職手当の減額は「在任中」の報酬減額には当たらないことから、違憲・違法の問題がそもそも生じないことにも注意する必要がある。内部昇進の形をとらない最高裁判所の裁判官を除き、国家公務員退職手当法が退職手当の引下げを伴う場合を含め、裁判官にも等しく適用される理由はここにある。

平成二十五年一月一日から施行された改正国家公務員退職手当法の眼目は、その附則第二十一項に定める退職手当の調整率を「百分の百四」から「百分の八十七」に改めることにあった（詳しくは、第三六話を参照）が、従前における調整率の引下げと同様、裁判官だからといって特別扱いをされることは当然なかった。

自身がこのような状況にある裁判官が、国立大学法人の職員だけは例外であると、訴訟において考えるかどうか。その答えは、自ずと明らかといえよう。

第一八話　法改正と大学の対応（3）

統計からみた労働契約法の改正

平成二十五年四月一日から施行された労働関係法令の改正規定の一つに、第一六話でも言及した労働契約法十八条がある。

同日以降に締結または更新された有期労働契約の期間が通算して五年を超える（正確には、複数の有期労働契約の期間が通算して五年を超える場合に限る）と、無期労働契約への転換権を労働者に認める。そこに、本条の目的はあった。

他方、非正規雇用や有期雇用については、平成二十五年一月から総務省統計局「労働力調査」の調査項目が相当大幅に拡充されたことにより、その詳細な現状が月単位でわかるようになった。

具体的には、四半期ごとにしか公表されていなかった非正規雇用のデータが、より詳細な形で月ごとに示され、有期雇用に関しても、常雇から役員を除いた一般常雇のデータが有期雇用と無期雇用に二分される等の工夫がこらされるに至っている。

非正規雇用や有期雇用というと、ともすれば若年の男性フリーターを思い浮かべがちであるが、そのようなマスコミの流布したイメージと、現実の姿は大きく異なる。

以下にみるように、労働力調査（平成二十五年一月分）の調査結果からも、このことは明らかであった（雇用契約期間が一ヵ月未満の日雇、一ヵ月以上一年以下の臨時雇、一年を超える一般常雇（有期）を合わせて、以下では「有期雇用者」という）。

①　非正規雇用者（一八二三万人）の七割近く（六八・五％、一二四八万人）、有期雇用者（一四二六万人）の六割強（六一・九％、八八二万人）は女性。

②　女性雇用者の過半数（五四・六％）を占める、非正規雇用者の三分の二近く（六四・七％、八〇七万人）はパート。

③　女性パートの約四割（四〇・四％、三二六万人）は無期雇用。女性の場合、その数は非正規雇用者と有期雇用者の差（三六六万人）にほぼ匹敵する（八九・一％）。

④　女性パートの場合、無期雇用の割合は、二〇歳台後半（四七・四％）をピークとして年齢を重ねるごとに漸減（五〇歳台後半で三五・六％）。従業者規模が大きいほど低減する傾向にある（一〜二九人で五二・〇％、五〇〇人以上で三一・〇％）。

⑤　女性パートの約七割（七〇・八％、五七一万人）は、主婦パート（世帯主の配偶者）によって占められる。

⑥　男性の場合、非正規雇用者は雇用者全体の二割（二〇・〇％）。アルバイトと契約社員を合算すると、非正規雇用者の五割を超える（五五・八％）。なお、非正規雇用者は五七五万人、有期雇用者は五四四万人と、その数に大差はない。
⑦　非正規雇用と有期雇用のいずれにおいても、男性の場合、六〇歳以上の高齢者が約四割（非正規雇用者の三八・六％〔二二二万人〕、有期雇用者の三九・九％〔二一七万人〕）を占める。
⑧　なお、正規雇用者に占める有期雇用者の割合は、男性三・四％〔七八万人〕、女性四・一％〔四二万人〕。非正規雇用者に占める無期雇用者の割合は、男性二〇・三％〔一一七万人〕、女性三三・〇％〔四一二万人〕となっている。

その後公表をみた二月分の調査結果をみても、大勢に変化がなかったことはいうまでもない。確かに、男女計の平均値でみると、雇用者（役員を除く雇用者、①～⑧に同じ）に占める非正規雇用者および有期雇用者の割合は、それぞれ三六・七％、二八・三％（一月は、三五・三％、二七・六％）を数えたとはいえ、そもそも前月比でその増減を語るべき問題ではない。

　主婦パートが減らない限り、女性の非正規雇用者は減らず、高齢化が進めば進むほど、六〇歳以上の者が牽引する形で男性の非正規雇用者も増え続ける。ただ、こうした非正規雇用（有期雇用）の核をなす層が無期雇用への転換を本当に望んでいるのか、またこれを実際にも必要としているのか。十分な検証が行われた形跡は今もってない。

非正規雇用は三人に一人、有期雇用も四人に一人を超えたという報道も、前述したように誤報ではないが、そこから定職に就けない若者をイメージすると間違いを犯す。

にもかかわらず、そうした現実とは異なるイメージの上に、有期を無期に転換すれば、若者の雇用は安定するとの思い込みがさらに加わって、無期転換規定の創設（労働契約法の改正）は実現をみた。ありていにいえば、こうもいうことができるのである。

必要だった無期転換規定の例外

六五歳から七〇歳へ。年金財政の逼迫という問題もあって、政府による雇用年限延長に向けた取組み（企業に対する要請）は、既に始まっている。また、六五歳以上の者が有期雇用者に占める割合も、労働力調査によると、現に男女計で一〇％をわずかながら上回る（一月一〇・七％、二月一〇・九％、男性では一月一七・五％、二月一八・三％）ものとなっている。

しかし、六〇歳定年を前提とすると、このような雇用年限の延長を実施している企業では、定年後における有期雇用の期間が五年を超えるという問題が発生する。

六五歳で無期雇用に戻った後も、第二の定年制を設けることは不可能ではないとはいうものの、あまりに技巧的にすぎる。そこで、定年後の継続雇用については、無期転換規定の適用を除外すべきとの声が当初からあった。

いわゆる登録型派遣の場合にも、雇用関係が生じるのは派遣期間に限られることから、無期雇用には本来なじまないとして適用除外を求める声があるが、同様の事情は国立大学の教職員（一部）にも認められた。例えば、次のようなケースがそれである。

イ　「大学の教員等の任期に関する法律」（任期法）に基づいて、任期を付された教員

ロ　寄附講座・寄附研究部門に所属する教員

ハ　長期の研究プロジェクトに従事するために雇用された教員・研究員等

任期法に基づき、各大学の任期規程に定める教員の任期には長期にわたるものが多く、再任を妨げないものであれば、三年任期であっても再任期間の途中で通算雇用期間が五年を超えることになる。しかし、再任するか否かの判断は、任期中の研究成果等に基づいて行われるべきものであって、任期が五年を超えたことのみを理由として無期転換を認めることは、教員の流動性を高めるという同法の趣旨にも反するものとなる（なお、任期法については、第二二話を併せ参照）。

寄附講座等についても、法人化前から設置期間の更新に制限はなく、その期間が一〇年に及ぶ寄附講座も珍しくはなかった。また、国家的プロジェクトのなかには、一〇年から一五年間にわたって継続することを想定したものもある。ただ、いずれの場合も期限付き

のものであって、無期雇用には到底なじまない。

いわゆるポスドク（博士号を取得した若手研究者）を経て、各種プロジェクトの非常勤研究員となり、その後専門分野における研究成果が認められて当該プロジェクトの任期付常勤教員のポストを得、最終的にはテニュア教員となる。ほとんどの大学では、このような研究者のキャリア・トラックが用意されているが、それぞれの期間は五年以内であっても、すべてを通算すれば、確実に五年を超えてしまう（場合によっては、ＴＡやＲＡからの通算さえ必要になるという極端な考え方もある。なお、ＴＡ・ＲＡについては、第二九話を併せ参照）。そんな現実があったのである。

同一法人が使用者として採用を行う以上、その採用が公募によるものであっても、これを通算しないという理屈は通用しない（この点は、事務補佐員等の非常勤職員についても違いはないので、注意を要する）。

右にみたケースは、あくまでも例示にすぎないが、無期転換規定がいたるところで大学における教育研究の推進とバッティングすることは明白であった。そして、その解決は、立法によって、これを図る以外に方法はなかった。以下にみる「研究開発システムの改革の推進等による研究開発能力の強化及び研究開発等の効率的推進等に関する法律及び大学の教員等の任期に関する法律の一部を改正する法律」がそれである（なお、同法は、非常勤講師の問題とも関連していた。第二八話を併せ参照）。

研究者や技術者、教員等を対象とした特例

平成二十五年十二月十三日、右にみた七四文字のタイトルからなる法律が同年における法律第九九号として公布される。その結果、改正後の「研究開発システムの改革の推進等による研究開発能力の強化及び研究開発等の効率的推進等に関する法律」（強化法）および「大学の教員等の任期に関する法律」（任期法）には、それぞれ次のように定める労働契約法の特例規定（強化法十五条の二、任期法七条）が設けられることになった（いずれも即日施行）。

（労働契約法の特例）

第十五条の二　次の各号に掲げる者の当該各号の労働契約に係る労働契約法（略）第十八条第一項の規定の適用については、同項中「五年」とあるのは、「十年」とする。

一　科学技術に関する研究者又は技術者（科学技術に関する試験若しくは研究又は科学技術に関する開発の補助を行う人材を含む。第三号において同じ。）であって研究開発法人又は大学等を設置する者との間で期間の定めのある労働契約（以下この条において「有期労働契約」という。）を締結したもの

二　科学技術に関する試験若しくは研究若しくは科学技術に関する開発又はそれらの成果の普及若しくは実用化に係る企画立案、資金の確保並びに知的財産権の取

得及び活用その他の科学技術に関する試験若しくは研究若しくは科学技術に関する開発又はそれらの成果の普及若しくは実用化に係る運営及び管理に係る業務（専門的な知識及び能力を必要とするものに限る。）に従事する者であって研究開発法人又は大学等を設置する者との間で有期労働契約を締結したもの

三　試験研究機関等、研究開発法人及び大学等以外の者が試験研究機関等、研究開発法人又は大学等との協定その他の契約によりこれらと共同して行う科学技術に関する試験若しくは研究若しくは科学技術に関する開発又はそれらの成果の普及若しくは実用化（次号において「共同研究開発等」という。）の業務に専ら従事する科学技術に関する研究者又は技術者であって当該試験研究機関等、研究開発法人及び大学等以外の者との間で有期労働契約を締結したもの

四　共同研究開発等に係る企画立案、資金の確保並びに知的財産権の取得及び活用その他の共同研究開発等に係る運営及び管理に係る業務（専門的な知識及び能力を必要とするものに限る。）に専ら従事する者であって当該共同研究開発等を行う試験研究機関等、研究開発法人及び大学等以外の者との間で有期労働契約を締結したもの

2　前項第一号及び第二号に掲げる者（大学の学生である者を除く。）のうち大学に在学している間に研究開発法人又は大学等を設置する者との間で有期労働契約（当

該有期労働契約の期間のうちに大学に在学している期間を含むものに限る。）を締結していた者の同項第一号及び第二号の労働契約に係る労働契約法第十八条第一項の規定の適用については、当該大学に在学している期間は、同項に規定する通算契約期間に算入しない。

（労働契約法の特例）

第七条　第五条第一項（前条において準用する場合を含む。）の規定による任期の定めがある労働契約を締結した教員等の当該労働契約に係る労働契約法（略）第十八条第一項の規定の適用については、同項中「五年」とあるのは、「十年」とする。

2　前項の教員等のうち大学に在学している間に国立大学法人、公立大学法人若しくは学校法人又は大学共同利用機関法人等との間で期間の定めのある労働契約（当該労働契約の期間のうちに大学に在学している期間を含むものに限る。）を締結していた者の同項の労働契約に係る労働契約法第十八条第一項の規定の適用については、当該大学に在学している期間は、同項に規定する通算契約期間に算入しない。

これを一読してもわかるように、その内容は難解というほかなかった。改正強化法二条一項により、同法十五条の二第一項にいう「科学技術」には「人文科学のみに係るもの」

を含むことが明らかにされたとはいうものの、それ以外はまるで判じ物を読むに等しい。そんな感想をもらした関係者も少なくなかった。ただ、無期転換規定がなじまないケース（前掲）については、これをほぼカバーしている。そうした印象を、一方ではいだかせるものではあった。

なお、改正法の公布に当たって発出をみた通知（二五文科科第三九九号）は、留意事項の一つとして、次のように述べる。「改正任期法第七条の適用対象である『教員等』とは、教育研究の分野を問わず、また、常勤・非常勤の別にかかわらず、国立大学法人、公立大学法人及び学校法人の設置する大学（短期大学を含む。）の教員（教授、准教授、助教、講師及び助手）、大学共同利用機関法人、独立行政法人大学評価・学位授与機構、独立行政法人国立大学財務・経営センター及び独立行政法人大学入試センターの職員のうち専ら研究又は教育に従事する者であること」。

その狙いは、「非常勤講師」が「教員等」に含まれることを確認することにあった、といえるが、そもそも「非常勤講師」については、有期とはいっても、――任期法四条一項各号のいずれかに該当するとして――同法五条一項の規定により任期を定めることを従前はしてこなかった、という経緯もある。任期法で読むのか、強化法で読むのか。関係者には、そんな難題を残した法改正でもあったのである。

第一九話　法改正と大学の対応（４）

公務員法に学ぶ再雇用の知恵

任命権者は、定年退職者等を「従前の勤務実績等に基づく選考により」一年を超えない範囲内で任期を定め、常時勤務を要する官職または短時間勤務の官職に「採用することができる」。国家公務員法八十一条の四および八十一条の五は、定年退職者等（①勤務延長後に退職した者、②二五年以上勤続し、定年前に退職した者で退職日の翌日から起算して五年以内のものを含む）の再任用について、現在も大要このように規定している。

平成二十五年三月二十六日の閣議決定「国家公務員の雇用と年金の接続について」は、定年退職する職員（右の①を含むが、②を含まない）が年金支給開始年齢に達するまでの間「再任用を希望する職員については再任用するものとする」としたが、それは国家公務員法上の再任用規定や、これを具体化した人事院規則一一―九（定年退職者等の再任用）の改正を予定したものではなかった。

公務員の場合、フルタイムの常時勤務職員として再任用（採用）すれば、定員内職員として取り扱われ、短時間勤務の定員外職員として再任用したとしても、勤務時間数に比例した形で定員が「削減」されるため、再任用が新規採用の抑制に直結するという、公務員の世界に固有の問題がある。

このような事情も手伝って、一般職の国家公務員（平成二十五年度現在）についてみると、定年退職者（六〇歳、四八〇三人）に占める再任用職員（新規、二六二七人）の割合は、五四・七％という水準にとどまっており、仮に再任用されたとしても、短時間勤務の職員がその約三分の二（六七・七％）を占めるという実態がある。

それでなくても定員削減が続くなか、定員をさらに失うに等しいフルタイムの再任用など考える余裕はない。それが偽りのない現場サイドの本音であり、閣議決定をもってしても変えようのない現実でもあったのである。

こうした定員の縛りがある以上、国＝政府としても無理はいえない。定員削減の要請があれば、まずは定年退職者の不補充によって対応する。民間企業における人員削減の場合と、そこに大きな違いがあるわけではない。再任用するか否かを任命権者の裁量に委ねた法規定そのものには手をつけなかったことも、こう考えれば少しは納得がいく。

確かに、閣議決定にあるとおり「再任用を希望する職員については再任用する（ものとする）」と、法律の規定内容を改めることも不可能ではない。そうしたとしても、個々の定年退職者に対して再任用を請求する権利まで認めたものではない（再任用という行為の反射的利益を受けるにすぎない）と解釈する余地はあるものの、希望に反して再任用されなかった場合には、期待権の侵害等を理由に国家賠償を求められる可能性はやはり残る。そんな事態はできれば避けたい。このように考えるのがむしろ普通であろう。

民間企業に適用される高年齢者雇用安定法（高年齢者等の雇用の安定等に関する法律）でさえ、その九条一項は「高年齢者雇用確保措置」の選択肢の一つとして「継続雇用制度（現に雇用している高年齢者が希望するときは、当該高年齢者をその定年後も引き続いて雇用する制度をいう。略）の導入」（二号）を事業主に義務づけるにとどまっている。

この九条一項が事業主に対して「高年齢者の雇用そのものを義務付けてはいない」ことは、近年の裁判例（ＥＭＧマーケティング事件＝平成二十五年一月十五日東京地裁判決）も明確に認めるところであり、これを隣接する十条の規定と併せ読めば、「継続雇用制度の導入」を含む「高年齢者雇用確保措置」を講ずべき義務が公法上の義務にとどまることは、およそ疑問の余地がない。

ただ、就業規則の定め方いかんによっては、就業規則の規定内容が労働契約の内容として当事者＝労使を拘束する（私法上の権利義務の根拠となる）ことにも、一方では留意しなければならない。例えば、厚生労働省労働基準局監督課の作成した「モデル就業規則」（平成二十五年四月一日）にも、次のような規定が含まれている。

（定年等）

第〇〇条　労働者の定年は、満六十歳とし、定年に達した日の属する月の末日をもって退職とする。

２　前項の規定にかかわらず、定年後も引き続き雇用されることを希望し、解雇事由又は退職事由に該当しない労働者については、満六十五歳までこれを継続雇用する。

このように就業規則に定めを置き、定年後の再雇用（継続雇用）を約束すれば、使用者は当然、その約束に拘束される。とはいえ、二項の末尾を「継続雇用することがある」と定めた場合には、約束の意味も自ずと違ってくる。公務員法からは、こうした知恵も学ぶことができるのである。

問題の多い希望者全員ルール

「継続雇用制度を導入する場合には、希望者全員を対象とする制度とする」。ただし、「心身の故障のため業務に堪えられないと認められること、勤務状況が著しく不良で引き続き従業員としての職責を果たし得ないこと等就業規則に定める解雇事由又は退職事由（年齢に係るものを除く。略）に該当する場合には、継続雇用しないことができる」。

高年齢者雇用安定法の改正に伴って新設をみた九条三項の規定に基づいて定められた「高年齢者雇用確保措置の実施及び運用に関する指針」は、このように規定する。

他方、上述した閣議決定も、これと平仄を合わせるかのように、再任用を希望する者が国家公務員法三十八条または七十八条の規定に基づく「欠格事由又は分限免職事由に該当する場合」には、再任用しないことを認めるものとなっている。

解雇や免職の事由に該当する者について、再雇用や再任用を認めないことは当たり前ともいえるが、少なくとも定年まで雇用や任用を継続した者を再雇用（再任用）の対象から除外することは事実上不可能に近い。たとえ、定年までの雇用（任用）の継続が恩情によるものであり、「定年でようやく辞めてくれた」というのが真実であったとしても、このことが定年とは異なる退職事由になるとの認識は、おそらく通常の裁判官にはなく、これを立証することもきわめて困難だからである。

それゆえ、定年後の再雇用（再任用）の可否が問題となるのは、実際には更新時に限られるとも考えられるが、このことに関連して、人事院規則一一―九第五条が「再任用の任期の更新は、職員の当該更新直前の任期における勤務実績が良好である場合に行うことができるものとする」（一項）と現在も規定していることは、注目に値する。

つまり、勤務実績が良好＝標準でなければ、定年後の再任用の任期は更新しないということであり、良好ではないとの評価を受ける者が現時点ではごく少数にとどまるとはいうものの、欠格事由や分限免職事由に該当しなければ再任用しないという、前述の閣議決定が示した基準との間には明らかに落差がある。

同様の基準は、高年齢者雇用安定法九条二項の旧規定に基づく労使協定においても広くみられたものであったが、同法が高年齢者の「意欲及び能力に応じてその者のための雇用の機会の確保等が図られるよう努める」ことを事業主の責務として定めていること（四条一項）を考慮すれば、この程度の基準は再雇用の当初からこれを認めるのが法の趣旨にも適っているということができよう。

なるほど、平成二十八年三月三十一日までの間は、六一歳以上の者を対象として同様の基準を定めることは可能（以後、三年ごとに一歳ずつ対象年齢を引上げ。改正附則第三項を参照）とはいえ、文字どおり経過措置の域を出るものではない。その期間が満了した後（平成三十七年四月一日以降）は「勤務状況が著しく不良で引き続き従業員としての職責を果たし得ない」といえるような事情でもない限り、六五歳までの継続雇用がほぼ自動的に保障されることになる。

有期雇用とはいうものの、労働契約を更新するか否かの判断さえ、高年齢者については許されない。そうした事態が有期雇用一般のルールと著しく乖離したものであることは、もはや多言を要しまい。

第二〇話　法改正と大学の対応（5）

派遣法改正と大学への影響

国家公務員の世界で「派遣法」というと、通常「国際機関等に派遣される一般職の国家公務員の処遇等に関する法律」を指す。国立大学の就業規則等にみられる海外の研究機関等への派遣職員に関する規定は、法人化後の現在も、この法律をベースとしているものが多い。

このことからもわかるように、海外派遣の問題は、国立大学においても人事部門が関与する事項となるが、世の中でいう「派遣法」（以下で「派遣法」という場合も同じ）、つまり「労働者派遣事業の適正な運営の確保及び派遣労働者の保護等に関する法律」と関わる問題については、派遣スタッフと大学との間に雇用関係が存在せず、その費用も人件費ではなく、多くは物件費から捻出されるため、もっぱら経理部門の所掌するマターとなり、人事部門が直接関与することはあまりないのが現状となっている。

また、民間の企業や法人においても、派遣を活用するかどうかは課のような小さな単位で決定されるのが通例であり、人事担当者がその詳細を掌握しているケースはむしろ希といって差し支えはない。

このような状況を知ってか知らずか、平成二十四年の改正派遣法は、離職後一年以内の派遣受入れを禁止する規定を設けるものとなった。次のように規定する、同法四十条の九（平成二十七年九月三十日までは四十条の六）の定めがそれである。

（離職した労働者についての労働者派遣の役務の提供の受入れの禁止）

第四十条の九　派遣先は、労働者派遣の役務の提供を受けようとする場合において、当該労働者派遣に係る派遣労働者が当該派遣先を離職した者であるときは、当該離職の日から起算して一年を経過する日までの間は、当該派遣労働者（雇用の機会の確保が特に困難であり、その雇用の継続等を図る必要があると認められる者として厚生労働省令で定める者を除く。）に係る労働者派遣の役務の提供を受けてはならない。

２　派遣先は、第三十五条第一項の規定による通知（注：派遣元事業主が労働者派遣をする場合に必要となる派遣先への通知）を受けた場合において、当該労働者派遣の役務の提供を受けたならば前項の規定に抵触することとなるときは、速やかに、その旨を当該労働者派遣をしようとする派遣元事業主に通知しなければならない。

派遣先であれば、その者が在籍していたかどうかはすぐにわかる。改正法はこのように考えていた節があるが、派遣先が派遣元の通知により知ることのできる情報は、実際には派遣スタッフの氏名や性別に限られている（派遣法三十五条一項のほか、同法施行規則二十八条を参照）。

採用を前提としない以上、履歴書の送付や提出を派遣元や派遣スタッフに求めることも派遣先には許されない。氏名と性別だけでは、同一人物であるか否かの確認もできない。仮に人事担当者に照会があったとしても、こう回答せざるを得ないのが実情であろう。

ただ、直接雇用→派遣→直接雇用といった姑息な手段は、いずれにせよ考えないほうがよい。無期転換規定（労働契約法十八条）の適用を免れたいという気持ちはわからないでもないが、以下にみるように一個の法違反では到底すまなくなるからである（注：職安法は職業安定法の略称。条文の内容は、平成二十七年十月一日現在）。

① **派遣法四十条の九違反**　元の職場への派遣を前提とすると、直前まで大学が雇用していたという事実を「知らなかった」という言い訳は通用しない。

② **派遣法二十六条六項違反**　派遣労働者を特定した派遣となることから、いわゆる特定行為に該当する。

③ **職安法四十四条違反**　派遣終了後に再度、大学が雇用することを予定しているため、派遣先に「雇用させることを約してするもの」として、「労働者派遣」（派遣法二条一号）ではなく、「労働者供給」（職安法四条六項）に該当することになる。

このうち、①および②については、制裁といっても行政指導にとどまるが、③については、「元」と「先」の双方が刑罰（一年以下の懲役又は百万円以下の罰金。職安法六十四条九号）を科せられることに注意する必要がある。

また、こうした派遣の活用は「脱法行為」として、派遣期間を含む全期間が通算される（その期間が五年を超えると、無期転換の問題が生じる）というリスクもある。労働契約法にせよ派遣法にせよ、法改正それ自体には疑義や異論があっても、その一方でリスクの発生は最小限に抑えなければならない。現場担当者にとっては、それが務めでもあることを忘れてはなるまい。

業務の限定には無理がある

「我が国の企業組織においては、一般に個々の労働者の業務が細分化されて定義されておらず、上司の日々の指揮命令により所属組織の所掌事務の範囲内で柔軟に業務を遂行している実態からすると、個々人の業務はめまぐるしく変わっていくため、いかなる範囲を『同一の業務』ととらえるか判断が難しい場合が多い」（「労働者派遣事業関係業務取扱要領」平成二十六年四月版）。

右の指摘は「派遣先は、当該派遣先の事業所その他派遣就業の場所ごとの同一の業務（略）について、派遣元事業主から派遣可能期間を超える期間継続して労働者派遣の役務の提供を受けてはならない」と定める、当時の派遣法四十条の二第一項柱書にいう「同一の業務」に関連して示されたものであるが、この理は、本来、業務の内容にかかわらず、広く妥当するものと考えてよい。

つまり、業務の細分化＝限定が困難であるという事情は、派遣先による派遣受入れ期間が制限（注：原則一年・最長三年の期間制限）を受ける業務（平成十一年の法改正により派遣が認められることになった自由化業務）に限らず、こうした派遣受入れ期間の制限を受けない二六業務についても程度の差こそあれ、等しく当てはまるということになる。

例えば、二六業務の典型ともいわれた「事務用機器操作の業務」の場合、派遣法施行令四条一項三号では「電子計算機、タイプライター又はこれらに準ずる事務用機器（略）の操作の業務」と定義されているが、パソコン等の機器操作以外は絶対にしないというのでは、そもそも組織が回らないし、人間関係もギクシャクしたものになってしまう。

派遣期間の制限を「業務」ではなく「人」に着眼したものに改め、派遣先が同一の派遣労働者を継続して使用してはならない期間として期間制限をかける（このことによって、ユーザーによる継続的な派遣の利用が可能になる）とともに、二六業務とそれ以外の業務の区別を解消してはどうかとした、平成二十五年八月の「今後の労働者派遣制度の在り方に関する研究会」の提案も、こうした現実を一方ではその背景としていた（その後、平成二十七年には、このような考え方に沿って法改正が行われた）。

特定の業務にしか従事しない期間が続くと、普通の正社員として働く道は、確実に狭くなる（自社における正社員化が困難になるだけでなく、他社への転職も難しくなる）。そのような反省も、業界にはあったやに聞く。

他方、同じ生産ラインで働いていながら、機械工は電気工の仕事をせず、逆に電気工も機械工の仕事に手を出さない。そうした労働慣行をＧＭが「破産」を機に改め、生産性を上げたという話もある（長谷川慶太郎著『日本企業の生きる道。』（ＰＨＰ研究所、平成二十五年）六二頁以下を参照）。

国立大学の多くは、現在、事務補佐員等の名称にあるように、非常勤職員の職務を補佐業務に限定しているが、あくまでも組織防衛＝コンプライアンスのためにしていることであって、当の非常勤職員にとってそれが本当に望ましいかというと、疑問符が付く。

雇止めのリスクや、パートタイム労働法（短時間労働者の雇用管理の改善等に関する法律）九条（平成二十七年三月三十一日までは八条）の規制（通常の労働者と同視すべき短時間労働者に対する差別的取扱いの禁止）を考えると、業務の内容は限定せざるを得ない。

ただ、もしこのような法的リスクや規制がなければ、もっといろんな仕事を非常勤職員にはしてもらったであろうし、それが非常勤職員にとっても、キャリア形成という点では望ましいことであった。逆説的ではあるが、このように考えて間違いはあるまい。

第二一話　大学固有の問題（1）

教特法が国立大学に残したもの

教育公務員特例法、略して教特法という。法人化に伴って、同法は国立大学に適用されなくなった（公務員でなくなったのだから、当然である）ものの、法人化後一〇年余りの歳月が経過した今も、教員の懲戒処分等については、教特法に倣って就業規則に特例を定めることがごく普通に行われている（第六四話を併せ参照）。

昭和二十四年の制定以来、教特法は、その十条において「大学の学長、教員及び部局長の任用、免職、休職、復職、退職及び懲戒処分は、学長（注：平成十一年の法改正までは「大学管理機関」。附則二十五条一項六号により「学長」と読み替え）の申出に基づいて、任命権者が行う」旨を規定。文部大臣（平成十三年一月六日以降、文部科学大臣）が同条にいう「任命権者」となった（国家公務員法五十五条一項を参照）。

その一方で、大学の自治を擁護する観点から、任命権者である文部大臣（文部科学大臣）の影響力を排除するため、教員について転任のほか、降任・免職、懲戒処分を行う場合には「評議会の審査の結果」によるとの定めが教特法には設けられた（五条一項、六条一項および九条一項を参照。いずれも法人化前の規定。以下同じ）。

他方、国立大学法人法（国大法）二十一条三項（現四項）四号が「教員人事に関する事項」を教育研究評議会の審議事項として規定したこともあって、国立大学の多くは、これを教特法と連続するものとして理解することになる。

しかし、法人化に伴い、少なくとも一般の教員については、文部科学大臣が任命権者ではなくなった（国大法三十五条の準用する、独立行政法人通則法二十六条を参照）ことから、任命権が大臣にある学長や監事（国大法十二条一項および八項（現九項）を参照）とは異なり、公権力の影響を云々すること自体が無意味になったことにも、同様に留意する必要がある。

つまり、大学の自治を大臣の圧力＝公権力から守るという、評議会による審査をかつては正当化した根拠はもはや存在しない。国立大学の法人化は、そうした環境の変化をもたらしたのである。

また、文部大臣や文部科学大臣が任命権者であるといっても、それはあくまで形式的なものにすぎず、法人化のかなり前から、訓令（国家公務員法五十五条二項を根拠とする「人事に関する権限の委任等に関する規程」）によって、教員の任命権は学長に委任されていた（平成十年四月一日以降、教授についても委任。その場合、学長は自己の名において任命権を行使することになる）という事実もある。大臣が教員人事に関与する余地など、とうの昔になくなっていたのである。

確かに、教特法七条の定めにかかわらず、教員の休職（傷病休職）に関しては、その期間を定めるに当たり、当該教員の同意がある場合には評議会の議を経ることを不要とする等、法人化をきっかけとして、教特法から一歩踏み出した取扱いを認めるに至った大学もなかにはあり、国立大学といえども、すべてを前例踏襲ですませたわけではない。

とはいえ、教員について、降任や解雇等の処分（懲戒処分を含む）を行う場合の評議会による審査手続きに関しては、教特法の規定（六条（現五条）二項および九条二項が準用する、五条（現四条）二項〜四項を参照）どおり、以下の①〜③の手順を踏む旨を特例として定める。そうした大学も現実には少なくなかった。

① 審査を行うに当たっては、その者に対し、審査の事由を記載した説明書を交付する。
② 審査を受ける者が①の説明書を受領した後一四日以内に請求した場合には、その者に対し、口頭または書面で陳述する機会を与える。
③ 審査を行う場合において必要があると認めるときは、参考人の出頭を求め、またはその意見を徴する。

民間企業でも、職種別賃金や職種別定年制のような例はあるが、懲戒処分等の手続きが職種間で異なるという話はあまり聞いたことがない。評議会の専決事項であることを理由に、労働組合との交渉義務を免れるというのであればまだしも、そんな理屈は法人化後の国立大学にはおよそ通用しそうにない（注：法人化前は、人事に関する事項は「管理運営事項」として交渉事項とならなかった。国家公務員法百八条の五第三項を参照）。

だとすれば、せめて評議会の審査手続きをもう少し簡略化できないか。そのための工夫が、国立大学にもそろそろ求められている。こういっても、差し支えはあるまい。

閑話休題――評議会の沿革

「国立大学に、評議会を置く」。法人化前の国立学校設置法七条の三第一項本文は、このように定めていた。それが枝番のついた規定であることからも容易に推測できるように、評議会は、長い間、法律上の根拠規定を欠く存在にとどまっていた。

右の規定は、先に言及した平成十一年の法改正（学校教育法等の一部を改正する法律、平成十二年四月一日施行）によって誕生したものであるが、これに併せて、教特法にも、同法にいう「評議会」の定義規定（二条四項）が設けられることになる。

とはいえ、それ以前にも評議会はもちろん存在したし、法律に定めはなくとも、勅令や省令がその根拠を提供した。

明治十九年の帝国大学令が評議会について定めを置いたのがその嚆矢《こうし》といえるが、戦後にまで続く評議会の原型は、大正八年の改正帝国大学令によって概ね完成をみたといって間違いはない。例えば、次のような評議会の組織規定がそれである。

第五条　帝国大学ニ評議会ヲ置キ各学部長及各学部ノ教授二人以内ヲ以テ之ヲ組織ス

②　帝国大学総長ハ評議会ヲ召集シ其ノ議長トナル

第六条　教授ニシテ評議員タル者ハ各学部毎ニ教授ノ互選ニ依リ文部大臣之ヲ命ス

②　前項評議員ノ任期ハ三年トス

その後、帝国大学令は、昭和二十二年には国立総合大学令と改題され、条文中の「帝国大学」も「国立総合大学」と改められるが、二年後の昭和二十四年には、国立学校設置法の制定に伴い、廃止の運命をたどる。

さらに、昭和二十八年になって「国立大学の評議会に関する暫定措置を定める規則」がようやく制定をみることになるが、この間の空白は、不成立に終わった「国立大学管理法案」の大幅な審議の遅れにもっぱら起因するものであった。

この暫定規則では、評議員の任期こそ二年に短縮されたとはいえ、再任も可能とされた（五条一項および二項を参照）。また、学長や学部長のほか、各学部から教授二名を評議員として選出するという評議会の組織構成についても、従来のスタイルがほぼそのまま維持されることになった（二条一項を参照）。

国立学校設置法（平成十一年の改正当時は十三条）に省令への委任規定はあったものの、このような省令に基礎を置く暫定措置がその後四十数年も続くことは、確かに想定外ではあったに違いない。ただ、臨時措置法が長期にわたって存続することは、法律の世界でも希にある。むしろ、評議会の構成が戦前戦後を通じてほとんど変わらなかったことのほうが注目に値しよう。

他方、暫定規則は、評議会の審議する事項の一つとして「人事の基準に関する事項」を掲げるとともに、教特法の「規定によりその権限に属せしめられた事項」を評議会が取り扱う旨を規定（六条を参照）し、平成十一年の法改正により、国立学校設置法七条の三にも同様の定めが置かれることになる。

国大法二十一条三項（現四項）四号が、先にみたように「教員人事に関する事項」を教育研究評議会の審議事項として定めたのも、教特法を多分に意識してのことであろうが、「教育研究」を頭に冠する評議会が、個々の教員の懲戒処分等と関わる問題についてまでクチバシをはさむようなことは、いずれにせよ感心しない。その対象を「教員人事の基準に関する事項」に限定することも、将来的には検討されてしかるべきであろう。

第二二話　大学固有の問題（2）

任期法を必要とした国立大学

平成九年法律第八二号。「大学の教員等の任期に関する法律」（任期法）は、このようにして同年六月十三日に公布され、二ヵ月余りを経た八月二十五日から施行された。

これに先だって、六月四日には「一般職の任期付研究員の採用、給与及び勤務時間の特例に関する法律」（任期付研究員特例法）も、同年の法律第六五号として公布・即日施行されているが、後者の概要説明が前者の審議において求められた点を除き、双方の法律案を関連させた質疑は、当時の第一四〇回国会では行われていない。

公務員の任用は、任期の定めのないことを原則とする。公務員の身分保障を背景とする原則の一つであるが、これを根拠づけるものとして、平成九年当時、人事院規則八―一二（職員の任免）十五条の二第一項は「任命権者は、臨時的任用及び併任の場合を除き、恒常的に置く必要がある官職に充てるべき常勤の職員を任期を定めて任用してはならない」と規定していた。

また、同条第二項は、この第一項の規定にかかわらず、次の各号に掲げる官職については、任命権者が「当該各号に掲げる期間を超えない範囲内の任期で職員を採用することができる」と定め、一号については三年、二号については五年をそれぞれ「超えない範囲内において、その任用を更新することができる」と、右の人事院規則は十五条の三第一項において規定するものでもあった。

一　三年以内に廃止される予定の官職で人事院の指定するもの　当該官職が廃止されるまでの期間

二　特別の計画に基づき実施される研究事業に係る五年以内に終了する予定の科学技術（人文科学のみに係るものを除く。）に関する高度の専門的知識、技術等を必要とする研究業務であって、当該研究事業の能率的運営に特に必要であると認められるものに従事することを職務内容とする官職のうち、採用以外の任用の方法（臨時的任用を除く。）により補充することが困難である官職として人事院の指定する官職　当該業務が終了するまでの期間

右にみた人事院規則の規定は、その後、平成二十一年の全面改正を経て、条文の位置に変動はあった（十五条の二および十五条の三は、それぞれ四十二条および四十三条に繰り下げられる）ものの、現在に至るまで、その内容自体は基本的に変わっていない。

したがって、こうした公務員制度の枠組みを維持するとの前提に立てば、平成九年当時

は国家公務員であった国立大学の教員について、人事院規則の認める例外ではカバーすることが困難な任期制の導入を図るためには、特別の立法が必要となる（同じことは、地方公務員である公立大学の教員についてもいえた）。こう考えられたのである。

任期法は、制定当初から、私立大学の教員についても定めを置くものとなったが、労働基準法の適用される私立大学の教員にとって、労働契約に任期を定めることに法的な障碍はなく、任期法の制定は必ずしも必要不可欠なものではなかった。

国際的にみても、また私学等と比べても、自校出身者の比率が目立って高い。そうした国立大学の旧弊を改め、教員の流動化を推進する（このことに関連して、任期法の目的について定めた一条は「大学等において多様な知識又は経験を有する教員等相互の学問的交流が不断に行われる状況を創出すること」の重要性を強調している）。任期法が制定をみた理由は、そこにあったのである。

確かに、任期法に基づき任期を定められた国立大学の教員は、制定当初こそごく少数にとどまった（平成十年十月：七四人）とはいえ、国立大学法人法が施行された頃（同法は法人化の半年前に施行）には、その数が五千人を超える（平成十五年十月：五四八五人）ことになる。

さらに、法人化後わずか三年余りで、任期付教員数は一万人の大台を超え（平成十九年度：一万一一五六人）、国立大学の全教員数に占めるその割合も二割近く（一八・三％）

にまで上昇する。

ただ、国立大学の場合、教員全体に占める自校出身者の割合に、全体として大きな変化はなかった（平成十三年度：四二・四％、同二十二年度：四二・二％）。このこともまた、事実だったのである。

任期法と労働関係法令の関係

任期法に先行して制定をみた任期付研究員特例法は、四条一項で「前条第一項第一号に規定する場合（注：「研究業績等により当該研究分野において特に優れた研究者と認められている者を招へいして、当該研究分野に係る高度の専門的な知識経験を必要とする研究業務に従事させる場合」をいう）における任期は、五年を超えない範囲内で任命権者が定める。ただし、特に五年を超える任期を定める必要があると認める場合には、人事院の承認を得て、七年（特別の計画に基づき期間を定めて実施される研究業務に従事させる場合にあっては、十年）を超えない範囲内で任期を定めることができる」とした。

このことが影響を与えたとする証拠はないものの、国立大学における任期付教員の任期は、現在なお、多いものから数えて、五年、七年、十年の順になっているという。

他方、国立大学とは違い、労働基準法がもともと適用されていた私立大学の場合、任期の上限は長くても五年と聞く。地方公務員に対しても、同法十四条一項は適用されるためか、公立大学にも同様の事情はみられる。

任期法の施行通達（平成九年八月二十二日文高企第一四九号）は、このことに関連して「民法（略）第六百二十六条により、五年経過後は使用者側にも解約権が発生するので、任期を定める場合には、五年が上限となる」とはしたが、七年契約や十年契約を締結することと、契約締結後五年が経過した段階で、解約権が当事者に発生することとは必ずしも矛盾しない。

同通達は、一方で「労働基準法第十四条においては、『労働契約は、期間の定のないものを除き、一定の事業の完了に必要な期間を定めるものの外は、一年を超える期間について締結してはならない』と定められているが、その趣旨は、労働者が長期にわたって不当に拘束されることを防止することであって、一年を超える期間を定めた労働契約であっても、一年経過後の期間は身分保障期間（使用者は原則として解約できないが、労働者はいつでも解約できる期間）であることが明らかな場合には、同条に違反するものではないと解されている」としており、五年を上限としたのも、このことを前提としたものであったが、「一年経過後の期間」をすべて身分保障期間と考えることには無理がある。

任期を七年や十年とする意図は、それが再任を認める場合であっても、再任するか否かの判断は、文字どおり七年（十年）ごとにしか行わないということに尽きるのであって、それ以上の意味はない。

就業規則に定める解雇事由も、任期の有無や長短によって異ならないのが普通であり、任期が七年や十年と、現行労働基準法十四条一項の想定する三年（五年）の上限を超えるような場合にも、解雇については、任期中に解雇しなければならない特段の事由、つまり労働契約法十七条一項にいう「やむを得ない事由」が必要とは常識では考えにくい。

そもそも民法は、契約期間の定めの有無にかかわらず、「やむを得ない事由」がある場合には即時解約を認める（六百二十八条）ものとなっており、右にみた労働契約法とはその考え方を異にする。

法人化した以上、任期法が適用される教員にも、労働基準法や労働契約法といった労働関係法令の適用があることは否定できないとはいえ、労働契約の期間に関する規定は別と考えたほうがわかりやすい。

例えば、再任への合理的期待（労働契約法十九条二号）や、再任後の期間を含めた通算期間が五年を超える場合の無期転換（同法十八条）は、これを認めること自体が任期法の趣旨に反する（なお、第一八話でみたように「五年」を「十年」とする特例が認められたとしても、無期転換が任期法の趣旨に反することに変わりはない）。こういっても誤りはあるまい。

第二三話　大学固有の問題（3）

外国人教師等と雇用契約

法人化前の国立大学にも、雇用契約は存在した。学長が外国人教師や外国人研究員等と締結する契約がそれである。

国家公務員法（国公法）二条は、その六項で「政府は、一般職又は特別職以外の勤務者を置いてその勤務に対し俸給、給料その他の給与を支払ってはならない」と定めるとともに、これに続く七項で「前項の規定は、政府又はその機関と外国人の間に、個人的基礎においてなされる勤務の契約には適用されない」旨を規定する。外国人教師等との雇用契約は、この国公法二条七項を根拠としていた。

これを具体化したものに、人事院規則一―七（現行題名は「政府若しくはその機関又は行政執行法人と外国人との間の勤務の契約」）があり、法人化当時、その一項および二項は次のように定めていた。

1　政府若しくはその機関、特定独立行政法人又は日本郵政公社は、法第二条第七項に規定する個人的基礎においてなされる勤務の契約による場合には、日本の国籍を有しない者を雇用することができる。

２　前項の契約は、当該職の職務がその資格要件に適合する者を日本の国籍を有する者の中から得ることが極めて困難若しくは不可能な性質のものと認められる場合、又は当該職に充てられる者に必要な資格要件がそれに適合する者を日本の国籍を有する者の中から得ることが極めて困難若しくは不可能な特殊かつ異例の性質のものと認められる場合に限り、政府若しくはその機関、特定独立行政法人又は日本郵政公社と日本の国籍を有しない者との間において締結することができる。

幕末から明治にかけて、わが国の近代化に多大な貢献をした「お雇い外国人」を淵源とするものであるが、国立大学との関係でいえば、明治二十六年九月に「帝国大学及文部省直轄諸学校ニ於テ学科教授ノ必要アルトキハ帝国大学総長及直轄諸学校長ハ文部大臣ノ許可ヲ受ケ雇外国人ヲシテ教官ノ職ニ当ラシムルコトヲ得」と定めた勅令「帝国大学及文部省直轄諸学校雇外国人ニ関スル件」が制定され、これが敗戦後に至るまで「外国人教師」を雇用する際の根拠規定とされた（昭和二十二年九月の政令改正により「国立総合大学、官立大学、高等師範学校及び文部省直轄諸学校雇外国人に関する件」と改名。その後、国公法の制定等に伴って、実効性を喪失）ことが併せて記憶されてよい。

右にいう「文部大臣ノ許可」は、その後も大臣の承認に形を変えてこれが必要とされたものの、昭和六十二年九月の国立学校設置法施行規則の改正に伴い、同規則三十条の三第一項から「文部大臣の承認」に関する文言が削除され、同項が「国立大学……の学長は、国家公務員法（略）第二条第七項に規定する勤務の契約により、外国人を教授又は研究に従事させることができる」と改められたことにより、同年十月一日以降、こうした大臣の承認も要しないものとなる。

また、外国人の従事すべき職務（業務）が「教官ノ職務」から「教授又は研究」へと変更されたことが示唆しているように、この間には、外国人教師（外国語教育に従事する者がその大半を占める）に加え、外国人研究員が制度化される（昭和四十六年度。さらに、昭和五十一年度以降、外国人特別招へい教授がこれに加わる）等、国公法二条七項の規定に基づき、大学（学長）が雇用契約を締結する外国人の範囲も一定の拡大をみた。

ただ、それまで外国人教師（月給制）とともに外国語教育の一端を担ってきた外国人講師（時間給制）が一般の非常勤講師と同様、一般職の国家公務員（国公法二条二項）として任用されるようになる（雇用から任用への移行、昭和六十年度）といった、これとは逆の動きも一方ではみられた。

他方、外国人教師や外国人研究員については、日本人である教員や研究員と比べ、その俸給額等が相当高めに設定されていた（定員外とはいえ、そのための予算も手当てされていた）ことから、国籍による労働条件の差別的取扱いを禁止した労働基準法三条との関係をどのようにクリアするかが、法人化に当たっては検討課題の一つとなった。

さりとて、名案は浮かばず、とりあえずは現状を維持する。さすがに就業規則に定めを置くことには躊躇したとはいえ、労働基準法三条との関係はあくまでもマイナーな問題として割り切り、深追いはしない。それが当時の国立大学においては、ごく普通にみられた光景だったのである。

外国人教員任用法とその役割

昭和五十七年九月一日に公布され、同日、即日施行された法律に「国立又は公立の大学における外国人教員の任用等に関する特別措置法」（外国人教員任用法）がある。「任用」との言葉からもわかるように、同法は外国人を、正規の公務員として「教授等に任用することができることとすること」をその目的としていた（一条を参照）。

国家はその国民に対して、その国の法令に服するよう求めることができる。洋の東西を問わず、国民たる者、国外にあっても本国の法令には従わなければならない。これを国家の対人高権という。

公権力の行使や国家意思の形成にたずさわる公務員となるためには、日本国籍を有することを必要とし、日本国籍を持たない外国人には、公権力の行使等にたずさわる公務員となることを認めない。いわゆる「公務員に関する当然の法理」は、自国の主権の維持を図るとともに、他国の自国民に対する対人高権を尊重する。そうした主権国家の論理をその拠り所としている。

この「当然の法理」をもとに、従来、国立大学においては、外国人を正規の教員として任用する場合には、教授会のメンバーとして大学の人事・運営に関与することのない助手に、その対象を限るものとされてきた。

しかし、「当然の法理」といえども、国家の意思を体現した法律が明文の規定をもって、その例外を認めることまでは、これを排除するものではない。こうして、外国人教員任用法は、現在でいう大学共同利用機関を含む「大学等における教育及び研究の進展を図るとともに、学術の国際交流の推進に資する」（一条）との理念のもと、その二条において、次のように「当然の法理」の特例を定めることになる。

（外国人の国立又は公立の大学の教授等への任用等）

第二条　国立又は公立の大学においては、外国人（日本の国籍を有しない者をいう。以下同じ。）を教授、助教授又は講師（以下「教員」という。）に任用することができる。

２　前項の規定により任用された教員は、外国人であることを理由として、教授会その他大学の運営に関与する合議制の機関の構成員となり、その議決に加わることを妨げられるものではない。

3　第一項の規定により任用される教員の任期については、大学管理機関（注：附則第二項により、当分の間「評議会（略）の議に基づき学長」とすることが定められる。平成十一年の法改正により、その旨本則を改正）の定めるところによる。

その結果、日本の国籍を有しない外国人であっても、教授等への任用（採用や昇任）に道が拓かれた（一項）ほか、教授会のみならず評議会の構成員となり、その議決に加わることも可能になる（二項）。

また、三項は、外国人を教授等として任用する場合には任期を定めることを可能とし、任期の定めのないことを原則とする公務員の任用（第二二話を参照）の特例としての意味をも有することになった。

法人化による非公務員化に伴って、外国人教員任用法は、国立大学にとってその使命を終えたとはいうものの、文部科学省「学校基本調査」によれば、教員（本務者）全体に占める外国人教員の割合は、平成二十六年度現在、三・六%と、私立大学の四・三%や公立大学の三・八%と大差はないものの、依然としてこれを若干下回っている。この割合をどのようにして、引き上げていくのか。そこに、今後の課題があることはいうまでもない。

第二四話　大学固有の問題（4）

寄附講座等とその運用

一般社団法人や一般財団法人の定款に相当するものに、学校法人の寄附行為がある。かつては、寄附行為といえば、財団法人の組織や運営について定めた根本規則のほか、財産の寄附によって財団法人を設立する行為そのものを指すのが通例であったが、公益法人制度の改革と関わる、平成十八年の民法改正（同二十年十二月一日施行）以降、学校法人の寄附行為がその代表的なものとなった。

学校法人について定めた私立学校法の規定が「資産」に関する定め（二十五条）から始まっていることにも、学校法人＝私学の特徴はよく表れている。

教育・研究に必要な施設や設備は、寄附によるものであれ、自らの手で調達しなければならない。法人化に際して、政府による現物出資という形で大学の施設等をそのまま承継した国立大学法人（国立大学法人法附則九条二項を参照）とは異なり、学校法人は今日もこうした厳しい環境に置かれている。

ただ、法人化前の国立大学も、外部資金＝寄附と無縁であったというわけではもとよりない。いわゆる奨学寄附金の受入れがそれであり、昭和四十二年には、「奨学寄附金委任経理事務取扱規則」（省令）および「奨学寄附金受入事務取扱規程」（訓令）の改正により、委任経理金の受払いに関する命令権の部局長への委任が可能となり、奨学寄附金の受入れについては、国際機関や外国の団体等からのものを除き、文部大臣の承認が不要とされるに至っている（同年十月一日施行）。

また、昭和六十二年には、国立学校設置法施行規則の改正により、以下の規定が新設をみる（同年五月十六日施行）。

（寄附講座）

第三十条の五　学部、学部に置く学科その他国立大学に置く教育研究を行う組織に、寄附講座を設けることができる。

２　寄附講座に係る経費は、国立学校特別会計法（略）第十七条の規定により国立大学の学長に経理を委任された金額をもって支弁するものとする。

３　前二項の規定の実施に関し必要な事項については、別に文部大臣が定める。

（寄附研究部門）

第三十条の六　附置研究所その他国立大学に置く研究を行う組織に、寄附研究部門を設けることができる。

2　寄附研究部門に係る経費は、国立学校特別会計法第十七条の規定により国立大学の学長に経理を委任された金額をもって支弁するものとする。

3　前二項の規定の実施に関し必要な事項については、別に文部大臣が定める。

寄附講座等は「奨学を目的とする民間等からの寄附を有効に活用して設置運営」されるものであり、その目的はいうまでもなく、国立大学における「教育研究の豊富化、活発化を図ること」にあった。

文部大臣裁定（昭和六十二年五月二十一日）は、このように寄附講座等の目的を示した後、その「構成については、少なくとも教授又は助教授相当者一人及び助教授又は助手相当者一人を単位」とし、「存続期間は、原則として二年以上五年以下とする」とした。

また、寄附講座教員等の身分については、国家公務員法二条七項の規定により、外国人教師等を大学が雇用する場合（第二三話を参照）を除き、「一般職の非常勤職員とする」と大臣裁定は定めた。

ただ、「委任経理金で長期にわたって職員を雇傭することは好ましくないので避けること」とした従前の取扱いに関しては「寄附講座教員等については、寄附講座等の存続期間を限度として、再採用又は任用の更新ができる」（同日付けの運用通知）として、例外が認められることになる。その結果、寄附講座等においては、非常勤職員とはいうものの、任用期間が五年を超えるようなケースも現実にみられるようになった。

その後も、寄附講座等については、①国立大学の教官や他省庁の国家公務員をその官職を保有させたまま寄附講座教員等として任用つまり併任することができるようにし（平成五年六月）、②寄附講座等を設置するに当たっての文部省との事前協議を事後報告に改める（平成六年七月）。そうした一連の規制緩和が実行に移され、さらに法人化後は、各大学の裁量で寄附講座等の設置が可能（②の報告も不要）となる。

寄附講座教員等については、年俸制を採用するなかで、任期付常勤教員としての雇用にも道を拓く。法人化を機に、そうした改革を行った大学も少なくはなかった。

確かに、年俸制の導入とはいっても、評価により年俸額がアップダウンすることを予定したものでは必ずしもない（年俸額がダウンしたという話は、実際にもあまり聞かない）。ただ、寄附講座教員等を皮切りに、年俸制が任期付常勤教員一般に浸透していったという事実もある。このことは、やはり銘記されてしかるべきであろう。

客員教授等の称号付与

先に言及した昭和六十二年の改正により、国立学校設置法施行規則三十条の四は、次のように改められることになる。

（客員教授等）

第三十条の四　国立大学又は国立短期大学の学長は、常時勤務の教員以外の職員で当該大学若しくは短期大学の教授若しくは研究に従事する者又は前条第一項の規定により教授若しくは研究に従事する外国人のうち、適当と認められる者に対しては、客員教授又は客員助教授を称せしめることができる。
2　前項の規定の実施に関し必要な事項については、別に文部大臣が定める。

その改正内容は、傍線部の追加にとどまるものであったが、これにより、新たに設置が認められた寄附講座等において助教授相当者として任用された者に、客員助教授の称号を付与することが可能となった。

客員教授の称号付与は、もともとは外国人教師等を対象として、昭和四十年の国立学校設置法施行規則の改正によりスタートした（当初は三十条の二第二項として規定）ものであるが、昭和五十一年の規則改正により、右の網掛け部分が追加され、日本人も対象に加えられる（従前の三十条の二第二項がこのように改められた上で、三十条の三第一項として規定される）という経緯をたどる（その後、昭和五十八年の改正により、三十条の三は三十条の四となる。ちなみに、当該規則の場合、廃止までの改正回数は単体としての改正だけでも、合計一一〇回を数えた）。

「特任」「特命」等々、法人化後の国立大学には、その意味するところさえ判然としない職名が数多くみられるが、職名には適用就業規則を明確にするという意義がある。とはいえ、客員教授等の称号にそうした意味はない（「招へい」も無給を意味する場合には、その性格は称号に近いものとなる）。

他方、客員教授等の称号は、非常勤講師であっても「引き続き三月以上、専攻分野について教授又は研究に従事する者」であれば、付与を可能とする取扱いが文部大臣裁定により認められてきた（正確には、客員教授については、昭和五十一年十月以降、称号付与が可能となる）。そして、こうした称号付与の運用は、その後も変更をみることなく、今日まで続いているといって誤りはない。

なお、称号のなかには、法律に根拠を置くものもある。名誉教授の称号がそれであり、「大学は、当該大学に学長、副学長、学部長、教授、准教授又は講師として勤務した者であって、教育上又は学術上特に功績のあった者に対し、当該大学の定めるところにより、名誉教授の称号を授与することができる」と、学校教育法百六条は規定している。

かつては、「多年勤務」（教官として二〇年以上勤務等）が称号授与の要件とされた時代もあったが、平成十三年の同法改正により、勤続年数の多寡は問われなくなった。それが称号の〝大安売り〟につながるのであれば問題であるが、大学にも最低限の常識はある。こういえば、贔屓《ひいき》にすぎるであろうか。

第二五話　大学固有の問題（5）

公務員時代の非常勤職員

法人化前の国立大学には、大別して二種類の非常勤職員がいた。フルタイムの日々雇用職員と、パートタイムの時間雇用職員がそれである。雇用とはいうものの、私法上の契約関係はそこにはない。非常勤職員もまた常勤職員と同様、一般職の職員として任用され、原則として国家公務員法の適用を受ける。当時は、非常勤職員がそのような地位にあったことをまず知る必要がある。

「常勤を要しない職員」。勤務時間法（一般職の職員の勤務時間、休暇等に関する法律）二十三条では、非常勤職員のことをこのようにいう（同法制定前の「一般職の職員の給与等に関する法律」二十二条を併せ参照）が、仮に勤務時間が常勤職員と同じであっても、「日日雇い入れられる」という形式さえ踏めば、常勤とはいえない。日々雇用職員はこうした関係者の知恵から誕生した。

その歴史は古く、昭和二十五年二月（人事院規則一五―四（非常勤職員の勤務時間及び休暇）の一部改正）まで、これを遡ることができるが、こうした「常勤的非常勤職員」の存在は、常勤職員との権衡という点で、処遇問題の発生を避けられないものとする。

にもかかわらず、日々雇用職員の数はその後も増加の一途をたどったため、昭和三十六年二月二十八日には「定員外職員の常勤化の防止について」と題する閣議決定が行われ、次のような方策が実施されることになる。

①　継続して日日雇い入れることを予定する職員については、必ず発令日の属する会計年度の範囲内で任用予定期間を定める。

②　被雇用希望者に対しては、任用条件特に任用予定期間を示し、確認させる。

③　採用の際交付する人事異動通知書には、②の任用条件を明記するとともに、任用予定期間が終了した後には自動更新をしない旨をも明記する。

④　採用の際は、必ず人事異動通知書を交付する。（以下、略）

⑤　任用予定期間が終了したときには、その者に対して引き続き勤務させないよう措置する。

これを受け、昭和三十六年三月三十一日付けで発出された文部省大臣官房人事課長名の通知「非常勤職員の任用およびその他の取扱いについて」（文人任第五四号）は、任用を更新する場合には終期を付すことを定め、「任用更新の終期到来後は、引き続いて採用しない」こと、および「任用更新の終期が到来した場合にはその日限りで退職した旨を……

当該職員に通知する」こと等を明記するものとなったが、日々雇用の長期化を抑制するものとはついにならなかった。

職員をいったん退職させ、一日以上の空白期間をはさんで、同じ職員を採用する。こうすれば、「引き続いて」採用した（勤務させた）ことにはならない。現場が都合よくこのように解釈する余地を、これらの閣議決定や人事課長通知は残していたからである。

その後、国会における追及もあって、ようやく文部省も、そのスタンスを明確にする。昭和五十五年五月十六日付けで発出をみた人事課長通知「非常勤職員の給与等の取扱いについて」（文人給第一〇九号）がそれであり、そこでは「日々雇用職員の雇用については、極力その抑制に努めるとともに、今後、真に止むを得ない事由によって新たに採用する場合においても長期にわたる雇用とならないようにする」ことが強調され、これをきっかけとして、国立大学は新規採用の日々雇用職員については、その任用期間に二年ないし三年の上限を設けることになる。

ただ、時間雇用職員については、「任期満了後任用更新することは、さしつかえない」とする従前の取扱い（文人任第五四号がその旨を規定）が変更されることはなかった。つまり、上限設定はあくまで日々雇用職員を対象とするものにとどまったのである。

公務員の世界には、労働契約という概念がそもそもなく、現在も公務員には労働契約法が適用されない（同法二十二条一項を参照）。他方、人事院規則八―一二（職員の任免）

は五十二条で、任期を定めて採用された職員についてその任期が満了し、かつ「その任期が更新されないときは、職員は、当然退職するものとする」と定めている（平成二十一年の全面改正前の人事院規則八―一二第七十四条一項にも、同旨の規定が置かれていた）。

このような任期（任用予定期間）の定めのある非常勤職員の場合、その「満了後に再び任用される権利若しくは任用を要求する権利又は再び任用されることを期待する法的利益を有するものと認めることはできない」。このように裁判所が言い切ることができた（大阪大学（事務補佐員）事件＝平成六年七月十四日最高裁第一小法廷判決を参照）のも、この「当然退職の法理」を背景としていた。

法人化前の国立大学では、なぜ非常勤職員の長期にわたる雇用が実現をみたのか。雇用期間の長短にかかわらず、いつでもその任用を更新しないという選択肢を行使できる。逆説的ではあるが、その理由は、こうした大学の対応を可能にする「当然退職の法理」そのものにあった、といっても間違いはあるまい。

非常勤職員と処遇の均衡

日々雇用職員については、原則として新規採用を行わない。法人化の前後から、多くの国立大学では、処遇問題を念頭に置いてそのような措置がとられることになる。しかし、その一方で、昭和五十五年の上限設定前から在職している日々雇用職員を相当数かかえる大学も希ではなかった。また、そうした上限さえ設けられてこなかった時間雇用職員については、法人化前からの在職者だけでも、その数は桁違いに大きいものとなった。

他方、法人化後新たに採用した非常勤職員については、雇用期間に上限を設けることが慣例となったものの、右にみたような状況をそのままにしていては、ダブルスタンダードの問題に遠からず直面することに、現場は早くから気づいていた。ただ、このことを意識して、法人化前からの在職者に対する上限規定の適用除外を「当分の間」の措置に限るといった対策を講じた大学は、実際には少数にとどまった（詳しくは、第一六話を参照）。

さらに、給与をはじめとする勤務条件に関しても、常勤職員と非常勤職員との間で均衡を図ることが、法人化後の国立大学には求められることになる。

例えば、時間雇用職員の場合、法人化前は「その者を常勤の職員として採用した場合に受けることとなる俸給月額及び調整手当（注：現在の地域手当）を基礎として」その時間給を算出するものとされていた（平成十三年三月二十六日付け文科人第二四二号「非常勤職員の給与について」を参照）が、こうした「初任給」をベースとする算出方法のもとでは、時間給に頭打ちが生じる（大卒の事務補佐員の場合、採用後数年も経てば、この水準に達する）という問題があった。

さりとて、時間給の算出方法を全面的に見直すことなど到底できそうにない。だとすれば、常勤職員との間で均衡が保てる範囲に、その雇用期間を限る以外に途はない（時間給を職務給として組み直した場合にも、同様の問題は生じる）。雇用期間の上限設定は、このように処遇の均衡を図るという観点からも、これが必要とされたのである。

また、頭打ちという点では、昭和五十五年の上限設定前から在職している日々雇用職員についても、同年三月三十日以前に日々雇用職員であった者だけに経験年数による日給の加算（頭打ち突破）が認められ、翌三十一日以降に採用された者にはこれが認められないという複雑な仕組みがあった（前掲・文人給第一〇九号を参照）。

一口に均衡とはいっても、事はそう単純ではない。右にみたように、常勤職員と非常勤職員との間の均衡だけでなく、非常勤職員間の均衡をどう保つかという問題もある。とはいうものの、殊更、問題を難しく考える必要もない。説明のできない差異は解消するが、説明が可能な差異は容認する。要は、そこにポイントがあるといって、差し支えはないのである。

第二六話　大学固有の問題（6）

休暇制度をめぐる均衡問題

わが国が占領下にあった昭和二十四年五月三十一日、同日施行された人事院規則一五―四（非常勤職員の勤務時間及び休暇）は、一項で「非常勤職員の一週間の勤務時間は、常勤職員の一週間の勤務時間の四分の三をこえない範囲内において任命権者の任意に定めるところによる」と定めるとともに、続く二項で「非常勤職員については、有給休暇は認めない」と規定することになる。

翌昭和二十五年二月の人事院規則改正（同月八日施行）により、日々雇用職員が制度化されたことは既に述べた（第二五話を参照）が、それは、一項を「非常勤職員の勤務時間は、日々雇い入れられる職員については一日につき八時間をこえない範囲内において、その他の職員については常勤職員の一週間の勤務時間の四分の三をこえない範囲内において、任命権者の任意に定めるところによる」と改めることによって実現した。

しかし、敗戦後の疲弊した財政状況のもとでは、このような非常勤職員にまで有給休暇を認める余裕は、残念ながらわが国にはなかった。今日からみれば、酷な話ではあるが、それが偽りのない現実でもあったのである。

昭和三十年七月十八日、非常勤職員の勤務条件の改善を求める行政措置要求に対して、人事院は「労働基準法に定める基準に準じた程度の有給休暇のほか、選挙権その他公民としての権利の行使の場合及び所轄庁の責に帰すべき事由により勤務することができない場合における有給休暇については認められるべきであり、また、その他やむを得ない事由により勤務することができない期間については無給休暇として処理されることが適当である」との判定を下す。

同月二十日、この人事院判定を受け、その内容に沿う形で、人事院規則一五―四は改正をみる。「もはや戦後ではない」。経済白書がこう記したのは、それからさらに一年を経た昭和三十一年七月のことであった。

このことによって、非常勤職員は少なくとも労働基準法レベルの休暇（他に無給の産前産後休暇等を含む）を獲得したとはいえ、常勤職員との「格差」が解消されたわけではなかった。例えば、以来約半世紀が経過した、平成十六年の国立大学の法人化当時においても、休暇制度については、常勤職員と非常勤職員との間で、以下のような違いがみられたのである（詳しくは、拙著『国立大学法人と労働法』（ジアース教育新社、平成二十六年）二六二頁以下を参照）。

イ　年次休暇　常勤職員は原則二〇日の有給休暇を付与。非常勤職員は労働基準法準拠（六カ月継続勤務・八割以上出勤の要件を満たした場合にのみ一〇日付与。勤続年数の増加により逓増。上限の二〇日に達するには六年半の勤続が必要）。

ロ　病気休暇　生理または傷病による休暇。常勤職員は有給（私傷病による休暇は九〇日を超えると俸給半減）。非常勤職員は無給（時間雇用職員は私傷病による休暇なし。日々雇用職員も一年度に一〇日以内）。

ハ　特別休暇（その他の休暇）　常勤職員は①公民権の行使、②証人等としての官公署への出頭、③骨髄移植のための骨髄液の提供、④災害援助等のボランティア、⑤結婚、⑥産前産後、⑦哺育時間、⑧妻の出産、⑨子の看護、⑩親族の死亡、⑪父母の法事、⑫夏季、⑬地震・火災等による住居の滅失損壊に伴う復旧作業、⑭地震や交通機関の事故等による出勤の著しい困難、⑮地震・水害等による退勤途上の危険回避のすべてについて有給。非常勤職員は①②⑩⑭⑮についてのみ有給（うち⑩は日々雇用職員のみ）、③⑥⑦は無給、それ以外（④⑤⑧⑨⑪⑫⑬。時間雇用職員については、このほかに⑩を含む）は休暇なし。

ニ　介護休暇　常勤職員は無給。非常勤職員は休暇なし。

月給制の常勤職員の場合、休暇の取得は、有給であっても、それ自体としては追加的な予算の支出を伴わないため、休暇制度が必要以上に肥大化する傾向にある。

これに対して、日給制または時間給制の非常勤職員の場合、給与の支給はあくまで決められた日または時間に勤務したという事実（勤務実績）を前提としているために、休暇制度そのものになじみにくい（有給の休暇については、本来の給与原資ではカバーできないという難問があり、国からの補助金等の外部資金を給与原資としている場合には、このことが顕在化する）といった問題も一方にはある。

休暇制度について常勤職員と非常勤職員との均衡を図るといっても、このような環境にある以上、不均衡の是正は容易ではない。しかし、説明ができない程度に拡大した不均衡については、その縮小に向けた努力がやはり必要となる。

こうした観点から、法人化に際して、日々雇用職員と時間雇用職員との差異を解消するなかで、非常勤職員全体を対象に、私傷病による病気休暇（無給）や子の看護休暇（有給）を付与するとともに、共済組合や健康保険から傷病手当金や出産手当金の支給を受けることを前提として、常勤職員についても就業規則の本則に規定する病気休暇や産前産後休暇の無給化を図った大学もあった。

確かに、後者については、附則に定める有給の経過措置が現在なお撤廃できていないという状況にはあるものの、このような取組みを行った大学もなかにはあったのである。

補　病気休暇の沿革と現状

私傷病による常勤職員の病気休暇は、なぜ九〇日なのか。その現行法上の根拠は、次のように定める給与法（一般職の職員の給与に関する法律）附則第六項にある。

6　当分の間、第十五条の規定（注：給与の減額について定めた規定）にかかわらず、職員が負傷（公務上の負傷及び通勤による負傷を除く。）若しくは疾病（公務上の疾病及び通勤による疾病を除く。以下この項において同じ。）に係る療養のため、又は疾病に係る就業禁止の措置（略）により、当該療養のための病気休暇又は当該措置の開始の日から起算して九十日（略）を超えて引き続き勤務しないときは、その期間経過後の当該病気休暇又は当該措置に係る日につき、俸給の半額を減ずる。

（以下、略）

同旨の規定が給与法の附則に設けられたのは、昭和六十年の法改正の折であった（当時の附則第十六項を参照）が、以来一貫して「当分の間」の措置が今日まで続いている。

また、その淵源は、昭和二十一年の官吏俸給令七条、明治四十三年の高等官官等俸給令三十六条、そして「病気ノ為執務セサルコト九十日ヲ踰ユル者……ハ俸給ノ半額ヲ減ス」と規定した明治二十五年の高等官官等俸給令十八条にまで遡ることができ（それ以前は、勅令ではなく、省令に定めがあった）、こと病気休暇に関しては、一二〇年以上もの長きにわたって、同様の取扱いが持続した計算になる。

他方、人事院規則一五―一五（非常勤職員の勤務時間及び休暇）の改正によって、四条二項に定める無給の休暇規定に次の第六号が加えられたのはわずかに十数年前、平成十年のことにすぎない（同年四月一日施行）。

六　非常勤職員が負傷又は疾病のため療養する必要があり、その勤務しないことがやむを得ないと認められる場合（前二号に掲げる場合（注：生理または公務上の傷病による場合）を除く。）　一の年度において十日の範囲内の期間

ただ、対象となる非常勤職員は、四条二項柱書により、「人事院の定める非常勤職員」に限られ、当初は、日々雇用職員だけがこれに該当するものとされた。

さらに、その対象範囲が「六月以上の任期若しくは任用予定期間が定められている職員又は六月以上勤務している職員」と改められ、時間雇用職員を含むものとなった（これに伴い、人事院規則所定の休暇期間も、週の勤務日数が少ない職員を考慮して「一の年度において人事院の定める期間」と改められた。現行九号を参照）のは、平成二十一年（同年十月一日施行）。ほんの数年前のことにすぎないのである。

九〇日の有給休暇と、一〇日の無給休暇。双方の「格差」はあまりにも大きいとはいえ、その背景にある歴史の重みにも隔絶した違いがある。ただ、歴史は変えられるし、ときには変えなければならない。国立大学には今、その自覚が求められているともいえよう。

第二七話　大学固有の問題（7）

期間業務職員にみる屁理屈

平成二十二年八月十日、国家公務員の世界では、人事院規則八―一二（職員の任免）の改正（同年十月一日施行）により、それまでの日々雇用職員に代え、期間業務職員の制度が導入される。

「相当の期間任用される職員を就けるべき官職以外の官職である非常勤官職であって、一会計年度内に限って臨時的に置かれるもの（法第八十一条の五第一項に規定する短時間勤務の官職（注：国家公務員法に定める定年退職後の短時間勤務の再任用職員を指す）その他人事院が定める官職を除く。）に就けるために任用される職員」。改正規則四条は、十三号で期間業務職員をこのように定義した。

また、その運用通知は「第十三号の『人事院が定める官職』は、その官職を占める職員の一週間当たりの勤務時間が、一般職の職員の勤務時間、休暇等に関する法律（……以下「勤務時間法」という。）第五条第一項に規定する勤務時間の四分の三を超えない時間であるものとする」と定め、従来の時間雇用職員（なお、勤務時間法五条一項に規定する常勤職員の勤務時間は、既に前年の四月一日には「一週間当たり三十八時間四十五分」と改められていた）が、この期間業務職員には含まれないことを明確にした。

さらに、期間業務職員が「一会計年度内に限って臨時的に置かれるものに就けるために任用される職員」と定義されたことを受け、同規則には、次のように定める規定も新たに設けられることになる。

（非常勤職員の任期）

第四十六条の二　期間業務職員を採用する場合は、当該採用の日から同日の属する会計年度の末日までの期間の範囲内で任期を定めるものとする。

2　任命権者は、特別の事情により期間業務職員をその任期満了後も引き続き期間業務職員の職務に従事させる必要が生じた場合には、前項に規定する期間の範囲内において、その任期を更新することができる。

3　任命権者は、期間業務職員の採用又は任期の更新に当たっては、業務の遂行に必要かつ十分な任期を定めるものとし、必要以上に短い任期を定めることにより、採用又は任期の更新を反復して行うことのないよう配慮しなければならない。

4　期間業務職員以外の非常勤職員について任期を定める場合においては、前項の規定を準用する。

5　第四十二条第三項の規定（注：任期の明示について定めた規定）は、非常勤職員の任期を定めた採用及び任期の更新について準用する。

しかし、期間業務職員の場合、このように任期の更新には制限があっても（なお、期間業務職員以外の非常勤職員＝時間雇用職員の場合、一項および二項は準用されない）、類似の職務に同一人物を期間業務職員として再び採用することは妨げられない。そんなアッと驚く〝抜け道〟が、一方では用意されていたことにも留意する必要がある。

「期間業務職員を採用する場合において、前項に定める能力の実証（注：面接及び経歴評定その他の適宜の方法による能力の実証を指す）を面接及び期間業務職員としての従前の勤務実績に基づき行うことができる場合であって公募による必要がないときとして人事院が定めるとき」を、公募による非常勤職員の採用原則の例外の一つとして定めた、規則四十六条二項二号の規定がそれである。

「第二項第二号の『人事院が定めるとき』は、前年度において設置されていた官職で、補充しようとする官職と職務の内容が類似するもの（補充しようとする官職の任命権者が任命権を有していたものに限る。）に就いていた者を採用する場合において、面接及び当該職務の内容が類似する官職におけるその者の勤務実績に基づき、この条の第一項に規定する能力の実証を行うことができると明らかに認められる場合であって、面接及び当該勤務実績に基づき当該能力の実証を行うときとする」。その運用通知は、さらにその具体化に当たって、こう規定したのである。

確かに、改正規則と同時に発出をみた事務総局人材局長名の通知「期間業務職員の適切な採用について」（人企第九七二号）には、期間業務職員の「公募によらない採用は、同一の者について連続二回を限度とするよう努めるものとする」との定めがある。しかし、あくまでも努力事項にとどまるものであり、これを逆に読むと、公募によれば三回以上＝三年を超えて、同一の者を連続して採用することも可能という話になる。

ただ、このような任期の更新と採用の使い分けや公募の考え方は、公務員の世界に固有のものであって、民間ではおよそ通用しない屁理屈という以外にない。

国立大学法人の一部には、採用を公募で行えば、契約期間もリセットされるとの誤解があるとも聞くが、同一法人が使用者となる限り、そのような解釈が成り立つ余地はない。このことも忘れてはなるまい。

非常勤職員と諸手当の支給

一般職の職員の給与に関する法律（給与法）二十二条二項は、非常勤職員の給与を「常勤の職員の給与との権衡を考慮し、予算の範囲内で」支給する旨を規定している。

非常勤職員には給与法に定める期末手当や勤勉手当が支給されないことは、人事院規則九―四〇（期末手当及び勤勉手当）一条四号および七条二号に規定するところではあるが、その一方で「相当長期にわたって常勤職員とほぼ同様の勤務を行っている者」については、これまでも「常勤職員に支給される期末手当及び勤勉手当との均衡を考慮して」取り扱うものとされてきた。

昭和二十八年十二月十日に人事院事務総長名で発出をみた給実甲第八三号（発出当初の通知名は「非常勤職員に対する三月、六月及び十二月における給与の取扱について」）がそれであるが、右の通知内容からも理解できるように、当時は日々雇用職員（なお、当該通知を受け「特に勤務期間が引き続き六カ月以上におよぶ職員」について配慮を要請したものに、昭和三十年五月二十七日の給与局長通知「非常勤職員に対する期末給与の取扱について」がある）のみが念頭にあった。

平成二十年八月二十六日、人事院はこの給実甲第八三号を廃止し、これに代えて給実甲第一〇六四号「一般職の職員の給与に関する法律第二十二条第二項の非常勤職員に対する給与について」を事務総長名で発出することになるが、その二項および三項では「通勤手当に相当する給与を支給すること」や「相当長期にわたって勤務する非常勤職員に対しては、期末手当に相当する給与を、勤務期間等を考慮の上支給するよう努めること」が、諸手当に関する指針として定められることになる。

ただ、通勤手当に相当する給与とはいっても、上限となる額は省庁によってさまざまであり、期末手当に相当する給与についても、期間業務職員を対象とするものに事実上とどまっているともいわれる。「予算の範囲内」という大前提がある以上、こうした現実そのものは短期間では変えられない、という事情も一方にはある。

また、通勤手当に相当する給与の支給についても、時間給の引下げによってその原資を捻出した省庁があったように、手当の一律支給それ自体に特段意味があるわけではない。要は年収ベースでみて、給与をどのレベルに設定するのか。常勤職員との均衡を考慮するに当たっても、本来はそこに焦点を合わせるべきであろう。

なお、給実甲第一〇六四号が一項で「基本となる給与を、当該非常勤職員の職務と類似する職務に従事する常勤職員の属する職務の級（当該職務の級が二以上ある場合にあっては、それらのうち最下位の職務の級）の初号俸の俸給月額を基礎として、職務内容、在勤する地域及び職務経験等の要素を考慮して決定し、支給すること」としたことにも疑問が残る。職務の内容は似ているようでも、実は明確に異なる。均等ではなく、均衡が求められる理由も、そこにあるからである。

第二八話　大学固有の問題（8）

統計からみた非常勤講師

文部科学省の「学校基本調査」（以下、断りのない限り、同調査による）によれば、平成二十六年度現在、わが国の大学における本務教員の数は一八万八七九人。これに対して、非常勤講師が大半を占める兼務教員は一九万四〇六四人と、本務教員を一万三〇〇〇人強上回るものとなっている。

平成元年度には、本務教員（一二万一一四〇人）が兼務教員（八万七一四〇人）を三万四〇〇〇人上回っていたことを思えば、隔世の感がある。ただ、この二五年間には、本務教員も五万九七三九人増えており、その増加率（四九・三%）は、学生の増加率（三八・二%）を一〇ポイント以上上回っていたという事実もある。これらをはるかに凌ぐ勢いで（一〇万六九二四人、一二二・七%増）、兼務教員が増加した。右にみた現状は、その結果にほかならないのである。

猛スピードで社会が変貌をとげるなか、教育内容も時代の要請に従って、これを不断に見直していく必要がある。このように考えれば、大学の柔軟な対応を可能にする兼務教員の増加が本務教員の増加を大きく上回ったとしても、何ら不思議ではない。

大学（短大を含む）への現役進学率だけでも五割を超えるようになった現在（注：平成二十六年度、五三・九％）、カリキュラムの内容も当然、従来どおりというわけにはいかない。これをフレキシブルに変更していくためには、担当教員の固定化つまり本務教員への過度の依存は避けるべき、という話にもなる。

例えば、教員総数（本務教員と兼務教員の合計）に占める兼務教員の割合は、大学全体でみると、平成元年度から二十六年度までの間に約一〇ポイント上昇（四一・八％が五一・八％に増加）しているものの、研究に重点を置く大学が多い国立大学では、約六ポイントの増にとどまっている（三二・一％が三八・〇％に増加）。これに対して、教育に重点を置く大学が多数を占める公立大学や私立大学では、兼務教員の割合がともに一〇ポイント前後アップ（公立大学の場合には四二・五％が五三・八％に、私立大学の場合には四八・二％が五七・四％に増加）しており、右の想定を裏付けるものとなっている。

また、この二〇年余りの間には、兼務教員の構成にも注目すべき変化がみられた。本務を持たない兼務教員の増加がそれである。

例えば、文部科学省が三年ごとに実施している「学校教員統計調査」によると、「本務なし」と答えた兼務教員は、平成元年度の一万五六八九人が、平成二十五年度にはその五倍以上に当たる八万九二九〇人を数える（七万三六〇一人、四六九・一％増）までに至っている。その結果、兼務教員全体に占める「本務なし」教員の割合も、この二四年間に一七・四％から四三・三％へと、大きな伸びを示すものとなった。

他方、これとは逆に、大学教員（短大教員を含む）の兼務教員に占める割合は、この間に四八・五％から二五・一％へと、大幅な低下をみた。その数は、四万三七五七人から五万一七四一へと増えたとはいうものの、「本務なし」教員に比べれば、微増というほかないレベル（七九八四人、一八・二％増）にとどまったからである。

兼務教員の七割以上（七四・五％）は私立大学に所属し、その約半数（四八・五％）は「本務なし」教員によって占められている。平成二十五年度の「学校教員統計調査」からは、このような事実も明らかになる。

国立大学や公立大学の場合、そこまで深刻な状況にはないものの、それでも兼務教員に占める「本務なし」教員の割合は、平成元年度以降、三倍ないし四倍の変化（国立大学の場合には九・〇％が二五・六％に、公立大学の場合には九・四％が三六・五％に上昇）を経験している。

こうした「本務なし」兼務教員の多くは、非常勤講師を「専業」としているともいえるが、このような専業的非常勤講師の場合、仮に非常勤講師の仕事だけで生計を維持しようとすれば、複数の大学で授業を掛け持ちすることが必要となる。後述するように、法政策のあり方を考えるに当たっては、このことが考慮すべきポイントの一つにもなる。

非常勤講師と労働契約法

非常勤講師は労働者か。この問いに対して「ノー」と回答することは、さして困難ではない。○曜日○時限○○番教室。業務を遂行する時間と場所があらかじめ決まっているとはいっても、それは業務の性格によるものにすぎず、非常勤講師が担当する授業の内容や講義方法について大学が指示＝指揮命令するようなことは、通常考えにくい。講演の講師と非常勤講師とでは、どこがどう違うのか。そこに、本質的な違いなどない。つきつめて考えれば、こう答えるほかあるまい。

ただ、非常勤講師の加入する労働組合から団体交渉の申入れがあれば、交渉には応じ、それまで継続して委嘱してきた非常勤講師から年次有給休暇の取得を求められれば、その対応策を講じる（なお、半期の講義であれば年休権は生じず、通年の講義であっても、その日数が年間四八日に満たない場合には、年休を付与しなくてよいと解する余地はある。労働基準法三十九条のほか、同法施行規則二十四条の三を参照）。法的リスクを考えれば、こうする以外にない。非常勤講師も「労働者」であり、労働組合法や労働基準法の適用は免れない。労働委員会や労働基準監督署がそのように判断する可能性は、これを否定できないからである（第四七話のCase Studyを併せ参照）。

大学自身が、トラブルの回避を優先させる観点から、これまで非常勤講師の労働者性をいわば「理屈」抜きに認めてきた。そうした「実績」がある以上、今更「正論」を口にしても仕方がない。そのような、いかんともし難い現実も確かにあった。

とはいうものの、物事には限度というものがある。改正労働契約法十八条に定める無期転換規定の非常勤講師への適用は、そうした限度を超える最も代表的な例といっても差し支えはなかった。

労働契約法は、もともと従来の判例法理に「足し算も引き算もしない」という考え方のもとで誕生したという経緯がある。有期労働契約の更新等について規定した改正労働契約法十九条も、この考え方を踏襲しており、ある著名な判例（パナソニックプラズマディスプレイ事件＝平成二十一年十二月十八日最高裁第二小法廷判決）に示された、次のような「雇止め法理」がそのベースとなっている。

「期間の定めのある雇用契約があたかも期間の定めのない契約と実質的に異ならない状態で存在している場合、又は、労働者においてその期間満了後も雇用関係が継続されるものと期待することに合理性が認められる場合には、当該雇用契約の雇止めは、客観的に合理的な理由を欠き社会通念上相当であると認められないときには許されない」。

大学の非常勤講師について問題となるのは、後段にいう雇用関係の継続への合理的期待の有無であるが、従来の裁判例はこのような合理的期待を認めず、雇止め法理の適用（解雇権濫用法理の類推適用）を否定する傾向にあり、通算契約期間が約二〇年に及ぶ場合であっても、結論は変わらないとされてきた（近年の例として、桜花学園名古屋短大事件＝平成十五年二月十八日名古屋地裁判決を参照。なお、同事件の控訴審判決〔同年十二月二十六日名古屋高裁判決〕は、雇用継続への期待を保護する必要性こそ否定しなかったものの、一応の相当性があれば、雇止めは可能とした）。

こうした裁判例の蓄積があるにもかかわらず、通算契約期間が五年を超えたというだけで解雇権濫用法理が文字どおり適用される無期雇用への転換が認められるとすれば、これまでの判例法理に変更を加えないという、労働契約法の大前提が崩れることにもなりかねない。

このような事態を回避するため、通算契約期間に五年の上限を設けることが多くの大学でいったんは試みられることになったものの、専業的非常勤講師にとって、それは五年後の一斉失職を意味していた。

確かに、第一八話でみたように、「強化法」や「任期法」に特例規定が設けられることにより、右の「五年」は「十年」に延長されたとはいえ、せいぜいが時間稼ぎでしかない。近い将来には、適用除外の検討が必要になる。こういっても、誤りはあるまい。

第二九話　大学固有の問題（9）

TA・RAは労働者か

授業料の減免や奨学金等、大学で学ぶ学生（大学院生を含む）の修学援助のための制度には多種多様なものがある。大学院生を対象としたティーチング・アシスタント（TA）や、リサーチ・アシスタント（RA）の制度も、その一種と考えてよい。

文部科学省の「平成二十三年度大学院活動状況調査」によれば、全国の大学院におけるTA採用学生数は八万五八七二人、RA採用学生数は一万四五二六人となっており、TAの六二・一％（五万三三五八人）、RAの八五・九％（一万二四七六人）を国立大学の在学者が占めるものとなっている。

また、同調査によると、平成二十三年度には、国公私立大学を合わせて、TAに八四・八億円（一人当たり年平均八・二万円）、RAには一三〇・四億円（同七四・八万円）が、それぞれ支給されている。

国立大学におけるその歴史は、平成四年度に、大学院を中心とする教育研究の高度化を推進するための経費（高度化推進特別経費）の一環として「ティーチング・アシスタント経費」が計上されたことに始まる。

「優秀な大学院学生に対し、教育的配慮の下に教育補助業務を行わせ、これに対する手当支給により、大学院学生の処遇の改善に資するとともに大学教育の充実及び指導者としてのトレーニングの機会提供を図る」。ＴＡの実施要領には、当該制度の目的がこのように記されていた。

ＴＡに後れること四年。さらに、平成八年度には、ＲＡがスタートする。国立大学等の「対象機関における学術研究の一層の推進に資する研究支援体制の充実・強化並びに若手研究者の養成・確保を促進するため、当該対象機関が行う研究プロジェクト等に、優れた大学院後期博士課程在学者を研究補助者として参画させ、研究活動の効果的推進、研究体制の充実及び若手研究者としての研究遂行能力の育成を図る」。ＲＡの実施要領は、その制度目的をこう規定していた。

教育補助と研究補助。双方の間では、その業務に従事する時間が、ＴＡは「週一〇時間程度」、ＲＡは「週二〇時間程度」というように相違点もみられたが、その身分を「常勤職員の一週間当たりの勤務時間の四分の三を超えない範囲内で勤務する非常勤職員」、つまり時間雇用職員とするという点では、まったく違いはみられなかった。その結果、「給与」についても、以下のように取り扱うことが共通して定められることになった。

① 昭和三十七年六月二十八日付け文人給第一一九号「非常勤職員の給与について」により取り扱うものとする。ただし、手当は時間給のみとし、他の給与は支給しない。

② 一時間当たりの手当は、その者を教育職俸給表(一)による常勤の職員として採用した場合に受けることとなる俸給月額、調整手当（注：現在の地域手当）の額を基礎として、次の算式により算出した額の範囲内の額をもって時間給とする。

$$\frac{(\text{俸給月額}+\text{調整手当})\times 12}{52\times 40}$$

通常の非常勤職員との違いは、参照されるべき俸給表が異なることと、超過勤務手当や通勤手当等の諸手当に相当する給与がＴＡやＲＡには支給されないという点以外にはない。あまりに安直にすぎるとはいえ、公務員時代であればこそ、このような「お役所仕事」でも何とか通用した。こういっても、あながち言い過ぎではあるまい。

ＴＡやＲＡを「職員」として位置づけたとしても、国家公務員としての地位にある限り労働基準法や、パートタイム労働法（短時間労働者の雇用管理の改善等に関する法律）の適用はない（国家公務員法附則十六条、パートタイム労働法三十二条（平成五年制定当時、現二十九条）を参照）。そんな環境がそうさせたのである。

平成十六年四月の法人化は、こうしたＴＡやＲＡの位置づけを変える絶好のチャンスではあったが、大半の国立大学は、非常勤職員としてこれを位置づける従前の考え方をそのまま踏襲した。

とはいえ、ＴＡやＲＡに支給される手当の性格は、本来「修学援助」にあり、「学生」としての身分を有するＴＡやＲＡを「労働者」として位置づけ、労働基準法等を一律に適用することにはそもそも無理がある。

業務に従事した時間で手当の額が決まったとしても、そのことによって、学生が学生でなくなるわけではない。ＴＡやＲＡについては、明文の規定がなくても、労働関係法令は適用されない。こう考えるのが、むしろ常識に適っているといえよう。

研修医をめぐる問題

かつて、国立大学の附属病院には、非常勤の医師・歯科医師がいなかった。その採用がようやく可能となったのが昭和四十五年度。名称は「医員」、身分は「日々雇い入れられる一般職の非常勤職員」とされ、その職務内容を当時の運用通知は次のように定めた。

「医員は、診療に従事するものとし、必要に応じ、診療を通じての学生の臨床教育の補助的職務および診療に関しての研究にたずさわるものとするが、診療以外の職務を主たる職務とすることは認めない」。

さらに、翌昭和四十六年度以降、国立大学病院では、臨床研修医についても、「医員」

に準じ、「医員（研修医）」として、これが取り扱われることになる。

他方、昭和四十三年の医師法改正により、それまでの実地修練（いわゆるインターン）制度を廃止し、これに代えて創設された臨床研修制度それ自体については、その後も努力義務にとどまる時代が長期間にわたって継続した。「医師は、免許を受けた後も、二年以上大学の医学部若しくは大学附置の研究所の附属施設である病院又は厚生大臣の指定する病院において、臨床研修を行なうように努めるものとする」と規定する、医師法十六条の二第一項の定めがそれである。

歯科医師については、このような臨床研修の努力義務化さえ、平成八年の法改正まで待たなければならなかった（なお、歯科医師の研修期間は「一年以上」と医師より短く設定された。新設された歯科医師法十六条の二第一項を参照）が、平成十二年の医師法・歯科医師法の改正により、診療に従事しようとする医師または歯科医師は「臨床研修を受けなければならない」（各改正法の十六条の二第一項を参照）として、臨床研修の必修化がともに図られることになった（ただし、改正法の施行は、上記の経緯から、医師法については平成十六年四月一日、歯科医師法については平成十八年四月一日とされた）。

その背景には、大学病院を中心とする従来の臨床研修では、ともすれば専門の診療科に偏った研修が行われるきらいがあり、基本的な診療能力を身につけることが十分にはできていなかったという問題や、多くの研修医が生活を維持するためにアルバイトをせざるを得ず、研修に専念できる環境にはなかったという、放置できない問題があった。

ただ、臨床研修の必修化に伴い、大学病院における研修医の採用人数は、平成十五年の五九二三人が、平成二十五年には三三九一人にまで減少。そのシェアも、七二・五％から四二・九％へと、大幅な低下を余儀なくされることになる。その結果、大学病院の医師派遣機能が弱まり、地域によっては医師不足が顕在化するという問題も一方では生じた。

また、研修医を含め、医師については労働時間（割増賃金）の規制が除外されている、医療先進国アメリカとの競争にどう打ち勝つか、という課題も大学病院にはある。

ちなみに、研修医を対象とした研修プログラムの認証・評価を行う「全米卒後医学教育認証評議会（ＡＣＧＭＥ）」が設けた研修医の勤務（研修）時間（当直のための院内待機時間等を含む）の上限は、四週を平均して一週八〇時間（一定の条件を満たせば、一週八八時間まで延長可能）となっている。

確かに、研修医の健康確保といった問題はあるものの、研修に要する時間は、医療の進歩に追いつくためにも十分な時間を確保する必要があり、短ければ短いほどよいといえるほど、事は単純ではない。このことも忘れてはなるまい。

第三〇話　大学固有の問題（10）

運営費交付金＝税金への依存

国立大学法人の収支状況は、今どうなっているのか。法人の職員であれば、どんな部署においても、その程度のことは常に頭に入れておくことが期待される。

大学の目的や使命は、利益を上げることにはもとよりない。だが、支出が収入を上回るようでは、組織として大学は維持できない。P・F・ドラッカー（一九〇九－二〇〇五）の著作『現代の経営　上』（上田惇生訳、ダイヤモンド社）に倣って、これを表現すれば、利益を上げる（収入が支出を少なくとも上回るようにする）ことは、大学が存続するための条件ということになる。

国立大学法人等（四大学共同利用機関法人を含む九〇法人）の基盤となる経費は、今日も年間総額がおよそ一兆円に及ぶ運営費交付金によって賄われている。

例えば、平成二十七年度予算でこれをみると、国立大学法人等に支給される運営費交付金の予定額は一兆九四五億円と、私立大学等経常費補助金の予定額である三二〇三億円の三倍以上にも上る額となっている。

一〇〇億円を超える運営費交付金の支給を受ける国立大学法人等は、現在なお三〇法人を優に上回る一方で、平成二十三年度を最後に、一〇〇億円以上の経常費補助金の支給を受ける私立大学は、その姿を消すに至っている。

国立大学法人が、このような私立大学とは比較にならない恵まれた環境にあることを、構成員はゆめ忘れてはなるまい。

確かに、損益計算書にみる運営費交付金の支給額は、平成十六年度の一兆一六五五億円が、平成二十五年度には九九六〇億円になるなど、年々その減少を余儀なくされている。いわゆる効率化係数（国立大学法人運営費交付金、前年度支給額の一％）や経営改善係数（附属病院運営費交付金、病院収入の二％）に基づく支給額の削減（以上、平成十六年度から二十一年度までの第一期中期目標期間。平成二十二年度から二十七年度までの第二期には、これらの係数に代えて「大学改革促進係数」が採用される）によるものであるが、経常収益に占める運営費交付金の割合も、この間に四七・七％から三四・〇％へと、一四ポイント近く低下している。

運営費交付金に代わって増えたのが、附属病院収益と、競争的資金等（注：補助金等収益、受託研究等収益等、寄附金収益、研究関連収益およびその他の自己収入の合計）であり、附属病院収益については、平成十六年度の六二四五億円（二五・五％）が平成二十五年度には九六六七億円（三三・〇％）に増加し、競争的資金等も、この間に一九三六億円（七・九％）が六二八五億円（二一・四％）に増えている。

これに伴い、トータルの経常収益も、二兆四四五四億円が二兆九三〇三億円へと、四八四九億円その規模を拡大したほか、附属病院の経常収益に占める運営費交付金の割合が、平成二十五年度には約一割（一〇・四％）にまで低下するという変化もあった。

ただ、附属病院運営費交付金は、もともと附属病院経費と附属病院収益との差額を補填するために支給されていたものであり、その額が仮にゼロになったとしても、それは附属病院の収益と経費がバランスするようになったというにすぎず、附属病院の存在によって大学の収支状況がプラスに改善したというわけでは必ずしもない。

他方、学生納付金（注：授業料、入学金および検定料の合計）の推移をみると、その額が、平成十六年度の三五六八億円（一四・六％）から平成二十五年度の三三九一億円（一一・六％）へと、一八〇億円近く（三・〇ポイント）減少しているという事実もある。

損益計算書にみる人件費（注：役員、教員および職員の各人件費の合計）の額は、平成二十五年度で一兆三六八一億円と、経常費用全体（二兆八九八六億円）の約半分を占めるものとなっており、その額は実に学生納付金の四倍以上にもなる。

支出に占める人件費の割合は、私立大学も変わらない（約五割）とはいえ、収入の大半（四分の三強）を学生納付金に依存していることから、私学の場合、人件費は学生納付金の三分の二程度に抑える必要がある。

それゆえ、学生納付金を基準に考えると、国立大学は、私立大学の約六倍にもなる資金を人件費に充てていることになる。

このような「贅沢」を可能にしているのが運営費交付金であり、そのモトを正せば税金にまでたどりつく。納税者である国民の負担があって、国立大学法人の今日もある。このことを再度、構成員はしっかりと脳裏に刻む必要があろう。

国立大学の施設は国有財産？

法人化に当たって、それまで各国立大学等が使用していた土地や建物等の財産については、政府がこれを国立大学法人等に現物出資するという方法がとられた。国立大学法人法（国大法）附則九条に定める権利義務の承継規定（特に二項）がそれである。

その結果、国立大学法人等が所有する土地や建物等は、国有財産法三条二項に規定する行政財産としての国有財産ではなくなったものの、出資金にその姿を変えた財産は、同条三項に定める普通財産として、なお国有財産の一部を構成することになる。

平成二十六年三月三十一日現在、こうした国立大学法人等への出資財産は、総額七兆九八八億円。法人化前と同様に、国立大学法人等の会計が会計検査院の検査対象となる理由も、ここにあった（会計検査院法二十二条五号は「国が資本金の二分の一以上を出資している法人の会計」についても「会計検査院の検査を必要とする」と規定）。
また、国大法七条一項は「各国立大学法人等の資本金」は、このようにして「政府から出資があったものとされた金額とする」旨を定めるものであったが、同法三十五条が準用する独立行政法人通則法八条一項が、一方で「独立行政法人は、その業務を確実に実施するために必要な資本金その他の財産的基礎を有しなければならない」と、現在に至るまで規定していることにも留意する必要がある。

そして、このことが国立大学法人等の財産的基礎となる施設の維持・更新については、従来どおり国がその責任において、施設整備費補助金等の財政措置を講ずることにより、これを行うべきである、との考え方を根拠づけることになる。

国立大学法人等の施設整備計画を国が自ら策定し、整備方針を公表。第三者から意見を聴取した上で所定の交付要綱に沿って補助金を交付する。運営費交付金の支給とは別に、そのような措置が、こうして法人化後も引き続き講じられることになったのである。

最近では、復興特別会計が補助金支給のために活用されるなど、施設整備費関係の予算配分はかなり複雑なものとなっているとも聞くが、運営費交付金以外にも、国立大学法人等が享受している「特権」は、このように少なからず存在する。

ただ、これでは、大学の施設そのものが「国有財産」として処遇されているのと同じではないか。そうした疑問は確かにあろう。

他方、国立大学の施設が「行政財産」ではなくなったことをきっかけとして、組合事務所や組合掲示板等については、その取扱いを逆に「民間」に合わせるよう求める声が強くなる。一種の便宜供与として組合事務所等の供与を要求する声がそれであるが、そのような便宜供与を使用者に義務づけた規定は、もちろん労働組合法にも存在しない（同法二条二号および七条三号を参照）。

いわゆる「蔵管《くらかん》一号」（注：昭和三十三年に大蔵省管財局長名で発出された「行政財産を使用又は収益させる場合の取扱いの基準について」と題する通達）は、行政財産の目的外使用の許可（国有財産法十八条六項）について、組合事務所等をその対象として想定するものとはなっていなかったし、たとえ使用許可が与えられたとしても、それは禁止の解除を意味する事実上の許可にとどまり、「当該場所を使用するなんらかの公法上又は私法上の権利を設定、付与する意味ないし効果」を持たない（昭和郵便局事件＝昭和五十七年十月七日最高裁第一小法廷判決を参照）と解する余地があった。

にもかかわらず、国立大学の多くは、法人化前の公務員時代から、安易に組合事務所等の供与を認め、法人化後の現在も、その姿勢をそのまま当然のように維持している（なお、組合事務所の供与については、第五六話のCase Studyを併せ参照）。

大学の施設は、国民から預かった大切な財産。こうした国有財産に対する意識が少しでもあれば、事態は変わっていたともいうことができよう。

コラム2 世の中を変えるもの

できないことは約束しないし、約束してはならない。しかし、できることは着実に実行する。国立大学の法人化（平成十六年）から一〇年余り、勤務先の人事課ではこのことをモットーとしてきた。

新渡戸稲造（一八六二—一九三三）も『武士道』のなかで、次のように説く。「武士道は知識を重んじるものではない。重んずるものは行動である。したがって知識はそれ自体が目的とはならず、あくまで智恵を得るための手段でなければならなかった。単に知識だけを持つ者は、求めに応じて詩歌や格言をつくり出す〝便利な機械〟としか見られなかった」（岬龍一郎訳（PHP文庫、平成十七年）三三頁）。その知識ですら怪しい者のいうことではないが、地道な行動の積み重ねのなかでしか世の中は変わらない。そう確信した歳月でもあった。

「低賃金は、経営を破壊する」。ヘンリー・フォード（一八六三—一九四七）が偉かったのは、こうした彼の信念（自伝『藁のハンドル』（竹村健一訳（中公文庫、平成十四年）一二八頁））を、自動車生産の現場で実行したことにある。

「わが社の真の発展は、一九一四年、最低賃金を一日二ドル余りから五ドルに引き上げたときに始まる。なぜなら、その結果、私たちは自社の従業員の購買力を高め、彼らがまた、その他の人々の購買力を高めるといったふうに、その影響がアメリカ社会全般に波及していったからである。高賃金の支払いと低価格での販売とで購買力を増大させるという、この考え方こそが、わが国の今日の繁栄を陰で支えている」(二七頁)とも、彼はいう。

確かに、多能工化が進んだ現在、「多くの人は、単純作業の仕事を望んでいる」としたフォードの指摘(一四四頁)を「時代遅れ」と批判することは簡単である。

他方、フォードは、労働組合にも決して好意的ではなかったし、購買力を高めるためには労働組合の交渉力強化が必要になるという、後にワグナー法(一九三五年の労使関係法)の制定をもたらした思想も、彼とは無縁であった。

しかし、一九二六年に出版されたこの自動車王の自伝から、二十一世紀に生きる私たちが学ぶことは依然として多い。法律に「均衡待遇」と書くだけでは何も変わらない。それが可能であれば、非常勤職員の時間給を一〇円でも二〇円でもいいから上げる。そうした一つひとつの行動、努力の積み重ねだけが世の中を変えるのである。

具体的な行動は、高尚な議論に勝る。「貧困の救済について論ずることは、高尚なこととされたが、何か具体的な行動を起こすことは、まったく卑しむべきことだとされていた」とフォードの自伝にはある(二二五頁)。そうした誤った風潮が現在なおみられるのは、残念というほかあるまい。

第二部

労働法の基礎と応用が身につく42話

第三一話　ある最高裁判決を素材として

法律の前に常識がある

給与明細の額がいつもよりなぜか少ない。このような場合、給与担当者にはすぐ問合せがいく。それが給与担当者のミスによるものであれば、その過ちは可及的速やかに是正される。しかし、誤って給与が多く支払われた場合、大半の職員は昇給したもの等と勝手に決め込んで、自らを納得させる。こうして、過払いの状態が相当長期間にわたって続く。そのようなことが現実にはしばしば起きる。

「賃金支払事務においては……賃金計算における過誤、違算等により、賃金の過払が生ずることのあることは避けがたい」。最高裁もこのようにいう（福島県教組事件＝昭和四十四年十二月十八日第一小法廷判決）。

「このような場合、これを精算ないし調整するため、後に支払わるべき賃金から控除できるとすることは、右のような賃金支払事務における実情に徴し合理的理由があるといいうるのみならず、労働者にとっても、このような控除をしても……実質的にみれば、本来支払わるべき賃金は、その全額の支払を受けた結果となる」。右の判決は、先の判示部分に続けて、このようにも述べる。

事件は、勤勉手当に過払いがあった（職場離脱＝ストライキに伴う時間に相当する額を控除していなかった）として、給与からその後過払分を相殺することにより控除したことが、労働基準法（労基法）二十四条一項に定める賃金の全額払原則に違反するかどうかを主な争点とするものであったが、判決は次のように一般論を展開した上で、本件における過払勤勉手当に係る相殺（控除）を「許さるべきもの」とした。

「適正な賃金の額を支払うための手段たる相殺は、［労基法二十四条一項］但書によって除外される場合にあたらなくても、その行使の時期、方法、金額等からみて労働者の経済生活の安定との関係上不当と認められないものであれば、同項の禁止するところではないと解するのが相当である。この見地からすれば、許さるべき相殺は、過払のあった時期と賃金の清算調整の実を失わない程度に合理的に接着した時期においてされ、また、あらかじめ労働者にそのことが予告されるとか、その額が多額にわたらないとか、要は労働者の経済生活の安定をおびやかすおそれのない場合でなければならないものと解せられる」。

法学部やロースクールの学生の場合、労基法二十四条一項の規定が「一般的には、労働者の賃金債権に対しては、使用者は使用者が労働者に対して有する債権をもって相殺することは許されないとの趣旨をも包含する」と解されていること（上記判決もこのことを確認する）およびその例外として、右のような賃金の「調整的相殺」が認められていることを覚えれば、それで合格答案は書ける。

民法七百三条も「法律上の原因なく他人の財産又は労務によって利益を受け、そのために他人に損失を及ぼした者（略）は、その利益の存する限度において、これを返還する義務を負う」と定めており、これを「不当利得の返還義務」ということも、ロースクール等の学生であれば当然知っている。判決にも、本件が「過払勤勉手当の不当利得返還請求権を自働債権」として行われたものであることが明確に記されている。

しかし、自らのミスによって給与に過払いが生じたという場合、給与担当者は過払いを受けた職員に対して、間違っても「不当利得」という言葉を口にしてはならない。その理由は簡単。自主的な返納など、およそ期待できなくなるからである。

まずはミスを丁重に詫びた上で、その額がかなり高額になるような場合には、分割払いでもよいから返して欲しいとお願いする。このようなことは、社会人としては常識の部類に属するともいえるが、学校では通常そこまでは教えてくれない。

確かに、労基法二十四条一項ただし書にもあるように、このような返納金について給与からの控除を認める労使協定があれば、有無をいわさず控除することも不可能ではない。ただ、それはあくまでも法律上、理論上の話であって、伝家の宝刀をこのように抜く場合にも、それなりの手順はやはり必要となる。

「不当利得」といわれれば、誰だって気分を害する。「何が不当だ。悪いのはミスをしたオマエじゃないか」。そんな相手方の反応すら予測できないようでは、実務担当者としては失格といわざるを得ない。

法律の知識はあるに越したことはないものの、知識を振り回せば、かえって混乱を招くこともある。法律以前の問題とはいえるが、このことも銘記する必要があろう。

前提が違えば、判断も異なる

最高裁の判決だけを読んで理解できることには限界がある。一審・二審の判決を読んで初めてわかることも、実際には少なくない。例えば、右にみた事件においても、過払給与に係る相殺については、これを認めないとの判決が原審（昭和四十年七月十四日仙台高裁判決）において既に確定していた（この点に関しては県側が上告しなかった）という事実があった。

上告人ら県教組の組合員が職場離脱を敢行したのが、昭和三十三年九月。同月二十一日を支給日とする暫定手当を含む九月分の給与については減額が行われず、翌年一月中旬になって県はようやく過払金の返納を求めるとともに、返納に応じないときは翌月分の給与からこれを減額する旨通知した上で、二月分の給与から減額を行っている。

勤勉手当については、その支給日が十二月十五日であったために「給与の清算調整の実を失わない程度に合理的に接着した時期」に過払分の相殺がなされた（なお、控除は三月分の給与から行われている）と判断されたものの、過払給与に係る相殺については「当該減額の事由が生じた月から四ケ月目に始めて減額の予告がなされた上五ケ月目の給与から減額がなされている」として、「適法な調整的相殺とは認め難い」とされたのである。

　地方公務員（注：上告人らは県立高校や県が人件費を負担する市町村立学校の教職員）の場合、職場離脱は違法ストに当たる（地方公務員法三十七条を参照）以上、「免職等の懲戒処分をうけてもやむをえない」が、「給与請求権等までを失うものではない」。一審判決（昭和三十八年三月二十五日福島地裁判決）は、このようにもいう（ただし、給与の「調整的相殺」まで否定する趣旨ではない）。

　しかし、多数の県教組組合員を相手に給与の減額や過払分の相殺を迅速果敢に行うことは、違法ストを理由とするものであれ、現実には難しい。

　教職員組合も、当時は現在とは違い、きわめて強力であったことを思えば、「約三ケ月を減額措置のための研究、検討に費やしその後になって始《（ママ）》めて減額のための具体的な措置がとられるに至った」としてもおかしくはない。

　原審は、右の事実が認められるとした上で「このような研究、検討に費やした期間までも過払額を計算確定するために客観的に必要な期間と認めること」は相当ではないとするが、県側にとってはいささか酷にすぎるとの感もないわけではない。

地方公務員には、国家公務員とは異なり、労基法が原則として適用される（地方公務員法五十八条二項を参照）が、事件当時は二十四条一項も、その例外ではなかった。

他方、法人化後の国立大学には、労基法が全面適用されるほか、職員がストライキをはじめとする争議行為を行ったとしても、これを違法とする国家公務員法（九十八条二項）がもはや適用されない、という点にも留意しなければならない。

それゆえ、職員がストライキを行った場合には、賞与（勤勉手当）の支給に当たって、その日数を勤務しなかったものとして扱ってよいかという、公務員時代にはなかった問題の検討も必要となる。

ことと場合によっては、ストライキの欠勤扱いが、不当労働行為の問題にまで発展する（西日本重機事件＝昭和五十八年二月二十四日最高裁第一小法廷判決を参照）。そこには、公務員とはまったく違う世界がみられるのである。

このように前提となる世界が違えば、裁判所の判断も当然異なってくる。このことも忘れてはなるまい。

第三二話　法令に関する基礎知識（1）

労働関係法令の沿革と現状

法律に命令を足すと、法令になる。ここにいう命令とは、政令および省令を指す。

例えば、労働基準法（百二十一条を最後の規定とする本則のほか、本則から連番で続く附則を含む）には、「命令」が二八回、「政令」が五回（他に「勅令」が一回）、「厚生労働省令」が七四回、規定内容の詳細をこれらの命令＝政省令に委ねる形で登場する（なお、同法の制定当初は、一件の「勅令」を除き、四九件の「命令」に統一されていた）。

憲法二十七条二項は「賃金、就業時間、休息その他の勤労条件に関する基準は、法律でこれを定める」と規定する。しかし、そこにいう法律の代表例ともいうべき労働基準法でさえ、このように法律だけを読んでいては、その内容が理解できない。

男女雇用機会均等法（雇用の分野における男女の均等な機会及び待遇の確保等に関する法律）や労働者派遣法（労働者派遣事業の適正な運営の確保及び派遣労働者の保護等に関する法律）、パートタイム労働法（短時間労働者の雇用管理の改善等に関する法律）等々、国立大学法人の職員にとってなじみの深い法律についても、これと同じことがいえる。

市販のポケットサイズの六法では、とても実務の用を足さない。こうした現実が、労働関係法令については確かにある。

他方、労働基準法（附則）百二十三条は、こうも規定している。「工場法、工業労働者最低年齢法、労働者災害扶助法、商店法、黄燐燐寸《マッチ》製造禁止法及び昭和十四年法律第八十七号（注：青年学校令ニ依リ就学セシメラルベキ者ノ就業時間ニ関スル法律）は、これを廃止する」。労働基準法がこれら第二次大戦前に制定をみた法律の延長にあることは、この条文からもわかる。

労働基準法を含む、いわゆる労働三法は、明治憲法下、帝国議会のもとで制定をみた。敗戦後わずか四カ月にして、まず労働組合法（旧法）が昭和二十年十二月に公布され、翌二十一年九月には、同法と密接な関係にある労働関係調整法がこれに続く。都合三度にわたる労働組合法案の帝国議会への提出等、戦前の経験と蓄積がなければ、こうした迅速な法整備も難しかったに違いない。

その後、昭和二十二年四月には労働基準法が公布され、二年後の昭和二十四年六月には旧法の全面改正によって、現行労働組合法が誕生することになるが、現在の労働三法にはそのいずれもが、吉田茂（一八八一―一九六七）を首班とする内閣のもとで制定をみたという共通点もある。

ちなみに、昭和六年に労働組合法案が帝国議会に提出された（同法案は衆議院を通過したものの、貴族院で審議未了廃案となった）折、政府委員として答弁を行ったのはときの社会局長官＝吉田茂（一八八五―一九五四、厚生大臣等を後に歴任）であったが、昭和の大宰相と称せられた吉田茂その人ではない。

このように、わが国における労働関係法令の基礎は、戦後のごく短期間に形成されたといってよい。例えば、労働三法以外の法律としては、労働基準法と同時に公布された労働者災害補償保険法のほか、職業安定法や失業保険法（雇用保険法の前身）等があり、いずれも、憲法の施行（昭和二十二年五月三日）に前後して制定されている。

先に言及した男女雇用機会均等法、労働者派遣法およびパートタイム労働法は、それぞれ昭和四十七年七月、昭和六十年七月および平成五年六月に公布された法律であるが、均等法が勤労婦人福祉法として産声を上げる一年前の昭和四十六年五月には、高年齢者雇用安定法（高年齢者等の雇用の安定等に関する法律）が「中高年齢者等の雇用の促進に関する特別措置法」として、スタートを切っている。また、均等法が制定される一月前（昭和四十七年六月）には、労働安全衛生法が労働基準法から独立をとげるに至っている。

法人の実務（人事労務）においてしばしば問題となる法律は、右にみたようにその多くが四半世紀以上前に制定されたものであり、平成に入って誕生した法律は、パートタイム労働法や育児・介護休業法（平成三年五月に「育児休業等に関する法律」として制定）等、現在なお少数にとどまっている。

ただ、最近になって制定された法律のなかには、労働契約法（平成十九年十二月公布、翌二十年三月施行）のように、実務上きわめて重要な法律も含まれている。

また、法律には改正がつきものであって、昭和年間に制定をみた法律であっても、頻繁に改正を繰り返している法律は実際にも少なくない。常にそのチェックが必要となる理由もここにある。

Case Study：労働契約法の誕生

労使の見解がときに大きく相違する雇用・労働の分野において、新しく法律を制定することは決して容易ではない。その実現を図るためには、それなりの伏線と慎重かつ入念な手続きが必要となる。労働契約法もその例外ではなかった。

平成十五年六月、衆参両院の厚生労働委員会は「労働基準法の一部を改正する法律案」（注：改正法は平成十五年七月公布、翌十六年一月施行）を可決するに当たり、次のような附帯決議を行う。「労働条件の変更、出向、転籍など、労働契約について包括的な法律を策定するため、専門的な調査研究を行う場を設けて積極的に検討を進め、その結果に基づき、法令上の措置を含め必要な措置を講ずること」。

そして、この附帯決議が、労働契約法制定に向けた伏線となる。ちなみに、これに先行する形で、労働政策審議会は平成十四年十二月の建議において「労働条件の変更、出向、転籍、配置転換等の労働契約の展開を含め、労働契約に係る制度全般の在り方について、今後引き続き検討していくことが適当である」としていた。

右の附帯決議を受け、厚生労働大臣が学識経験者を参集することにより、平成十六年四月以降、「今後の労働契約法制の在り方に関する研究会」が計二八回にわたって開催され、平成十七年九月には「労働契約に関する公正・透明な民事上のルールを定める新たな法律（労働契約法）が必要である」（要旨）とする報告書が取りまとめられる。

このことを踏まえ、同月、厚生労働大臣は「厚生労働省設置法（略）第九条第一項第一号の規定に基づき、今後の労働契約法制の在り方について」労働政策審議会の調査審議を求めることになる。

翌平成十七年十月以降、労働政策審議会は労働条件分科会において合計二八回にわたる調査審議を行い、平成十八年十二月には、同分科会の報告に沿った答申が行われる。

さらに、平成十九年一月には「厚生労働省設置法（略）第九条第一項第一号の規定に基づき、別紙『労働契約法案要綱』について、貴会の意見を求める」とのいわゆる要綱諮問が労働政策審議会に対して行われ、翌二月には、これを「おおむね妥当」とする旨の答申をもって、労働政策審議会の関与する手続きはようやく完了をみる。

なお、厚生労働省設置法九条一項一号は、「厚生労働大臣の諮問に応じて労働政策に関する重要事項を調査審議すること」を労働政策審議会の所掌事務として定める規定であり、労働関係法令の制定または改正に当たって、同審議会による調査審議を必要とすることを正面から定めた規定ではない。

その後、労働契約法案は、平成十九年三月に第一六六回通常国会に提出され、同年十一月には、第一六八回臨時国会において可決・成立をみることになる。

衆議院厚生労働委員会における質疑は合計七日、参議院厚生労働委員会における質疑も三日に及んだ（提案理由説明の日を除く）とはいえ、その間には、衆議院厚生労働委員会が内閣提出法案を修正の上、可決するというハプニングまであった。

このような場合、改めて修正案が労働政策審議会に諮られるというようなことはない。議員立法の場合も同様である。その具体的な例としては、労働契約法十八条に定める無期転換規定の特例について規定した「研究開発システムの改革の推進等による研究開発能力の強化及び研究開発等の効率的推進等に関する法律及び大学の教員等の任期に関する法律の一部を改正する法律」（第一八話を参照）を挙げることができる。

第三三話　法令に関する基礎知識（2）

法令の公布と形式重視の世界

法律や政省令を適用するためには、公布という手続きを必要とする。しかし、法令一般について公布の手段や方法を定めた法規は、現在のところ存在しない。国家公務員法十六条二項のように「人事院規則及びその改廃は、官報をもって、これを公布する」と、公布の方法を定めた規定もなくはない（他に「会計検査院規則の公布に関する規則」二条や、裁判所公文方式規則二条）ものの、このようなケースはあくまでも例外にとどまる。

かつては、明治十九年に制定された公文式《こうぶんしき》十条が「凡ソ法律命令ハ官報ヲ以テ布告」する旨を規定し、これに代わって明治四十年に制定をみた公式令十二条が「前数条ノ公文（注：法律、勅令、省令等を指す）ヲ公布スルハ官報ヲ以テス」と定めていたが、日本国憲法の施行に伴い、廃止の運命をたどる。

ただ、官報への掲載による法令の公布は、その後も慣例として踏襲される。最高裁も、昭和三十二年十二月二十八日の大法廷判決で「公式令廃止後の実際の取扱としては、法令の公布は従前通り官報によってなされて来ていることは上述したとおりであり、特に国家がこれに代わる他の適当な方法をもって法令の公布を行うものであることが明らかな場合でない限りは、法令の公布は従前通り、官報をもってせられるものと解するのが相当」であるとしている。

事案は、国家公務員の争議行為を禁止したいわゆる政令二〇一号に違反する行為（職場離脱の教唆）が、官報掲載日（昭和二十三年七月三十一日）に実行されたところ、官報の印刷が間に合わなかった（同年八月二日までズレ込んだ）ため、官報掲載日に政令が公布されたといえるかどうかを争点とするものであったが、同日、日本放送協会が政令の即日施行を含むその全文をラジオ放送で報道していたにもかかわらず、判決は次のように述べ、官報掲載日をもって「本件政令の公布の日とすることを得ない」と判示した。

日本放送協会が「全国向けニュース放送でした本件政令の報道が、日本国政府の依嘱又は命令によりなされたものであること及び右放送による方法が、法令の内容を一般に国民に知りうる状態に置くに足る適当な方法であることについては何らこれを肯認するに足る資料なく、右放送は、日本放送協会が自ら取材し、自主的にしたものと認められる本件においては、所論のように、右放送によって本件政令の公布があったものとは到底認めることはできない」。

また、本件の場合、官報掲載日には公布がなかったものと判断されたため、公布の時刻までは問題とされなかったが、わずかな時間差で公布が犯罪行為に先行していたとされ、処罰可能と判断された例もある。

即日施行を予定していた改正法の公布時期が問題となった、昭和三十三年十月十五日の最高裁大法廷判決がそれであるが、判決は次のようにいう。

事件「当時一般の希望者が右官報を閲覧し又は購入しようとすればそれをなし得た最初の場所は、印刷局官報課又は東京都官報販売所であり、その最初の時点は、右二ケ所とも同日午前八時三〇分であったことが明らかである」。そして「本件犯行（注：覚せい剤取締法違反）は、同日午前九時頃になされたものであるというのであるから、本件改正法律が公布せられ、施行せられるに至った後の犯行であることは明瞭であって、これに本件改正法律が適用せられることは当然のことといわねばならない」。

結論は逆になったとはいえ、これらはいずれも刑事事件であり、そのため形式論が実質論に優先したとも考えられる。ラジオは多くの者が聴いているが、官報は誰も読まない。そうした現実があるにもかかわらず、法律の世界ではむしろ形式が重視される。

就業規則の周知（労働基準法百六条一項、労働契約法七条・十条を参照）もこれと同様であって、イントラネットへの掲載等を怠ると、それだけで刑事罰（労働基準法百二十条一号を参照）の対象となり、就業規則の規定を適用できなくなる可能性もある。このことにも注意を促しておきたい。

Case Study：労働基準法の公布

先に言及した公式令は、六条で次のように定めていた。

第六条　法律ハ上諭《じょうゆ》ヲ附シテ之ヲ公布ス

②　前項ノ上諭ニハ帝国議会ノ協賛ヲ経タル旨ヲ記載シ親署ノ後御璽ヲ鈐《けん》シ内閣総理大臣年月日ヲ記入シ之ニ副署シ又ハ他ノ国務各大臣若ハ主任ノ国務大臣ト倶《とも》ニ之ニ副署ス

③　略

そして、日本国憲法の施行に先だって、大日本帝国憲法のもとで公布をみた労働基準法には、この様式に沿う形で以下のような上諭がその冒頭に付された。

「朕は、帝国議会の協賛を経た労働基準法を裁可し、ここにこれを公布せしめる。

御　名　御　璽

昭和二十二年四月五日

内閣総理大臣　吉田　茂
司　法　大　臣　木村篤太郎
厚　生　大　臣　河合　良成
運　輸　大　臣　増田甲子七《かねしち》
商　工　大　臣　石井光次郎」

労働基準法の場合、この後に「法律第四十九号」の一行が続く。これは同法が昭和二十二年（暦年）の第四九番目に公布された法律であることを意味しており、同法を法令等で最初に引用する場合には「労働基準法（昭和二十二年法律第四十九号）」と書くことにより、その特定を図ることになる。この（　）内の番号を法律番号という。

例えば、平成十一年の労働基準法改正といっても、同年における労働基準法の改正は、五回（うち三回は同日改正）も行われていることから、これだけではどの改正を指すのかを識別することは難しい。しかし、法律番号さえわかれば、特定は可能であり、その意味でも、法律番号には大きな効用があるということができる。

また、現在の官報では、官報掲載日と署名日が異なることはないが、労働基準法の制定当時は、数日のズレが生じることも珍しくなかった。労働基準法の場合も、官報掲載日は昭和二十二年四月七日であり、これが公布日となる。

労働基準法と公布日を同じくする法律には、労働者災害補償保険法や、労働者災害補償保険特別会計法（後の労働保険特別会計法、現在は「特別会計に関する法律」に吸収）があり、昭和二十二年法律第五〇号および第五一号として、それぞれ公布をみるに至っている（副署者は内閣総理大臣と厚生大臣を除き、法律ごとに違っている）。

現行憲法のもとでも、法律の公布は天皇の国事行為の冒頭に規定されている（七条一号を参照）が、憲法と同時に施行された内閣法が五条で「内閣総理大臣は、内閣を代表して内閣提出の法律案、……を国会に提出」する旨を定めたこともあって、法律の公布に当たっても、これに署名するのは、内閣総理大臣と担当大臣に限られている。

さらに、公布文も「○○法をここに公布する」と、現在では、簡略化された内容に統一されており、かつての上諭とはその趣を著しく異にするものとなっている（ただし、御名御璽と年月日が記入されることについては、変更はない）。

なお、公布当時の労働基準法にいう「命令」（第三二話を参照）として、同法の細目を定めた労働基準法施行規則は、昭和二十二年厚生省令第二三号として、同年八月三十日に公布をみることになる。

労働省が厚生省から分離独立する形で誕生したのは、その二日後の九月一日。この日をもって、労働基準法の規定もその大半が施行される運びとなった。

初代労働大臣は、米窪満亮《みつすけ》氏（一八八一—一九五一）。第二次大戦前は日本海員組合の副会長、日本労働組合会議の書記長等として活躍した。法律それ自体は無味乾燥にみえても、その歩みにはやはりドラマがある。そうしたエピソードに学ぶ余裕も、ときには必要といえよう。

第三四話　法令に関する基礎知識（３）

法令の名称とその略称

人事院規則は改正されていないか。法人化後一〇年余りの歳月が経過したというのに、そのチェックを毎日欠かさない人事担当職員が今なお国立大学にはいるという。

彼らの間では、「法」といえば、国家公務員法を指す。人事院規則一―二（用語の定義）が「規則中次に掲げる用語は、別段の定めのある場合を除き、それぞれ次の意味に用いる」として、冒頭の一号で『法』とは、『国家公務員法（昭和二十二年法律第百二十号）』をいう」と規定しているからである。

また、この人事院規則には、以下のような用語の定義規定も存在する。

四　「給与法」とは、「一般職の職員の給与に関する法律（昭和二十五年法律第九十五号）」をいう。

九　「勤務時間法」とは、「一般職の職員の勤務時間、休暇等に関する法律（平成六年法律第三十三号）」をいう。

ただ、これらの規定は、そこにいう一般職の職員である国家公務員にのみ妥当する定義規定であることにも注意しなければならない（なお、煩雑な表現を避けるため、以下では法令番号を原則として省略する）。

例えば、国家公務員とはいっても、特別職の職員である防衛省の職員の場合、「給与法」といえば、「防衛省の職員の給与等に関する法律」を意味する（自衛隊員倫理法二条二項ほかを参照）。

「派遣法」についても、これと同じことがいえ、人事院規則一—二では「国際機関等に派遣される一般職の国家公務員の処遇等に関する法律」をいう（六号）が、国家公務員共済組合法施行規則においては「国際緊急援助隊の派遣に関する法律」を指す（百十五条の十三第二項）ことになる。

「派遣」という言葉をタイトルに含む法律には、これ以外にも①法科大学院への裁判官及び検察官その他の一般職の国家公務員の派遣に関する法律、②国際機関等に派遣される防衛省の職員の処遇等に関する法律、③外国の地方公共団体の機関等に派遣される一般職の地方公務員の処遇等に関する法律、④公益的法人等への一般職の地方公務員の派遣等に関する法律、⑤労働者派遣事業の適正な運営の確保及び派遣労働者の保護等に関する法律があり、このうち②③④については、略称に言及した法令も存在しない。

他方、①と⑤については、その略称をそれぞれ「法科大学院派遣法」、「労働者派遣法」

と定めるものこそ存在するものの、これとても、特定の法令（①は人事院規則ほか二件の法令、⑤は職業安定法をはじめとする二九件の法令、平成二十七年十月一日現在）または当該法令の特定条項についてのみ通用する略称であることに留意する必要がある。

確かに、著名な法律のなかには、市民権を既に得た略称を持つ法律もなくはない。

例えば、「労組法」（労働組合法）や「労調法」（労働関係調整法）はその代表例といえるが、これらの略称を実際に使用している法令は現在なお労働委員会規則に限られている。「中労委」という人口に膾炙《かいしゃ》した言葉でさえ、遙か以前にその使命を終えた「沖縄の復帰に伴う労働省関係法令の適用の特別措置等に関する政令」を除けば、これが登場するのは、この中央労働委員会が制定した規則以外にはない。そうした現実も知る必要があろう。

「雇用の分野における男女の均等な機会及び待遇の確保等に関する法律」をはじめとして、労働法の世界にはフルネームの長い法律が多い。とはいえ、その略称を定めた法令が存在するものは少数にとどまっており、これをどのように略すかは、基本的に略す側の自由に委ねられている。その意味で、「育児・介護休業法」（九件の法令が「育児休業、介護休業等育児又は家族介護を行う労働者の福祉に関する法律」の略称として使用）や、前述の「労働者派遣法」は、むしろ例外に属する。

なお、数ある法律のなかには一般職の職員に適用される「給与法」のように、法律番号や略称には変更がなかったにもかかわらず、フルネームだけが変わったという「変種」もある。つまり、昭和六十一年一月一日から「勤務時間法」の施行された平成六年九月一日の前日まで、同法の正式名称は「一般職の職員の給与等に関する法律」（昭和六十年十二月三十一日までは、現行の法律名に同じ）だったのである。

「等」を間違って一字加えるだけで、過去の（あるいは未来の）法律になってしまう。現場が法令名の一字一句にこだわるのも、ある意味で当然なのである。

Case Study：公労法と名称変更

労働関係法令のなかには、実に六回もその名称を変更した法律がある。ついこの間まで「特定独立行政法人の労働関係に関する法律」と呼ばれていた「行政執行法人の労働関係に関する法律」（昭和二十三年法律第二五七号）がそれである。

省庁再編に合わせて、独立行政法人通則法が施行されたのが、平成十三年一月六日。現在の行政執行法人に当たる、公務員型の特定独立行政法人がスタートしたのは、同年四月一日以降のことであり、法律番号にある昭和二十三年には、特定独立行政法人はもとより存在していなかった。

もともとの法律名は、**公共企業体労働関係法**（公労法）。「鉄道並びに塩、樟脳、煙草の専売などの政府事業」について公共企業体を組織することを促し、その職員を「普通公職」（注：国家公務員を指す）から除外することを是とした、マッカーサー書簡（昭和二十三年七月二十二日）を受けたものであったが、昭和二十四年六月一日に施行された公労法も、国鉄と専売公社を同法にいう「公共企業体」と規定する（二条一項）ことになる。

その後、昭和二十七年の法改正（同年八月一日施行）により、公労法は、**公共企業体等労働関係法**と改称。新たに電電公社が加わった「公共企業体」のほか、①郵政、②林野、③印刷、④造幣および⑤アルコール専売事業からなる五つの国営企業をもって「公共企業体等」とする体制へと移行し、この「三公社五現業」を法の適用対象とする時代が、以後約三〇年間にわたって続く。それは、国労や全逓といった労働組合が、わが国の労働運動をリードした時代でもあった。

しかし、やがて三公社は民営化され、独法化等に伴い、五現業もその姿を消す。その後の三〇年間は、以下にみるように、公労法にとっても、労働組合にとっても、文字どおり波乱と激動の時代となった。

① 昭和五十七年十月一日：アルコール専売事業の「新エネルギー総合開発機構」への移管に伴い、三公社四現業体制に移行。

② 昭和六十年四月一日：専売公社および電電公社の民営化に伴って、一公社四現業体制に移行。

③ 昭和六十二年四月一日：国鉄の民営化に伴って、四現業のみの体制に移行。**国営企業労働関係法**と改称。

④　平成十三年一月六日：法の適用対象に特定独立行政法人を追加。**国営企業及び特定独立行政法人の労働関係に関する法律**と改称。

⑤　平成十五年四月一日：郵政事業の公社化や印刷局および造幣局の独法化に伴って、国営企業が国有林野事業のみとなる。この林野や郵政公社を含め、法の適用対象を特定独立行政法人等とする。**特定独立行政法人等の労働関係に関する法律**と改称。

⑥　平成二十五年四月一日：国有林野事業に係る特別会計の廃止（一般会計への移行）に伴い、法の適用対象が特定独立行政法人のみとなる。**特定独立行政法人の労働関係に関する法律**と改称。

⑦　平成二十七年四月一日：独立行政法人通則法の改正（第六一話を参照）に伴い、**行政執行法人の労働関係に関する法律**と改称。

この間に、その略称も、公労法から国労法、特労法、そして行労法へと、変更をみた。ただ、国労法や特労法、行労法といった略称は、それが労働委員会規則の採用するものであったにもかかわらず、「通称」といえる地位を獲得するまでには至らなかった。今でも、公労法の末裔だといったほうが、理解は早い。そんな略称では、略称としての意味がないともいえよう。

第三五話　法令に関する基礎知識（4）

条文の見出し、項番号等

かつて、六法には、条文に見出しも項番号も付されていなかった。ここにいう六法とは①日本国憲法、②民法、③刑法、④商法、⑤民事訴訟法および⑥刑事訴訟法を指す。現在も、正文では、①や⑥そして④の一部には、見出しも項番号もない条文が並んでいる。

昭和二十二年四月七日に法律第四九号として公布された労働基準法には見出しが付けられたが、同日、法律第五〇号として公布をみた労働者災害補償保険法には見出しが付かなかった。

当時は、法律の条文に見出しが付き始めた頃であり、見出しの付け方も、今日のように一定していなかった。例えば、わが国で最初に見出しの付いた法律となった統計法（昭和二十二年法律第一八号、旧法）では、条文の一行前に見出しが付されたものの、教育基本法（昭和二十二年法律第二五号、旧法）においては、「第〇〇条」のすぐ後に見出しが付けられることになる。

旧統計法は昭和二十二年三月二十六日、旧教育基本法は同月三十一日をそれぞれ公布日とする法律であり、労働基準法は見出しのある法律としては三番目に当たる。

現在では、旧統計法＝労働基準法の方式が一般化しているが、裁判所法（昭和二十二年法律第五九号）をはじめとして、司法関係の法律には、今日もなお旧教育基本法の方式に倣ったものが相当数みられる。

郵便法（昭和二十二年法律第一六五号）も、旧教育基本法＝裁判所法の方式に従った法律の一つであり、例えばその七十九条は、次のように規定している。

第七十九条（郵便物の取扱いをしない等の罪）　郵便の業務に従事する者が殊更に郵便の取扱いをせず、又はこれを遅延させたときは、これを一年以下の懲役又は三十万円以下の罰金に処する。

②　郵便の業務に従事する者が重大な過失によって郵便物を失ったときは、これを三十万円以下の罰金に処する。

争議行為は禁止するものの、罰則を設けて禁止することまではしない。これが三公社五現業を適用対象とする公労法（同法については、第三四話を参照）の立場であったが、郵政事業だけは、郵便法七十九条一項の規定があるために事情が違っていた。

威力業務妨害（刑法二百三十四条）に至らない、単なる労務不提供型のストライキにも刑事罰が科せられる。そして、やがてこのことが一大法廷闘争（全逓東京中郵事件＝昭和四十一年十月二十六日最高裁大法廷判決、全逓名古屋中郵事件＝昭和五十二年五月四日最高裁大法廷判決）にまで発展する。そうした曰く付きの規定でもあった。

なお、郵便法七十九条は、右にみたように二項からなる条文であるが、項番号（②）は便宜上付けられたものであり、条文そのものにこうした番号が付いていたわけではない。

わが国の法律に項番号が付けられるようになったのは、昭和二十三年五月三十一日以降のことであり、同日公布をみた「政府職員の新給与実施に関する法律」（法律第四六号）および「墓地、埋葬等に関する法律」（法律第四八号）をもって嚆矢《こうし》とする。

その場合、項番号は第二項から「２」「３」と算用数字で書き、号番号は第一号から「一」「二」と漢数字で表す。

現行法中、見出しと項番号の双方が付いた最古の法律は、国立大学にとっても馴染みの深い「国有財産法」。昭和二十三年六月三十日に法律第七三号として公布をみた同法には、例えば次のような規定が設けられた。表記法の違いを含め、現行法との相違点を確認するだけでも、よい勉強になろう。

（国有財産の分類及び種類）

第三条　国有財産は、これを行政財産と普通財産とに分類する。

２　行政財産とは、左に掲げる種類の財産をいう。

一　公用財産　国において国の事務、事業又はその職員の住居の用に供し、又は供

するものと決定したもの
二　公共福祉用財産　国において直接公共の用に供し、若しくは供するものと決定した公園若しくは広場又は公共のために保存する記念物若しくは国宝
三　皇室用財産　国において皇室の用に供するもの
四　企業用財産　国において国の企業又はその企業に従事する職員の住居の用に供し、又は供するものと決定したもの
3　以下、略

Case Study：労働基準法の条文

見出しは、条文ごとに付ける。このようにいえば、見出しのない条文も現にあると反論する向きもあるかもしれない。

例えば、労働基準法の場合、十条から十二条まで、二十一条、三十二条の二から三十二条の五まで、三十八条の二から三十八条の四までの規定など、外見上見出しのない規定は実際にもかなり多い。ただ、これらの規定にも見出しはあるのであって、その直前に位置する規定の見出しが、共通の見出しとなっていることに注意する必要がある。

一般に共通見出し（または代表見出し）といわれるものがそれであるが、労働基準法の場合、十条から十二条の規定もまた同法九条の見出しにある「定義」に関する規定である

ことから、見出しが重複することを避けた。このように考えればよいであろう。

罰則についてもこれと同様であって、この場合、章のタイトル（第十三章「罰則」）が、章全体に共通した見出しとなる。

なかには、こうした共通見出しから、条文の性格がわかる場合もある。例えば、労働基準法三十八条の二から三十八条の四に定める、事業場外労働や裁量労働に係るみなし労働時間制の規定も、所詮は同法三十八条の見出しにある「時間計算」を目的とした規定にすぎない。こういっても誤りはないのである。

ただ、このような見出しの付け方は法令に固有のものであって、就業規則までその例に倣う必要はまったくない。職員の理解を容易にするためにも、むしろ条文ごとに見出しを付けることが望ましい。また、表記法についても、就業規則の全体を通して統一することが本来の姿であることはいうまでもない。

これに対して、法令の場合、改正を行った条文についてのみ表記法を改めるのが慣例となっているため、すぐ隣にある条文であっても、表記法が異なるケースがしばしばある。労働基準法を例にとれば、次のようなケースがそれである。

（均等待遇）
第三条　使用者は、労働者の国籍、信条又は社会的身分を理由として、賃金、労働時間その他の労働条件について、差別的取扱をしてはならない。

（男女同一賃金の原則）

第四条　使用者は、労働者が女性であることを理由として、賃金について、男性と差別的取扱いをしてはならない。

（定義）

第九条　この法律で「労働者」とは、職業の種類を問わず、事業又は事務所（以下「事業」という。）に使用される者で、賃金を支払われる者をいう。

第十条　この法律で使用者とは、事業主又は事業の経営担当者その他その事業の労働者に関する事項について、事業主のために行為をするすべての者をいう。

「取扱」は「取扱い」とし、定義の対象となる用語は「　」で囲むのが現在の表記法であるが、右にみた三条および十条については、これまで改正が行われなかったために、変更をみることなく現在に至っている。

なお、労働基準法には「左の」という表現も残っている（二十一条、九十五条一項）が、これは「右の」と同様、縦書きを前提とする言葉であって、横書きの就業規則には本来、用いてはならない。就業規則の場合、号番号についても、漢数字は使用せず、「一」「二」は「⑴」「⑵」に改める、といった工夫が必要となるのである。

第三六話　法令に関する基礎知識（5）

法令の本則と附則

法令には、本則と附則がある。附則はさらに、制定時に設けられる原始附則と、改正時に定められる改正附則とに分かれる。

原始附則は、長らく本則と連番で定めるのを慣例としていたが、昭和二十二年四月半ば以降、附則第一条などと独立した番号を振るものが登場するようになる。新方式のトップランナーを務めたのは、四月十七日に公布をみた地方自治法（法律第六七号）。そのわずか一〇日前の四月七日に公布された労働基準法（法律第四九号）は、タッチの差で先陣を切る機会を逸した。

「この法律施行の期日は、勅令で、これを定める」。労働基準法が（本則）百二十一条に続いて、（附則）百二十二条でこのように規定したのは、法令の伝統＝連番方式に従ったにすぎない。ただ、伝統の強さというべきか、新方式が定着をみるには多少時間がかかった。昭和二十二年九月一日を公布日とする船員法（法律第一〇〇号）においても、連番方式が採用されているのはその例証といえる。

このように、原始附則であれ、改正附則であれ、附則の冒頭には施行日（施行期日）の定めが置かれる。しかし、法令によっては、適用日と施行日が異なるものもあり、例えば国家公務員共済組合法の一部改正法（昭和三十六年十一月一日公布）は、その附則第一条で「この法律は、公布の日から施行し、この附則に特別の定めがあるものを除き、昭和三十六年四月一日から適用する」と定めるものとなっている。

国立大学の場合も、国立大学法人法二十条四項三号が「……職員の給与及び退職手当の支給の基準その他の経営に係る重要な規則の制定又は改廃に関する事項」を経営協議会の審議事項として定めたことから、平成十六年の法人化に当たって、経営協議会の開催日をもって給与規程等の施行日とし、四月一日に遡ってこれを適用する旨、多くの大学がその原始附則に規定したという例がある。場合によっては、このように遡及適用が必要となるケースもあることは、その規定方法とともに知っておいて損はない。

他方、附則には、施行日に続いて経過措置や特例措置が定められることが多い。附則に確定期限（〇年〇月〇日から〇年〇月〇日までの間）や不確定期限（当分の間）を定めたものは経過措置、そうでないものは特例措置と一応考えてよいが、そのいずれかが判然としないケースもある。例えば、以下のように定める国家公務員退職手当法附則第二十一項は、その典型といって差し支えはない。

21　当分の間、三十五年以下の期間勤続して退職した者（略）に対する退職手当の基本額は、第三条から第五条の三までの規定により計算した額にそれぞれ百分の八十七を乗じて得た額とする。（以下、略）

この附則第二十一項は、平成三年の法改正（法律第五一号）により、原始附則に追加された規定であるが、長期勤続者に係る退職手当の調整に関する規定は、それまで同法の一部改正法である昭和四十八年法律第三〇号の改正附則第五項として定められていた。

当初、この改正附則には「長期勤続者等に対する退職手当に係る特例」という見出しが付され、これが特例措置について定めた規定であることは明確であった（ただし「当分の間」の措置として規定）ものの、原始附則に組み入れられるに当たって見出しが付かなくなり、その性格が曖昧になる。そんな経緯をたどったのである。

また、当初、調整率は「百分の百二十」と大幅な増額調整を伴うものであったが、これが①「百分の百十」（昭和五十六年法律第九一号）、②「百分の百四」（平成十五年法律第六二号）と順次改定され、平成二十四年法律第九六号により、「百分の百」を下回る、現行の③「百分の八十七」となる。

退職手当について、こうした調整率が設けられた趣旨は、もっぱら官民格差を是正することにあり、それだけにマイナス改定を行うに当たって改正附則に定められた経過措置の期間も、①が二年、②が一年、③が一年半と比較的短期間に抑えられている。

国家公務員退職手当法の改正は、国立大学法人の教職員にも直接影響を与える（法所定の基準を上回る退職手当の原資は、国によって措置されない）問題ではあるが、官民格差の是正といわれれば、それまでといった感もある。

かつては、本則に定める基準を上回る退職手当を附則によって支給されていたものが、そのベクトルが一転して逆になる。税金で禄を食む者にとっては、それもまた運命として受け入れるほかあるまい。

Case Study：五五歳昇給停止

将来に向かって、確実に約束できることかどうか。就業規則に勤務条件を定める場合には、こうした配慮が当然必要となる。他方、いつでも改正が可能な法律の場合には、このような配慮を必要としない。立法者はどうもそのように考えている節がある。

例えば、五五歳昇給停止について定めた給与法（一般職の職員の給与に関する法律）の規定は、その代表例といってもよい。

国家公務員の場合、平成十年の給与法改正（平成十一年四月一日施行）によって、同法八条九項は次のように改められ、五五歳をもって昇給を原則として停止することが本則中に規定される。

9　五十五歳（略）を超える職員は、第六項……の規定にかかわらず、昇給しない。

ただし、当該職員で勤務成績が特に良好であるものについては、人事院規則の定めるところにより、昇給させることができる。

しかるに、その七年後の平成十七年には、枠外昇給を廃止する代わりに、五五歳昇給停止措置を廃止する旨の給与法改正（平成十八年四月一日施行）が行われ、これに伴って、同法八条七項は、以下のように規定することになる。勤務成績に応じた昇給の実現がその理由であった。

7　五十五歳（略）を超える職員に関する前項の規定（注：標準昇給号俸数について定めた規定）の適用については、同項中「四号俸」とあるのは、「二号俸」とする（注：実際の規定内容はもう少し複雑ではあるが、標準昇給号俸数を五五歳以下の職員の半分とする趣旨）。

そして、さらにその八年後の平成二十五年には、給与法の改正（平成二十六年一月一日施行）によって、同法八条七項は次のような規定にその姿を変える。

7　次に掲げる職員の第五項の規定（注：勤務成績に応じた昇給について定めた規定）による昇給は、同項前段に規定する期間におけるその者の勤務成績が特に良好であり、かつ、同項後段の規定の適用を受けない場合（注：懲戒処分等の事由に該当しないことを指す）に限り行うものとし、昇給させる場合の昇給の号俸数は、勤務成績に応じて人事院規則で定める基準に従い決定するものとする。

一　五十五歳（略）を超える職員（略）

二　略

いったん廃止した五五歳の昇給停止措置を再び復活させる。勤務条件の変更スタイルとしては稚拙にすぎるといわざるを得ないが、これを本則の改正でやり切るなどということは、法改正以外では考えられない。

たとえ五五歳の昇給停止措置を一時的にやめることはできても、将来にわたって、これを維持することは到底できそうにない。民間企業の賃金カーブをみれば、それは明らかという以外になかった。

だとすれば、給与法の改正に合わせて給与規程を改正するとしても、五五歳昇給停止について定めた本則はそのままにして、「当分の間」における措置という形で、附則にこれを規定する必要がある。

仮にそうしていれば、五五歳の昇給停止措置を再度復活させるに当たっても、附則に定める規定を削除すれば足り、不利益変更＝約束違反に当たるとの批判も受けずにすんだ。平成十七年当時の国立大学法人にも、そんな選択肢が実はあったのである。

第三七話　判例に関する基礎知識（1）

労働関係訴訟の現状

わが国には現在、最高裁判所のほか、全国八カ所に高等裁判所が、五〇カ所（北海道に四カ所、他の四六都府県に各一カ所）に地方裁判所が設けられている。

これ以外に、全国四三八カ所に簡易裁判所があり、「訴訟の目的の価額が百四十万円を超えない請求」事件については簡易裁判所が第一審の裁判権を有する（裁判所法三十三条一項一号）ため、地方裁判所が控訴審となる場合もある。

平成十六年の法人化以前は、訴訟において国立大学が被告となることはなかった（国が被告となった）が、国立大学も法人格を取得した以上、訴訟を提起されれば、当然、法人が被告となる。

「当事者が口頭弁論において相手方の主張した事実を争うことを明らかにしない場合には、その事実を自白したものとみなす」。民事訴訟法百五十九条は、一項本文でこのように規定しており、訴状が送達されたにもかかわらず、口頭弁論期日に出頭せず、答弁書その他の準備書面を提出しない場合には、相手方である原告の主張した事実（請求原因事実）を自白したものとみなされ、被告敗訴の運命をたどる。

たとえ言いがかりに等しい訴訟であっても、これを放置することは許されない。大学がそうしたミスを犯すことはまずないと信じたいが、被告が裁判所に出頭しなかったために敗訴した例は、現実には相当ある。

ただし、訴訟を提起されたからといって、右往左往する必要はない。従業員数が千人を超える大企業の場合、労働関係訴訟だけでも常に一件や二件はかかえている。裁判である限り、勝つときもあれば負けるときもある。敗訴したらしたで、それを教訓として、明日からの仕事に活かせばよい。そうした割り切りも、ときには必要といえよう。

近年、労働関係訴訟の事件数は確かに増えている。例えば、民事通常訴訟事件の場合、平成二十六年の地方裁判所における新受件数は三二五四件と、これまででは三番目に多い件数（平成二十四年の三三五八件が最多、平成十八年の二〇三五件が最少）を記録するものとなった（以下、統計データは、毎年『法曹時報』八月号に掲載される「労働関係民事・行政事件の概況」による）。

また、これとは対照的に、仮処分事件の場合、平成二十五年の地裁における新受件数は四七〇件と、五〇〇件の大台をも割る状況となっている（最近のピークは、平成二十一年の六九八件。なお、平成二十六年については統計データなし）。

こうしたなか、近年増加の一途をたどっているのが労働審判事件であり、その新受件数（注：労働審判事件は地裁が管轄する。労働審判法二条一項）は平成二十一年以降、民事通常訴訟事件のそれを上回り、平成二十六年には三四一六件を数えるに至っている（平成二十四年の三七一九件が最多）。

では、事件の処理状況はどうか。例えば、民事通常訴訟事件の場合、平成二十六年の地裁における既済件数は三〇四九件。うち和解が一六三八件、「取下げ・その他」が四〇〇件となっており、両者を合わせると、全既済件数の約三分の二（六六・八％）を占めるものとなっている。

これに対して、判決までいったものは九七六件。うち、原告の主張が何一つ認められなかった「請求棄却・訴え却下」が三六六件と、判決全体の三分の一強（三七・五％）を占めていることが注目される。

このような傾向は、仮処分事件においても同様に認められ、平成二十五年のデータではあるが、和解と「取下げ・その他」を合わせたものが二八〇件と、全既済件数（四三六件）の三分の二弱（六四・二％）を占めるほか、申立人の主張が一切認められなかった「申立棄却・中立却下」も七六件と、決定全体（一五六件）の半数近く（四八・七％）を占めるものとなっている。

つまり、労働関係訴訟においても、被告や被申立人（使用者側が九五％以上を占める）

の勝率は、四割前後に達するのである（平成二十六年についてはデータがないため、平成二十五年のデータによる）。

なお、迅速な事件処理を目指す労働審判の場合、平均審理期間は、平成二十六年現在、二・六カ月。三四〇八件の既済件数のうち、その七割弱（六七・九％）に相当する二三一四件が、調停成立によって終局している。

ただ、調停が成立せず、労働審判までいく（六三三件、全既済件数の一八・六％）と、異議申立てにより通常訴訟に移行するケースも少なくない。その数、三五六件。労働審判で審理を終えた事件の六割弱（五六・二％）を占める。こうした現状にも目を向ける必要があろう。

Case Study：行政事件の被告等

行政事件訴訟法は、現在、その十一条一項で次のように定めている。

（被告適格等）

第十一条　処分又は裁決をした行政庁（処分又は裁決があった後に当該行政庁の権限が他の行政庁に承継されたときは、当該他の行政庁。以下同じ。）が国又は公共団体に所属する場合には、取消訴訟は、次の各号に掲げる訴えの区分に応じてそれぞれ当該各号に定める者を被告として提起しなければならない。

一　処分の取消しの訴え　当該処分をした行政庁の所属する国又は公共団体
二　裁決の取消しの訴え　当該裁決をした行政庁の所属する国又は公共団体

平成十六年に同法が改正される前、十一条一項本文は「処分の取消しの訴えは、処分をした行政庁を、裁決の取消しの訴えは、裁決をした行政庁を被告として提起しなければならない」と規定していたが、平成十七年四月一日に施行されたこの改正規定により、労災保険給付の不支給決定の取消しを求める訴訟は、処分行政庁である労働基準監督署長ではなく、国を被告とするものに変わった。

判決文に被告のほか、処分行政庁の記載があることも、右の法改正（十一条四項＝新設規定）を根拠としており、中央労働委員会による不当労働行為救済命令に対する取消訴訟についてもこれと同じことがいえる。ただ、国・○○労基署長（○○○社）事件や、国・中労委（○○○社）事件のように、被告名と処分行政庁名を並列する形で、事件名を表すことには違和感があり、被告名はむしろ省略したほうがスッキリするとはいえよう。

また、裁判管轄について規定した改正後の行政事件訴訟法十二条一項は「取消訴訟は、被告の普通裁判籍の所在地を管轄する裁判所又は処分若しくは裁決をした行政庁の所在地を管轄する裁判所の管轄に属する」と定める（注：従前は「行政庁を被告とする取消訴訟は、その行政庁の所在地の裁判所の管轄に属する」と規定）とともに、新設された四項で次のように規定することになる。

4　国又は独立行政法人通則法（略）第二条第一項に規定する独立行政法人若しくは別表に掲げる法人を被告とする取消訴訟は、原告の普通裁判籍の所在地を管轄する高等裁判所の所在地を管轄する地方裁判所（次項において「特定管轄裁判所」という。）にも、提起することができる。

大阪南労働基準監督署長の行った遺族給付等を被災労働者の遺族＝原告に支給しない旨の処分に対する取消訴訟が、なぜ東京地裁に提起される（平成二十五年三月二十七日東京地裁判決）のか。その理由は、この行政事件訴訟法十二条四項にある。

確かに、四項に規定する「特定管轄裁判所」の定義はわかりにくいとはいうものの、「原告の普通裁判籍の所在地」が横浜市であれば、東京高裁の所在地を管轄する地裁である東京地裁となり、これが神戸市であれば大阪地裁となる。なお、同項にいう「別表に掲げる法人」には、国立大学法人も含まれる。

他方、労働組合法二十七条の十九第二項により、中央労働委員会の救済命令等に対する取消訴訟については、「行政事件訴訟法（略）第十二条第三項から第五項までの規定は、適用しない」とされているため、行政事件訴訟法十二条一項に定める本来の原則に従って、東京地裁が管轄裁判所となる。このことにも注意を促しておきたい。

第三八話　判例に関する基礎知識（2）

事件番号と上告事件の現状

法令番号が法令を特定するためにあるように、裁判においても、事件を特定するため、各裁判所は、受理した事件ごとに事件番号＝暦年の通し番号を付すことになっている。

ただし、法令番号と違い、事件番号は裁判所ごとに付されることから、「○○地方裁判所　平成二十五年(ワ)第○○○号」というように、裁判所名が表示されないと、事件は特定できない。裁判所のＨＰにある「裁判例情報」の検索画面においても、「裁判所名」に続いて、「事件番号」を入力するようになっているのは、ここに理由がある。

それゆえ、逆にこれらの情報さえあれば、判決等が言い渡された裁判年月日がわからなくても、事件は特定できる。ただ、このようにＨＰで閲覧することのできる事件は、実際にはそれほど多くない。

また、事件番号は、同じ裁判所であっても事件の種類ごとに番号が振られる。いわゆる事件記録符号はそのためにあり、労働事件の場合、一般に次のような事件記録符号が用いられることになる。

① 地方裁判所

ワ……民事通常訴訟事件

行ウ……行政訴訟事件

わ……刑事公判請求事件

労……労働審判事件

② 高等裁判所

ネ……民事控訴事件

行コ……行政控訴事件

う……刑事控訴事件

③ 最高裁判所

オ……民事上告事件

受……民事上告受理事件

行ツ……行政上告事件

行ヒ……行政上告受理事件

あ……刑事上告事件

ゆ……刑事上告受理申立て事件

とはいっても、判決数は、上級審に行けば行くほど当然少なくなる。例えば、第三七話でみた「労働関係民事・行政事件の概況」によると、民事通常訴訟事件の場合、平成二十五年における地裁の判決数は一〇八〇件を数えたのに対して、高裁では判決数が三六四件と、約三分の一に減少し、さらに最高裁ではわずかに三件と、総既済件数（二四五件）に占めるその割合は一・二%にまで低下する。こうした事情もあってか、平成二十六年には「労働関係民事・行政事件の概況」から、最高裁のデータが消えるに至っている。

平成二十五年における最高裁判決の内訳は、原判決破棄が二件、上告棄却が一件となっているが、その一方には、総既済件数の実に九六・七%（二三七件）が、上告棄却の決定（一〇四件）または不受理決定（一三三件）によって占められているという事実もある。三審制とはいうものの、最高裁までいっても原審の判断はまず覆らない。そうした現実は確かに存在する。

最高裁はいわゆる法律審であって、事実審ではない。民事訴訟法三百二十一条も、一項で「原判決において適法に確定した事実は、上告裁判所を拘束する」と規定している。

他方、民事訴訟法三百十二条一項は「上告は、判決に憲法の解釈の誤りがあることその他憲法の違反があることを理由とするときに、することができる」と定めており、憲法違反を理由とするものでなければ、上告は原則として認められない（なお、同条二項は「法律に従って判決裁判所を構成しなかったこと」（一号）等、手続き上の瑕疵を上告理由として認めているものの、これに該当する事例は滅多にない）。

確かに、最高裁の判例と「相反する判断がある事件その他の法令の解釈に関する重要な事項を含むものと認められる事件について」、最高裁は「申立てにより、決定で、上告審として事件を受理することができる」。同法三百十八条一項は、こう規定（なお「第一項の決定があった場合には、上告があったものとみなす」旨、四項は規定）している。しかしながら、先にみたように、上告受理の申立てが認められることによって、上告があったものとみなされるケースは、現実にはきわめて少ない。

決定ではなく、判決で上告を棄却する場合にも、口頭弁論を経る必要はない。このことを、民事訴訟法三百十九条は可能にしていることも併せて付記しておきたい。

Case Study：裁判所のＨＰ

検索エンジンを使用して「裁判所」と入力すると、最上位に「裁判所トップページ」が表示される。そして、リンクが張られている「裁判例情報」をクリックすれば、ネット上に設けられた〈仮想〉判例集にアクセスすることが可能になる。

なかでも、人事労務担当者にとって、特に有用性の高いものに「最高裁判所判例集」や「労働事件裁判例集」がある（なお、「最近の裁判例」からアクセスできる「下級裁判所判例集」の新着判例も要チェック）。

「最高裁判所判例集には、最近の主な最高裁判所の判決等や、最高裁判所民事判例集及び最高裁判所刑事判例集並びに最高裁判所裁判集民事及び最高裁判所裁判集刑事に登載された判決等が掲載されています」。その説明文には、こう記されているが、公式の判例集である**民集**（最高裁判所民事判例集）のほか、大学の図書館には通常所蔵されていない**集**

民（最高裁判所裁判集民事）が直接読めるのは本当にありがたい。

例えば、同業他社への転職者に対する退職金の支給額を一般の自己都合退職の場合の半額と定めた退職金規定を「合理性のない措置であるとすることはできない」として、これを有効とする原審の判断を正当とした、有名な三晃社事件＝昭和五十二年八月九日第二小法廷判決のように、**労経速**（労働経済判例速報）九五八号二五頁以外に、これを収録した市販の判例集がなかったという例もある。

裁判所のサイトには、集民一二一号二二五頁と、その所収頁が記載されているものの、誰も現物をみていない。そうした異常事態も、今や昔の話となった。

また、「労働事件裁判例集には、労働事件のうち、最高裁判所民事判例集及び最高裁判所裁判集民事や労働関係民事裁判例集（平成九年まで刊行）に掲載された昭和四十四年から平成九年までの主な判決等と、平成十年以降の主な判決等が掲載されています」と、その説明文にはある。

したがって、**労民集**（労働関係民事裁判例集）一巻一号から一九巻六号に掲載された裁判例は収録されていないということになるが、時代背景も大きく異なるため、昭和四十三年以前の裁判例が収録されていないとしても、それほど気にする必要はない。

ただ、平成二十六年が二四件、二十五年が一六件というように、「労働事件裁判例集」には、最近の裁判例があまり収録されていないという問題もある。先に言及した労経速や

労判（労働判例）が今日なお必要とされる理由も、ここにあるといって差し支えはない。

なお、その数はごく少数にとどまるとはいえ、民集や**刑集**（最高裁判所刑事判例集）に判決が掲載されると、判示事項と判決要旨が冒頭に付される。裁判所の側からみた先例としての意義は、判決文そのものより、むしろこの判決要旨にあるとも聞く。

最近の最高裁判決のなかから、その例を一つ挙げる（広島中央保険生活協同組合事件＝平成二十六年十月二十三日第一小法廷判決（民集六八巻八号一二七〇頁））と、次のようになる。確かに、この判決要旨からは、その結論（破棄差戻し）まではわからないものの、判決要旨とは何かを知る上では、大いに参考になる。そう考えて、熟読してほしい。

「女性労働者につき労働基準法六五条三項に基づく妊娠中の軽易な業務への転換を契機として降格させる事業主の措置は、原則として『雇用の分野における男女の均等な機会及び待遇の確保等に関する法律』九条三項の禁止する取扱いに当たるが、当該労働者につき自由な意思に基づいて降格を承諾したものと認めるに足りる合理的な理由が客観的に存在するとき、又は事業主において当該労働者につき降格の措置を執ることなく軽易な業務への転換をさせることに円滑な業務運営や人員の適正配置の確保などの業務上の必要性から支障がある場合であって、上記措置につき同項の趣旨及び目的に実質的に反しないものと認められる特段の事情が存在するときは、同項の禁止する取扱いに当たらない」。

第三九話　判例に関する基礎知識（3）

判決は主文から読む

訴訟当事者にとって関心のあるのは、裁判の結果であって、そこに至るロジック＝理由付けではない。判決までいった事件の場合、原告であれ被告であれ、自らが勝訴したのかあるいは敗訴したのかを、主文を通してまず確認することになる。

判決を教材として学ぶ者にとっても、地裁判決の場合、請求棄却の判決を除き、主文に目を通すことは、事件の骨格を知る手掛かりの一つとなる。日頃から主文を読む習慣を身につけている学生であれば、次のような判決主文の空欄を埋めることも、それほど困難なことではない。主文には、一定のパターンがあるからである。

一　本件訴えのうち、（A）の翌日以降の金員の支払を求める部分を（B）する。

二　（C）が（D）に対し、（E）を有する地位にあることを（F）する。

三　（D）は、（C）に対し、平成二十四年五月から（A）まで毎月二十五日限り、二〇万円を支払え。

四　（G）は（D）の負担とする。

五　この判決は、第三項に限り、（H）することができる。

右の判決主文は、最近のある裁判例（京北産業事件＝平成二十五年十一月五日東京地裁判決）からとったものであるが、第二項以下の主文は、解雇無効を前提とする「地位確認等請求事件」においては、ほぼ定型に沿ったものとなっている。

本件の場合、「原告が被告に対し、労働契約上の権利を有する地位にあることを確認」し、「被告は、原告に対し、平成二十四年五月から毎月二十五日限り、二〇万円を支払え」とするのが、原告の請求内容であったが、判決は「本判決確定日の翌日以降の支払を求める部分は、訴えの利益を欠き、不適法である」として、当該部分を「却下する」旨判示した。主文第一項と第三項との関係は、このようにいえば何とか理解できよう。

「将来の給付を求める訴えは、あらかじめその請求をする必要がある場合に限り、提起することができる」。主文第一項は、このように定める民事訴訟法百三十五条を根拠としているが、判決のなかには却下理由をもう少し丁寧に説明したものもある。

「雇用契約上の地位確認と同時に賃金請求をする場合には、判決が確定したにもかかわらず、確定日の翌日以降も被告が原告による労務提供の受領を拒否し、その賃金請求権の存在を争うことが予想されるなど特段の事情が認められない限り、判決確定日の翌日以降の賃金請求に係る部分については、予め請求する必要がないと解すべきである」（山忠建設事件＝平成二十三年十二月二十六日東京地裁判決）。こうした説明があれば、理解も深まることはいうまでもない。

「法は些事にこだわらず」。このようにいう法諺《ほうげん》もあるとはいえ、主文の意味も理解できないのに、判決を読んだとは到底いえない。現場の仕事にすぐには役立たないようなことであっても、わからないことがあれば、まず調べてみる。そうした習慣を体得することが学生にも職員にも求められる。

右のような点を除けば、本判決は原告の完全勝訴判決といえるものであり、訴訟費用は当然被告の負担するところとなる（民事訴訟法六十一条）。また、解雇期間中の賃金の支払請求について仮執行宣言（同法二百五十九条）が付されたのも、定石どおりといって間違いはない。つまり、空欄の（H）には「仮に執行」の四文字が入る。

ただ、原告勝訴の判決の場合、主文がこれに加え、遅延損害金の支払いに言及することが、むしろ通例となっている。本件の場合、そうならなかったのは、原告が遅延損害金の支払いを請求しなかったという偶然による。

民事訴訟法二百四十六条に曰く。「裁判所は、当事者が申し立てていない事項について、判決をすることができない」。これもまた、裁判の常識なのである。

Case Study：遅延損害金

先に言及した山忠建設事件の東京地裁判決は、主文第五項において次のように述べる。「被告は、原告に対し、二九八万四四四〇円及びこれに対する本判決確定の日の翌日から支払済みまで年五分の割合による金員を支払え」。これが付加金の支払いを命じたものであることは、労働事件の判決主文を読み慣れた者であれば、すぐにわかる。

「裁判所は、第二十条（注：解雇予告手当）、第二十六条（注：休業手当）若しくは第三十七条（注：割増賃金）の規定に違反した使用者又は第三十九条第七項の規定による賃金（注：年次有給休暇中の賃金）を支払わなかった使用者に対して、労働者の請求により、これらの規定により使用者が支払わなければならない金額についての未払金のほか、これと同一額の付加金の支払を命ずることができる」。労働基準法百十四条は、その本文でこう規定する。

このように、付加金は裁判所の「命令」によって支払い義務が生じるものであり、そうである以上、判決が確定しない限り、履行遅滞の問題は生じない。このことから、付加金については、主文にあるように「本判決確定の日の翌日」が遅延損害金の起算日となる。

また、労働基準法百十四条に規定する付加金の「支払義務は、労働契約に基づき発生するものではなく、同法により使用者に課せられた義務の違背に対する制裁として裁判所により命じられることによって発生する義務であるから、その義務の履行を遅滞したことにより発生する損害金の利率は民事法定利率（注：年五分、民法四百四条）によるべきもの」となる（新井工務店事件＝昭和五十一年七月九日最高裁第二小法廷判決）。

遅延損害金の起算日とその利率。この両者が、本件の場合、主文と付加金を結びつけるものとなったのである。

これに対して、基本給等、労働契約に基づく賃金が支払われなかった場合には、付加金の支払い義務の対象とはならないものの、「商人が労働者と締結する労働契約は、反証のない限りその営業のためにするものと推定され、したがって、右契約に基づき商人である使用者が労働者に対して負う賃金債務の遅延損害金の利率は、商行為によって生じた債務に関するものとして商事法定利率（注：年六分、商法五百十四条）によるべきもの」（前掲・新井工務店事件判決）とされる。

なお、国立大学法人や学校法人は「商人」ではないため、労働契約に基づく賃金の未払いと関わる事件においても、遅延損害金の利率は年五分となる。

他方、労働事件の判決主文には、遅延損害金（遅延利息）の利率を、「日歩四銭」（注：元金百円に対する一日分の利息）に相当する年一四・六パーセントとするものもしばしば登場するが、その法律上の根拠は、次のように定める「賃金の支払の確保等に関する法律」六条（一項）にある。

（退職労働者の賃金に係る遅延利息）

第六条　事業主は、その事業を退職した労働者に係る賃金（退職手当を除く。以下この条において同じ。）の全部又は一部をその退職の日（退職の日後に支払期日が到来する賃金にあっては、当該支払期日。以下この条において同じ。）までに支払わなかった場合には、当該労働者に対し、当該退職の日の翌日からその支払をする日までの期間について、その日数に応じ、当該退職の日の経過後まだ支払われていない賃金の額に年十四・六パーセントを超えない範囲内で政令で定める率を乗じて得た金額を遅延利息として支払わなければならない。

２　略

確かに、賃金請求権については、二年の消滅時効にかかる（労働基準法百十五条）とはいえ、請求権がいまだ消滅していない賃金に関しては、その「支払期日の翌日から退職の日まで」の間においても、年六分（国立大学法人等の場合には年五分）の割合で遅延損害金が発生する。事業主としては、こうした点にも注意する必要があろう。

第四〇話　判例に関する基礎知識（4）

訴訟費用の意味とその効用

裁判に勝ったのか負けたのか。勝った（負けた）としても、どの程度勝った（負けた）のか。主文に記された訴訟費用の配分をみると、それがある程度わかる。

「訴訟費用は○○の負担とする」。この○○に「被告」と入ろうが「原告」と入ろうが、主文にこう書かれていれば、裁判の結果は、大抵の場合、決まっている。第三九話で述べたように、民事訴訟法六十一条により、訴訟費用は敗訴者の負担となるからである。

「訴訟費用はこれを二分し、その一を被告の、その余《よ》を原告の負担とする」。もし主文にこう記されていれば、原告の主張は二分の一の範囲で認められた（請求額×0.5＝認容額）と、ほぼ察しがつく。

しかし、右の「二分」が「百分」となり、場合によっては、これが「三百分」となる。ここまでくると、さすがに被告敗訴の事件とはいいにくい。

また、判決のなかには、原告の請求を一部の限られた範囲でのみ認め、訴訟費用を原告の負担とするものもある（例えば、最近の例として、三愛事件＝平成二十五年十月十一日大阪地裁判決を参照）。

民事訴訟法六十四条は、本文で「一部敗訴の場合における各当事者の訴訟費用の負担は、裁判所が、その裁量で定める」と規定するとともに、「ただし、事情により、当事者の一方に訴訟費用の全部を負担させることができる」と規定する。このただし書によって、右のような判決も可能になる。ただ、こうしたケースは、むしろ原告敗訴の事件といったほうがわかりやすい。

では、訴訟費用とはそもそも何を指すのか。「民事訴訟費用等に関する法律」によれば、訴訟費用は、①裁判所に納める費用（第二章）と、②証人等に対する旅費、日当、宿泊料等の給付（第三章）からなる。

①のうち最も重要なものは、同法三条に規定する「申立ての手数料」であり、例えば、地裁に訴えを提起する場合、訴訟の目的の価額（訴額）に応じて、次の計算式により算出して得た額が手数料の額となる（別表第一の第一項を参照）。

（一）訴額が百万円までの部分　十万円までごとに　千円
（二）訴額が百万円を超え五百万円までの部分　二十万円までごとに　千円
（三）訴額が五百万円を超え千万円までの部分　五十万円ごとに　二千円
（四）以下、略

それゆえ、二百万円の未払賃金の支払いを求めて訴えを提起する場合、その手数料の額は一万五千円という計算になるが、「財産権上の請求でない請求に係る訴え」（例えば、解雇が無効であるとして「労働契約上の権利を有する地位」の確認を求める訴え等）については、訴額を百六十万円とみなして（四条二項）、手数料を計算するものとされている。

また、裁判所への手数料の納付は、訴状等に収入印紙を貼って行う、との定め（八条）があることから、これを「印紙代」ということも多い。

さらに、訴えを提起する際には、いわゆる「手数料以外の費用」に含まれるものとして、訴状等の被告への送達に関する費用（約六千円）を予納する必要が原告には生じる。そして、郵便切手（郵券）でこれを予納することが、従来は一般的であった（十三条を参照）ことから、「印紙代＋郵券」がワンセットの訴訟費用として考えられてきた。

このように、訴額が比較的低額なレベルにとどまる限り、訴訟費用が嵩《かさ》むことはあまりない。ただ、原告の請求額が大きくなると、話は当然違ってくる。仮に千万円請求したとしても、十万円しか請求が認められなかったような場合には、印紙代＝五万円の九九％は戻ってこない。

いくらふっかけても、訴訟費用はまったく変わらない。例えば、訴訟費用について定額制が採用されているアメリカの場合、訴額の多寡とは無関係に、三百五十ドル支払えば、誰でも連邦地裁に訴訟を提起できる。

アメリカが訴訟社会となった背景には、右のような事情もあった。確かに、訴訟費用を定額にすると、訴訟は起こしやすくなるが、このことが「濫訴」（ふっかけ訴訟）の弊害を生みだしていることも否めない。

裁判にはある程度カネがかかる。請求額を釣り上げても、決して得にはならない。こうした仕組みが「濫訴」の防止に役立っているという事実も忘れてはなるまい。

「何人も、裁判所において裁判を受ける権利を奪はれない」（憲法三十二条）。その意味で、労働審判の申立て費用が訴訟提起の場合の費用に比べほぼ半額に抑えられていること（前掲・別表第一の第十四項を参照）は評価できるが、労働委員会に対する不当労働行為救済の申立てには費用がまったくかからないというのは、やや行き過ぎの感もある。

不当労働行為の救済は、労働争議のあっせんと同様に、無料の行政サービスとして位置づけられているとはいうものの、現実に「濫訴」に近い申立てが少なくないのも、ここに理由があるといえよう。

Case Study：弁護士費用

訴訟（民事訴訟）は、弁護士に頼まなくてもできる。これを本人訴訟という。しかし、原告であれ被告であれ、多くの者は、弁護士を訴訟代理人として選任する。法律の知識に欠けるため、訴訟が難航することを避けられないからである。

確かに、代理人として弁護士を立てれば、それなりにコストはかかる。一般に着手金と報酬金（成功報酬）に大別される、訴訟費用には含まれない弁護士費用がそれである。

例えば、日本弁護士連合会『市民のための弁護士報酬の目安（二〇〇八年度アンケート結果版）』によれば、「一〇年間勤務し、三十万円の月給をとっていた労働者を、会社が懲戒解雇したので、労働者が解雇無効を理由に労働仮処分手続の申立をした」という場合、労働者が弁護士に支払う着手金の額は二十万円前後が四四・六％、三十万円前後が三一・二％と、双方を合わせると全体の約四分の三を占めるもの（他に十万円前後が一八・九％等）となっている。

また「その結果、会社は懲戒解雇を撤回したうえで、労働者は任意退職し、会社都合を原因とする退職金二百万円と解決金二百万円を労働者は受け取った」とすると、報酬金の支払いがこれに加わることになる。その額は三十万円前後が四一・三％、五十万円前後が三二・三％と、ここでも双方を合算すると約四分の三を占めるもの（他に二十万円前後が一六・三％等）となっている。

つまり、事件が労働者側の勝訴に終わったとしても、着手金＋報酬金で、五十万円前後から八十万円前後はかかる。右の事例でいえば、退職金はそのまま残るとしても、解決金の二五％から四〇％程度は弁護士に持っていかれる、という計算になる。

他方、被告となった会社や法人が弁護士に支払うコストは、多くの場合、原告のそれをもかなり上回る。例えば、右のケースでいうと、着手金は三十万円前後が五三・四％、二十万円前後が二〇・七％（他に五十万円前後が一三・一％等）と、弁護士が会社の代理人となる場合のほうが労働者の代理人となる場合より高くなっている。

なるほど、報酬金は三十万円前後が三三・八％、五十万円前後が二六・六％（他に二十万円前後が二一・六％等）と、労働者の代理人となる場合より幾分低くなっているものの、これは、右の事件の場合、その結末が会社側の一部「敗訴」といえるものであったことによる。なお、会社側が全面敗訴し、職場復帰となった場合には報酬金の支払い問題は生じないが、会社側にとっては最悪の結末となることはいうまでもない。

会社や法人の多くは、弁護士と顧問契約を締結しており、国立大学法人もその例外ではない。ただ、このような場合にも、事件ごと審級ごとに、弁護士費用は別会計でかかる。たとえ「濫訴」に等しい不当労働行為事件であっても、費用は同じ。その費用も国費から捻出せざるを得ないことを考えると、国民にとっても迷惑な話といえよう。

第四一話　雇用関係法の基礎（1）

信条と宗教は違う？

「使用者は、労働者の国籍、信条又は社会的身分を理由として、賃金、労働時間その他の労働条件について、差別的取扱をしてはならない」。労働基準法（労基法）は、その三条において、「均等待遇」の見出しのもと、こう規定する。

「使用者は、あらかじめ第三者と謀り、労働者の就業を妨げることを目的として、労働者の国籍、信条、社会的身分若しくは労働組合運動に関する通信をし、又は第一項及び第二項の証明書に秘密の記号を記入してはならない」。

「退職時等の証明」について定めた労基法二十二条には、このように規定する定め（四項）も置かれている。

労基法制定当時、連合国の占領下にあったわが国は、ここにいう「信条」に、憲法十四条一項に規定する「信条」と同様、本来は信仰の告白や宗教的信条を意味する“creed”を充てた（なお、現行の労基法二十二条四項は、制定当時の三項に相当）。

「信条」に“creed”を充てた例は、同じく占領下に制定をみた教育基本法（旧法）三条や民生委員法十五条にもみることができるが、「信条」を文字どおり「宗教的信条」を意味する“religious faith”または“religious belief”と訳出した、国家公務員法二十七条（前者）や、船員職業安定法四条（後者）のようなケースも存在する。

確かに、職業安定法三条のように「信条」に“political or religious belief”という訳を充て、これに「政治的信条」が含まれることを明確にしたものもなくはない（以上、国立国会図書館「近代デジタルライブラリー」で公開されている「英文官報」による）。とはいえ、全体としては、少数の例外の域を出ないものにとどまっている。

また、それまで厚生省令にあった「宗教」という文言を、労基法では「信条」と改めたという経緯もあるにはある。その厚生省令とは、以下のように定める「昭和二十一年厚生省令第二号」を指す。

第一条　工場、事業場其ノ他ノ場所ノ事業主ハ其ノ使用スル労務者ノ賃金、給料、就業時間其ノ他ノ労働条件ニ関シ其ノ国籍、宗教又ハ社会的地位ノ故ヲ以テ当該労務者ニ対シ有利又ハ不利ナル差別的取扱ヲ為スコトヲ得ズ
第二条　略
第三条　第一条ノ規定ニ違反シタル者ハ三千円以下ノ罰金ニ処ス
第四条　以下、略

省令で罰則まで定めるというのは「異常」であるが、こうした離れ業を可能としたものに、いわゆるポツダム緊急勅令（昭和二十年勅令第五四二号）があった。

そして、労基法の生みの親ともされる寺本廣作氏（一九〇七―一九九二、同法制定当時の厚生省労働保護課長）の著書『労働基準法解説』（時事通信社、昭和二十三年）によれば、「宗教」を「信条」と改めた趣旨は、次の点にあったという。「信条と言ふものは単に宗教のみではなく政治上、思想上の信念をも含める意味で厚生省令で宗教と云ってゐたのを改めたものである」（一六〇頁）。

しかし、そうであるならば、なぜ「信条」を“belief”と訳さず、“creed”と訳したのか。それが占領軍の意思であったと考えるのが、むしろ素直であろう。

他方、東西冷戦が本格化した昭和二十四年には労働組合法が全面改正され、新法（現行法）五条は、「何人も、いかなる場合においても、人種、宗教、性別、門地又は身分によって組合員たる資格を奪われないこと」を組合規約に定めるべき事項の一つとして規定することになる（二項四号を参照）。

その狙いは、共産党員およびその同調者を労働組合から排除することを正当化することにあったというが、だからこそ「信条」ではなく、「宗教」と表現する必要があった。そうした思惑が当時はあったのである。

今日なお、アジアでは冷戦が続いているとはいえ、共産主義それ自体は既に過去の思想というべきものとなっている。信条に政治的信条を含めたとしても、特に不都合はない。わが国はそれでなくても、個人の思想信条にはきわめて寛容な国である。

ただ、活動（activity）は、信条（belief）とは異なる。内心の自由＝信条はあくまでも保障されなければならないが、活動は一定の制約を受ける。宗教的活動であれ政治的活動であれ、自由と秩序を破壊するような活動は、当然のことながら、法的保護を受けない。このことも忘れてはなるまい。

Case Study：外国人教員の募集

平成二十六年一月二十四日、大熊利昭議員（みんなの党）により、第一八六回国会質問第一号として「国立大学法人京都大学が掲載している求人広告の内容に関する質問主意書」が衆議院議長に提出された（「質問」については、国会法七十四条以下を参照）。

質問の趣旨は、国立大学のある研究所が行った求人広告が「応募者は外国籍を有すること（非日本国籍者であること）」を応募資格とするものであったことから、これを問題視することにあったが、具体的には次のような質問がそこでは行われている。

一　こうした条件は、法の下の平等を規定し、合理的な根拠に基づかない差別的取り扱いを禁じた、憲法第十四条に抵触しないか。

二　日本国籍保有者の応募をこのように排除するのは、国庫すなわち日本国民の税金から補助を受ける、国立大学法人の人事として不適切ではないか。

三　右記の一または二に照らして問題がある場合、当該国立大学法人に早急な是正措置をとるよう促すべきではないか。

同年二月四日、この質問に対して、内閣は「国立大学の法人化に伴って国立大学の教員等は公務員ではなくなり、その採用については、労働関係法令に従って、各国立大学法人の判断に基づき、適切に行われるべきものである」とした上で、以下のような答弁を文書で行っている。

「御指摘の求人広告については、国立大学法人京都大学から、同大学が平成二十四年度から実施している『グローバル化に対応した教学マネジメントのための組織改革』事業の一環として、経済学に関する授業を英語で行うこと等をその職務とする教員一人を新規採用するため、応募者は外国籍を有する（非日本国籍者である）旨の条件を付して公募したものであるが、当該国籍に係る条件については、職務の内容に照らして改めて検討した結果、これを削除した上で改めて公募を行っているところと聞いている」。

大熊議員のいわれることも、法律論としては理解できないわけではない。しかし、国費で運営されているとはいえ、一国立大学法人の行った求人広告についてまで、憲法十四条を持ち出して議論するのは、いかにも大袈裟にすぎる。

応募者は、そもそも労基法九条に定義する「労働者」とはいえず（九条にいう「使用される」関係にはない）、憲法十四条を具体化したものとされる労基法三条も、募集・採用については適用されない（応募者は、ここでも三条にいう「労働者」には該当しない）。

他方、安倍晋三内閣総理大臣は、第一八六回国会における施政方針演説において、次のように述べている。

「二〇二〇年を目標に、外国人留学生の受入数を二倍以上の三〇万人へと拡大してまいります。国立の八大学では、今後三年間で外国人教員を倍増します。／外国人教員の積極採用、英語による授業の充実、国際スタンダードであるＴＯＥＦＬを卒業の条件とするなど、グローバル化に向けた改革を断行する大学を支援してまいります」。

こうした「外国人教員の倍増」という改革が、外国籍を有する者に応募者を限定せずにはたして可能なのか。答えは自ずと明らかであるといわなければなるまい。

外国人研究者については、その処遇を含め「世界最高の環境」を整備することも、施政方針演説では言及されている。ただ、その際には労基法三条の見直しが必要となる。こうもいうことができよう。

第四二話　雇用関係法の基礎（2）

採用内定とその取消し

職業安定法（職安法）施行規則は、現在、採用内定の取消し等に関連して、次のように規定している。

（法第五十四条に関する事項）

第三十五条　（一項、略）

2　学校（略）、専修学校、職業能力開発促進法第十五条の七第一項各号に掲げる施設又は職業能力開発総合大学校（以下この条において「施設」と総称する。）を新たに卒業しようとする者（以下この項において「新規学卒者」という。）を雇い入れようとする者は、次の各号のいずれかに該当する場合においては、あらかじめ、公共職業安定所及び施設の長（業務分担学校長（注：職安法施行規則十七条の二第二項を参照）及び法第三十三条の二第一項の規定により届出をして職業紹介事業を行う者に限る。）に職業安定局長が定める様式によりその旨を通知するものとする。

一　新規学卒者について、募集を中止し、又は募集人員を減ずるとき（厚生労働大臣が定める新規学卒者について募集人員を減ずるときにあっては、厚生労働大臣が定める場合（注：当初の募集人員より三〇人以上かつ三割以上減じる場合）に限る。）。

二　新規学卒者の卒業後当該新規学卒者を労働させ、賃金を支払う旨を約し、又は通知した後、当該新規学卒者が就業を開始することを予定する日までの間（次号において「内定期間」という。）に、これを取り消し、又は撤回するとき。

三　新規学卒者について内定期間を延長しようとするとき。

3　公共職業安定所長は、前項の規定による通知の内容を都道府県労働局長を経て厚生労働大臣に報告しなければならない。

4　以下、略

「厚生労働大臣は、労働者の雇入方法を改善し、及び労働力を事業に定着させることによって生産の能率を向上させることについて、工場事業場等を指導することができる」。このように「雇入方法等の指導」について定めたにすぎない規定（職安法五十四条）をもとに求人企業に対して内定取消しの通知まで義務づけることは行き過ぎとの感を免れないが、ハローワークによる内定取消し事案の一元的把握等を目的とした平成二十一年の省令改正（それ以前は「公共職業安定所又は施設の長」に通知するものとされていた）では、以下のように定める企業名の公表規定も設けられるに至っている。

第十七条の四　厚生労働大臣は、第三十五条第三項の規定により報告された同条第二項（第二号に係る部分に限る。）の規定による取り消し、又は撤回する旨の通知の内容（当該取消し又は撤回の対象となった者の責めに帰すべき理由によるものを除く。）が、厚生労働大臣が定める場合に該当するとき（倒産（略）により第三十五条第二項に規定する新規学卒者に係る翌年度の募集又は採用が行われないことが確実な場合を除く。）は、学生生徒等の適切な職業選択に資するよう学生生徒等に当該報告の内容を提供するため、当該内容を公表することができる。

2　略

現実には、相当悪質なケースでなければ、企業名の公表まではいかないものの、同条も「公共職業安定所と学校との間における連絡、援助又は協力に関する方法その他学生生徒等の職業紹介に関し必要な事項は、厚生労働省令で定める」とした、職安法の施行規定（二十八条）を根拠とするものにとどまっている（この点につき、同法施行規則十七条の三の前に置かれた「共通見出し」を参照）。つまり、ここでも、その法律上の根拠はすこぶる曖昧といわざるを得ないのである。

また、いわゆる次官通達として策定された《新規学校卒業者の採用に関する指針》では「採用内定者に対しては、文書により、採用の時期、採用条件及び採用内定期間中の権利義務関係を明確にする観点から取消し事由等を明示するものとする」とされているほか、《青少年の雇用機会の確保等に関して事業主が適切に対処するための指針》には、これに加え「採用内定者が学校等を卒業することを採用の条件としている場合についても、内定時にその旨を明示するよう留意すること」といった記述まである。

ただ、卒業できなければ採用されないことは世の中の常識であり、内定が取り消されるケースの大半は、実際にも「留年」によって占められている。

そうした社会常識に属することまで文書で明示しなければならないとすれば、そのほうが異常であり、法令に根拠を持たない《指針》にそこまでいわれたくはない。それが現場の率直な感想といえよう。

Case Study：大学教員の採用内定

「採用内定は、法的にも、一般には、当該企業の例年の入社時期を就労の始期とする労働契約が成立したと認められる場合が多いことについて、事業主は十分に留意するものとする」。先に言及した《新規学校卒業者の採用に関する指針》はこのようにもいうが、その背景には、就労の始期を大学卒業直後とし、誓約書記載の採用内定取消事由に基づく解約権が留保された労働契約が採用内定通知をもって成立したと判示する、著名な判決（大日本印刷事件＝昭和五十四年七月二十日最高裁第二小法廷判決）があった。

しかし、右の判決は、あくまで本件の事実関係のもとではそう考えるといったにすぎず、このような考え方を過度に一般化することは避けなければならない。

例えば、民法六百二十三条は、労使の約束＝合意によって、雇用（契約）は「その効力を生ずる」と規定しているが、労働契約法六条は、合意により、労働契約が「成立する」と定めるにとどまっている。

採用内定によって、雇用＝労働契約の効力までが生じるとの考え方は、これを杓子定規に適用することには無理がある。判例のなかにも、入社時期を「就労の始期」ではなく、労働契約の「効力発生の始期」と解するもの（電電公社近畿電気通信局事件＝昭和五十五年五月三十日最高裁第二小法廷判決）があることに注意する必要があろう。

さらに、任命権者が別にいるような場合、任命権の行使＝辞令の交付をもって労働契約が成立したと解されるケースもある。

例えば、「Y法人においては、平成七年十二月七日、Xを平成八年四月一日付で専任教員として採用することが決定され、平成八年四月一日に……採用する旨の辞令が交付されたのであるから、Xを……専任教員とすることが平成七年十二月七日頃に内定し、その旨の雇用契約が平成八年四月一日に成立したとみるほかない」とした、最近の判決（東洋大学事件＝平成二十五年十月二十九日東京地裁判決）は、その好例といってよい。

そして、判決では「Xは、平成六年十一月八日の教授会においてされた審議・承認をもって、ＸをＹ法人の専任教員とする雇用契約が成立したと主張するが、Ｙ法人の『職員の任免および職務規則』七条一項においては、『教授、准教授、講師、助教および助手は当該学部教授会の審議を経て学長の稟議《りんぎ》により理事長が任免する』とされているとおり、教員の任命権限は理事長にあるので、Ｘの主張は前提を欠く」ともされた。

国立大学法人法三十五条によって独立行政法人通則法二十六条が準用され、「法人の職員は、学長が任命する」ものとされる国立大学法人においても、右と同様の結論が導かれる可能性は十分にある。

とりわけ、他大学からの引き抜き（割愛）が多い教員の場合、内定によって労働契約が複数の大学との間で成立（併存）するという状況は、回避するに越したことはない。「採用予定年月日は、平成〇〇年四月一日とする」。内定通知にもあるこの文言どおり、労働契約もその採用予定年月日に成立すると考えるのが、むしろ素直といえよう。

第四三話　雇用関係法の基礎（3）

試用期間のタテマエと現実

従業員としての適格性の有無を評価・判断するための期間。試用期間は、通常このように定義される。法令にいう「試みの使用期間」や「試みの雇用期間」がこれに当たる（法令のなかには、雇用保険法施行規則百十四条のように「試用期間」の文字を使用したものもあるが、その意味するところは同条に固有のものであり、一般的な用語として用いられているわけではない）。

①試用期間中の賃金は平均賃金の算定基礎から除外され（労働基準法十二条三項五号）、②試用期間中の者を解雇する場合には予告を必要としない（同法二十一条但書四号）。

また、試用期間中の者については、③最低賃金の減額の特例が認められる（最低賃金法七条二号）とともに、④中小企業退職金共済制度に加入できる従業員の範囲から除かれる（中小企業退職金共済法三条三項三号）ほか、⑤再就職援助措置の対象となる高年齢者等の範囲からも除外される（高年齢者等の雇用の安定等に関する法律施行規則六条一項二号）。

さらに、⑥その対象は運送事業に限られるとはいえ、試用期間中の者を事業用自動車の運転者として選任してはならない旨を定めた業法（旅客自動車運送事業運輸規則三十六条一項三号、貨物自動車運送事業輸送安全規則三条二項）も存在する。

試用期間中は、いまだ一人前とはいえず、いわば見習いにとどまる。そんなイメージがこれらの規定からは浮かんでくる（ただし、②・⑤・⑥は「十四日を超えて引き続き使用（雇用）されるに至った者」を除く）。

こうした事情は、公務員の世界にも等しくみられることであって、例えば国家公務員法五十九条一項は、試用期間に相当する条件附採用期間（昇任をも対象とするため、同条の見出しは「条件附任用期間」となっている）について、次のように規定している。

「一般職に属するすべての官職に対する職員の採用又は昇任は、すべて条件附のものとし、その職員が、その官職において六月を下らない期間を勤務し、その間その職務を良好な成績で遂行したときに、正式のものとなるものとする」。

そして、「条件附採用期間中の職員」には、職員の身分保障について定めた同法七十五条や、分限処分（降任・免職）の事由を限定した七十八条の規定は適用されない（八十一条一項。なお、同条二項により、当該職員の分限については、人事院規則一一―四（職員の身分保障）十条に特例の定めが置かれている）。

六カ月間、良好な成績で職務を遂行し続けなければ正式採用とならず、その間は比較的容易に免職も可能。ただ、それがタテマエにすぎないことは広く知られている。民間企業の場合、試用期間は三カ月とする会社が最も多いものの、よほどのことがない限り本採用（正式採用）されるという現実に、官民の間でまったく違いはない。

しかし、裁判官にとって重要なのは、試用期間のタテマエであって、このような現実ではない。冒頭にみたように「従業員としての適格性の有無を評価・判断するための期間」が試用期間である以上、試用期間を無事満了し、本採用ないし正式採用された者について今更、従業員としての適格性を欠くといっても、裁判官には通用しない。

「従来問題のある従業員でも試用期間経過後正式に採用しなかったことはない」と会社がいくら主張しても、「それは前例がなかったというにすぎず」、「労働能力ないし適格性が欠如していたとすれば、……解雇あるいは正式採用しないといった方法を取ることができた」として、従業員に「労働能力ないし適格性が欠如していたということはできない」と、会社側の主張を一蹴した裁判例（セガ・エンタープライゼス事件＝平成十一年十月十五日東京地裁決定）もある。

確かに、試用期間中の解雇（本採用拒否を含む）といっても、容易ではない。しかし、裁判官が右のように考える以上、問題のある従業員については、満足のいく改善がみられない限り、試用期間中に辞めてもらうことがやはり望ましい。

採用にミスマッチはつきものであり、相性が合う、合わないといった問題はどこの世界にもある。相性が合わないまま仕事を続けることは、会社や法人のみならず、当の労働者にとっても、不幸をもたらすものとなる。だとすれば、こうした不健全な関係は、できるだけ早く解消する。やり直しのきっかけをつかむためにも、それが必要といえよう。

Case Study：国立大学の試用期間

常勤職員の試用期間は六カ月。多くの国立大学は、国家公務員の例に倣って就業規則にこう定めている。また、全国異動の幹部職員や国立大学をはじめとする関係機関との人事交流を念頭において、試用期間の短縮（試用期間を設けないケースを含む）を可能とする規定を置いている大学も少なくない。

しかし、その一方で、試用期間の延長規定を就業規則に設けている国立大学は、依然として少数にとどまっている。

法人化当時、人事院規則八―一二（職員の任免）は、次のように定めていた。

（条件付採用期間の延長）
第二十八条　条件付採用期間の開始後六月間において実際に勤務した日数が九十日に満たない職員については、その日数が九十日に達するまで条件付採用期間は引き続くものとする。ただし、条件付採用期間は、当該条件付採用期間の開始後一年を超えないものとする。

同規則は、平成二十一年に全面改正をみるが、一言一句これと異ならない規定が現在も三十四条に設けられている。ここにいう「実際に勤務した日数」には、勤務時間法（一般職の職員の勤務時間、休暇等に関する法律）に定める週休日や休暇等で「実際に勤務しなかった日は算入しない」とした運用通知の内容も、まったく変更をみないまま今日に至っている。

一カ月当たりの平均勤務日数は二〇日前後であることから、欠勤率がおよそ二五％を超えると、「実際に勤務した日数」が九〇日に満たないものとなり、条件付採用期間の延長が必要になる。

実際にも、病気やケガによって採用後間もなく勤務できなくなる職員は一定数存在し、適格性の評価・判断に必要な日数（九〇日）を確保するため、試用期間を延長しなければならないという事情は、法人化後の国立大学においても等しく存在する。

とはいえ、試用期間の延長規定が就業規則になければ、こうした事態にも対応することができない（就業規則と異なる取扱いを内規で行うことには、そもそも無理がある）。遅きに失するとの感はあるものの、延長規定を持たない大学には、その新設に向けた就業規則の見直しを求めたい。

他方、契約期間の定めのある非常勤職員についても、国立大学では試用期間を設けるのが通例となっている。

試用期間の長さは常勤職員よりも短いのが普通であるが、その長短を問わず、有期労働契約について試用期間を設けることは、そのこと自体に一定のリスクが伴うことにも留意する必要がある。

「やむを得ない事由がある場合でなければ、その契約期間が満了するまでの間において、労働者を解雇することができない」（労働契約法十七条一項）という有期労働契約に固有のルールがそれであるが、試用期間をパスした職員については、その適格性を大学が認めたものと解されるため、それでなくても難しい解雇が一層難しくなることを、担当者は肝に銘じなければならない。

なお、最近の裁判例には、「有期労働契約における留保解約権の行使（注：試用期間中の解雇）が適法とされるためには」労働契約法「一七条一項所定の『やむを得ない事由』に準じる特別の事由の存在を要するものというべきである」とした例（リーディング証券事件＝平成二十五年一月三十一日東京地裁判決。ただし、結論は解雇を有効とする）さえあることに注意を促しておきたい。

第四四話　雇用関係法の基礎（4）

労働条件の明示とその現状

職業安定法（職安法）五条の三および労働基準法（労基法）十五条には、「労働条件等の明示」や「労働条件の明示」を見出しとする規定が、それぞれ置かれている。職安法の場合、このように「等」が入っている理由は、社会保険や労働保険の適用に関する事項がこれに含まれることによる。

具体的には、「労働者の募集を行う者」は「募集に応じて労働者になろうとする者」に対し、「その者が従事すべき業務の内容及び賃金、労働時間その他の労働条件を明示しなければならない」と、職安法五条の三第一項は定め、「使用者は、労働契約の締結に際し、労働者に対して賃金、労働時間その他の労働条件を明示しなければならない」と、労基法十五条一項本文は規定する。

募集に際しての労働条件の明示は、不特定多数の者を対象に行われるのに対して、採用＝労働契約の締結に際しての明示は、特定の個人をその対象とする。明示すべき労働条件の範囲も、当然のことながら、採用時のほうが募集時よりも詳細なものとなる（職安法施行規則四条の二第一項と、労基法施行規則五条一項を比較参照）。

労働条件を明示する方法は、書面の交付を原則とする（職安法施行規則四条の二第二項一号、労基法施行規則五条三項を参照）が、採用時の明示については一部口頭による明示も認められている（労基法施行規則五条二項を参照。ただし、就業規則の必要記載事項と内容が重複するため、実際には雇用契約書や労働条件通知書に就業規則の該当条項を示して、これを交付する方法がとられている）。

他方、募集時における労働条件の明示は、今日ではインターネットを活用して行われることも多く、法令（職安法施行規則四条の二第二項二号）も、このような電子機器による方法を許容するものとなっている。

「労働契約の期間に関する事項」は、明示すべき労働条件として双方に共通するものとなっているものの、期間の定めを設けるか否かは契約当事者の自由であって、その定めを置くことを強制したり、勧奨したりするものではもとよりない。

ただ、労働契約に期間の定めを置き、かつその更新に限度を設けるのであれば、その旨を採用時はもとより、募集時から明示することが望ましい。このことにより、更新に限度があることに同意した上で、期間の定めのある労働契約を締結したことが一層明確になる（更新の限度も契約内容となる）からである。

また、最近では、平成二十四年十月の省令改正により、労基法施行規則五条一項が一号の二で、「期間の定めのある労働契約を更新する場合の基準に関する事項」を書面の交付によって明示すべき労働条件として、新たに定めることになった（平成二十五年四月一日施行）という問題もある。

通達が例示する「基準」は以下のとおりであるが、判断基準として明示したからには、更新するか否かの実際の判断も、すべからく明示した判断基準に従って行う必要がある。

a　契約期間満了時の業務量により判断する
b　労働者の勤務成績、態度により判断する
c　労働者の能力により判断する
d　会社の経営状況により判断する
e　従事している業務の進捗状況により判断する

多くの国立大学法人がそうであるように、これまで漫然と更新を繰り返してきたところでは、右の基準もモデルとしては使えない。事実の裏付けを欠く基準は、かえっていざというときの「更新しない」という選択を困難にする。判断基準に従ったというだけでは、不更新＝雇止めは正当化されず、仮に基準と異なる運用がなされていれば、そのこと自体が法人にとって不利に働く。そうしたリアルな問題にも留意することが必要といえよう。

なお、短時間労働者の雇用管理の改善等に関する法律（パートタイム労働法）により、

同法六条一項に定める「特定事項」については「文書の交付等」によって、短時間労働者（一週間の所定労働時間が同一の事業所に雇用される通常の労働者に比し短い者をいう。二条を参照）を雇い入れたときは、速やかにこれを明示することが事業主には義務づけられている（明示義務に違反した者は十万円以下の過料に処せられる。三十一条（平成二十七年三月三十一日までは、四十七条）を参照）。

右にいう「特定事項」とは、具体的には、①昇給の有無、②退職手当の有無、③賞与の有無を指し、「文書の交付等」の「等」には、当該短時間労働者が希望した場合における、❶ファクシミリ、❷電子メールによる送信が含まれる（以上につき、パートタイム労働法施行規則二条を参照）。

運営費交付金の減額が続くなか、いずれの「特定事項」についても「無」と記さざるを得ないのが国立大学法人の現状ではあろうが、フルタイムであっても、年俸がすべてという教職員は現に少なくない。均衡待遇についても、旧慣にとらわれず、年収ベースでこれを考える。時代の流れは、むしろそうした方向にあるともいうことができよう。

Case Study：情報の非対称性

互いに相手のことをどの程度知っているか。求人企業と求職者との間には、その情報量に一定の格差が存在する。エコノミストのいう「情報の非対称性」がそれであり、求人市場においてみられる情報格差は、その代表例として挙げられることが多い。

この場合、情報量において劣るのは、求人企業であって、求職者ではない。書物や雑誌等によって、求職者は求人企業のことをある程度知り得る立場にあるが、試験や面接等を通じ、求人企業が求職者について得ることのできる情報には限界があり、その資質や能力を正確に知ることは、およそ不可能に近い。

しかも、求人企業が求職者について得ることのできる情報には、法令上の制約もある。「その業務の目的の達成に必要な範囲内で求職者等の個人情報を収集し、並びに当該収集の目的の範囲内でこれを保管し、及び使用しなければならない」。このように定めた職安法五条の四第一項本文は、その典型ともいえる。

確かに、同項ただし書には「本人の同意がある場合その他正当な事由がある場合は、この限りでない」とあるものの、これを具体化した大臣告示は「法第五条の四に関する事項」について、次のように定めている（双方のただし書の微妙な違いにも注意）。

一　個人情報の収集、保管及び使用

（一）職業紹介事業者等（注：労働者の募集を行う者を含む）は、その業務の目的の範囲内で求職者等の個人情報（略）を収集することとし、次に掲げる個人情報を収集してはならないこと。ただし、特別な職業上の必要性が存在することその他業務の目的の達成に必要不可欠であって、収集目的を示して本人から収集する場合はこの限りでないこと。

イ　人種、民族、社会的身分、門地、本籍、出生地その他社会的差別の原因となるおそれのある事項

ロ　思想及び信条

ハ　労働組合への加入状況

（二）以下、略

いわゆる〝センシティブ情報〟がそれであるが、「企業者が特定の思想、信条を有する者をそのゆえをもって雇い入れることを拒んでも、それを当然に違法とすることはできない」とした、かつての判例（三菱樹脂事件＝昭和四十八年十二月十二日最高裁大法廷判決）の立場は、もはや行政によって完全に否定されたといってもよい状況にある。

なお、その内容をさらに具体的に説明した職業安定局の通達「労働者募集業務取扱要領」は、右にいう「思想及び信条」には、人生観や支持政党のほか、「購読新聞・雑誌、愛読書」までが含まれるとする。

「労働組合への加入状況」の例示として、労働運動に加え、通達が「学生運動、消費者運動その他社会運動に関する情報」を挙げたことも行き過ぎといえる。センシティブ情報だからといって、過度にセンシティブになるのは考え物といえよう。

第四五話　雇用関係法の基礎（5）

差別的取扱いの禁止規定

「一般旅客自動車運送事業者は、特定の旅客に対し、不当な差別的取扱いをしてはならない」。道路運送法（運送法）三十条三項は、タクシーによる理由のない乗車拒否等を念頭において、このように規定する。

差別的取扱いの禁止規定が、右にみた例にあるように差別の主体と客体（誰が誰を差別するのか）のみを定める場合、禁止の対象となる差別的取扱いは、通常「不当」なものに限定される。

これに対して、労働関係法令にみる差別的取扱い禁止規定の多くは、差別の理由（何を理由として差別するのか）についても定めを置く一方、その対象を「不当」なものに限定することなく、差別的取扱いを広く禁止することを通例とする。

「使用者は、炭鉱災害による一酸化炭素中毒症にかかった労働者の労働条件について、その者が当該一酸化炭素中毒症にかかった者であることを理由として一切の差別的取扱いをしてはならない」。こう規定する「炭鉱災害による一酸化炭素中毒症に関する特別措置法」（特措法）四条は、禁止対象の広さという点では、その極めつきともいえる例であるが、ここまで対象を拡げてしまうと、かえって禁止の実効は期し難いものとなる。「一切の差別的取扱いをしてはならない」と言い切ったものの、刑罰をもってこれを禁止することは、およそ不可能に近い。禁止の対象が広すぎて、「犯罪」を構成する行為を特定できない（罪刑法定主義に反する）からである。

他方、運送法三十条三項違反については、国土交通大臣が事業者に対して「当該行為の停止又は変更を命ずることができる」（三十条四項）とされ、当該命令に違反した者は、事業改善命令（三十一条）や許可の取消し等の対象となる（四十条一号）ほか、刑罰（百万円以下の罰金）の適用対象とすることまで規定されている（九十八条十一号）。

厚生労働大臣の助言・指導・勧告等の権限について規定した定めすら、特措法には一切置かれていない。同法四条は訓示規定。強い表現とは裏腹に、そんな印象さえないわけではない。

また、法律が明文をもって差別を禁止しているからといって、そのことから直ちにこれを強行規定と理解することにも問題はある。例えば、以下のように定める「雇用の分野における男女の均等な機会及び待遇の確保等に関する法律」（均等法）五条および六条の規定がそれである。

（性別を理由とする差別の禁止）

第五条　事業主は、労働者の募集及び採用について、その性別にかかわりなく均等な機会を与えなければならない。

第六条　事業主は、次に掲げる事項について、労働者の性別を理由として、差別的取扱いをしてはならない。

一　労働者の配置（業務の配分及び権限の付与を含む。）、昇進、降格及び教育訓練

二　住宅資金の貸付けその他これに準ずる福利厚生の措置であって厚生労働省令で定めるもの

三　労働者の職種及び雇用形態の変更

四　退職の勧奨、定年及び解雇並びに労働契約の更新

条文の体裁からいえば、いずれも五条の前に置かれた「共通見出し」（第三五話のCase Studyを参照）にある「性別を理由とする差別の禁止」規定ということになるが、五条と六条では、紛争解決をめぐる均等法のスタンスも明らかに異なる。

つまり、均等法六条に定める事項に関する紛争については、①苦情の自主的解決、②都道府県労働局長による助言・指導・勧告、③紛争調整委員会による調停のすべてが第三章に定める「紛争の解決」手段として用意されているが、五条に定める事項に関する紛争＝労働者の募集・採用に関する紛争については、②を除く解決は予定されていない。

事業主（使用者）には、採用の自由がある以上、五条に定める事項については、司法もこれに介入すべきではないし、六条に定める事項についても、男女別定年制を無効とする判例法理が確立した四号を除き、そのすべてが裁判になじむとは考えにくい。

ただ、労働者の配置・昇進に関する差別が禁止されたこと（六条一号）によって、次のように規定する労働基準法の解釈が変わった（女性はもっぱら軽易な仕事に従事しているという理屈が通じなくなった）ということもかつてはあった（平成九年の法改正による。当時の六条。十一年四月一日施行）。

（男女同一賃金の原則）
第四条　使用者は、労働者が女性であることを理由として、賃金について、男性と差別的取扱いをしてはならない。

仮に均等法六条のすべてが強行規定＝裁判規範ではなかったとしても、法律の世界にはこうした連携プレーもある。このことも忘れてはなるまい。

Case Study：不都合な見出し

パートタイム労働法、正式名称を「短時間労働者の雇用管理の改善等に関する法律」という。平成二十六年の法改正（翌二十七年四月一日施行）により、八条は九条に繰り下げられ、次のように規定する新八条が誕生をみた（以下、傍線は筆者による）。

（短時間労働者の待遇の原則）

第八条　事業主が、その雇用する短時間労働者の待遇を、当該事業所に雇用される通常の労働者の待遇と相違するものとする場合においては、当該待遇の相違は、当該短時間労働者及び通常の労働者の業務の内容及び当該業務に伴う責任の程度（以下「職務の内容」という。）、当該職務の内容及び配置の変更の範囲その他の事情を考慮して、不合理と認められるものであってはならない。

法律の世界においても、コピー・アンド・ペーストが行われることは希ではなく、ここでは、次のように定める労働契約法二十条がその対象となった。

（期間の定めがあることによる不合理な労働条件の禁止）

第二十条　有期労働契約を締結している労働者の労働契約の内容である労働条件が、期間の定めがあることにより同一の使用者と期間の定めのない労働契約を締結している労働者の労働契約の内容である労働条件と相違する場合においては、当該労働条件の相違は、労働者の業務の内容及び当該業務に伴う責任の程度（以下この条において「職務の内容」という。）、当該職務の内容及び配置の変更の範囲その他の事情を考慮して、不合理と認められるものであってはならない。

双方の規定の核心部分をなす傍線部を読む限り、「労働条件」を「待遇」と書き換えた点を除けば、まったく違いはない。

改正パートタイム労働法の八条についても、その見出しを「短時間労働者であることによる不合理な待遇の禁止」とすることは、十分に可能であった。にもかかわらず、あえてそうしなかったのは、なぜか。

前述したように、今回の法改正により九条となった旧八条の見出しには「通常の労働者と同視すべき短時間労働者に対する差別的取扱いの禁止」とあった（なお、改正後の九条も、この見出しを維持している）。

ここにいう「通常の労働者と同視すべき短時間労働者」についても、法改正により要件の一部が緩和されたとはいうものの、①職務の内容が通常の労働者と同一であって、かつ②雇用関係が終了するまでの全期間において、職務の内容および配置が通常の労働者と同一の範囲で変更されると見込まれる者といった要件は、変更をみなかった。

官僚の手になるコンメンタールによれば、パートタイム労働法は、これらの「要件を満たす短時間労働者については、通常の労働者との間に待遇の差を設ける合理的な理由が基本的にはない」との観点に立っているというが、見出しまで労働契約法をコピーすると、改正後の九条は八条に吸収されてしまう。

それが将来の〝構想〟であったとしても、できれば曖昧にしておきたい。そうした深謀遠慮の結果と考えて、まず間違いはあるまい。

第四六話　雇用関係法の基礎（６）

公民権行使の保障

労働基準法（労基法）七条は、本文で次のように規定する。「使用者は、労働者が労働時間中に、選挙権その他公民としての権利を行使し、又は公の職務を執行するために必要な時間を請求した場合においては、拒んではならない」。

選挙は日曜日に行うもの。最近のわが国ではそれが当たり前となっているが、統一地方選挙については昭和四十二年まで、国政選挙についても昭和四十四年まで、投票日は平日（当時は土曜日を含む）に設定されるのが、むしろ普通であった。

完全週休二日制が定着をみた今日においても、業種によっては、平日を所定休日とし、日曜日を労働日とする会社は、多数存在する。公職選挙法（公選法）の改正（平成十五年法律第六九号、同年十二月一日施行）によって、不在者投票に加え、期日前投票が制度化されたとはいえ、このような投票が可能になったということにとどまる。

労基法七条但書は「権利の行使又は公の職務の執行に妨げがない限り、請求された時刻を変更することができる」とは規定するものの、このことをもって使用者による投票日の変更まで可能とすることには、およそ無理がある。

近年では、職員に支給する超過勤務手当等の節減を目的として、週休日（土日）以外の日に選挙を実施する地方公共団体もみられるようになっており、公務員に倣って、土日を所定休日として定めている国立大学法人等においても、職員による選挙権の行使に無関心ではいられなくなっている。

「スーパー・チューズデー」という言葉にもあるように、大統領候補を選ぶためのアメリカの予備選挙は四年に一度、二月から三月にかけての火曜日に行われ、本選挙も、その年の一一月の火曜日に実施される。

国土が広大であり、投票所に出かけるにも場所によっては丸一日かかった、という同国固有の事情に由来する慣行とはいえ、週末に選挙を実施することは「国民から休む権利を奪う」ことにつながるという発想がその背景にはあり、わが国でも将来、そうした考え方が普及する可能性は否定できない。

また、その一方で、投票のために職場を離れる時間（voting leave）を有給とすることを使用者に義務づける州が少なくない（例えば、カリフォルニア州やニューヨーク州では二時間までの離席を有給とする）のも、同国の特徴となっている。

確かに、労基法七条は、こうしたアメリカの現状とは異なり、選挙権の行使を有給で保障することまで使用者に義務づけるものとはなっていない。しかし、わが国の場合、その保障の範囲が、選挙権の行使にとどまらず、広く「公民としての権利を行使し、又は公の職務を執行するために必要な時間」にまで及ぶことにも留意する必要がある。

国家公務員の場合、「職員が選挙権その他公民としての権利を行使する場合で、その勤務しないことがやむを得ないと認められるとき」または「職員が裁判員、証人、鑑定人、参考人等として国会、裁判所、地方公共団体の議会その他官公署へ出頭する場合で、その勤務しないことがやむを得ないと認められるとき」は、いずれも「必要と認められる期間」特別休暇（常勤職員）または年次休暇以外の休暇（非常勤職員）を有給で取得することが人事院規則で認められている。

人事院規則一五―一四（職員の勤務時間、休日及び休暇）二十二条一項一・二号、および人事院規則一五―一五（非常勤職員の勤務時間及び休暇）四条一項一・二号がその根拠規定である（なお、常勤職員について、特別休暇が有給扱いとされるのは「一般職の職員の給与に関する法律」十五条の定めによる）が、あくまでも公務員の世界の話であって、民間も同じだと考えると、認識を大きく誤ることになる。

人事院規則が改正されれば、当然のようにこれに合わせて、就業規則の見直しを行う。それが法人化後も、国立大学のいわば習い性となっているが、「裁判員の参加する刑事裁判に関する法律」の制定（平成十六年法律第六三号、平成二十一年五月二十一日施行）に伴って、人事院規則の改正が行われたときも、その例外ではなかった。

しかし、裁判員について、年次休暇とは異なる有給休暇の取得をいったん認めると、他の公民権行使との区別が困難なため、裁判員以外のケースについても、これと同様に取り扱うことを余儀なくされることになる。

そうした考え方から、裁判員としての職務の執行に必要な時間についても、無給扱いにとどめた（有給扱いとする場合にも、裁判員に対して裁判所から支給される報酬との差額のみを支払うものとする）企業が、実際には少なくなかったと聞く。

国立大学も、そのような企業を模範にせよ、とまではいわない。ただ、人事院規則の改正に伴うものであれ、就業規則の見直しを行う際には、そのことが他にどのような影響を与えるかについて、目配りを怠るようなことはあってはならない。ベテランの労務担当者であれば、そう教えてくれるに違いない。

Case Study：公職への立候補

「国若しくは地方公共団体の公務員又は行政執行法人（略）若しくは特定地方独立行政法人（略）の役員若しくは職員は、在職中、公職の候補者となることができない」。

公選法は、八十九条一項本文で、このように定めた上で、九十条で「前条の規定により公職の候補者となることができない公務員」が立候補の届出を行ったときは、「その届出の日に当該公務員たることを辞したものとみなす」旨を規定している。

公務の政治的中立性を担保するための規定がそれであるが、教育基本法にも「法律に定める学校は、特定の政党を支持し、又はこれに反対するための政治教育その他政治的活動をしてはならない」と規定した十四条二項の定めが存在する。

常識に照らして考えても、特定政党の党員として、またはその支援を受け、首長や議員に立候補した者が休職という形にせよ、その職にとどまることはおかしい。

そうした考えから、法人化に際して「公選による公職の候補者となったとき」を、退職事由として定めた（退職日は「立候補の届出を行った日」とする）国立大学もあった。

なるほど、教育基本法十四条二項が政治的活動を禁止したのは「学校」であって、その構成員＝教職員ではない（なお、平成十八年に全面改正される前の教育基本法八条二項にも、同一内容の規定は置かれていた）。

だが、多額の国費をもって運営される国立大学が、そうした理屈にもならない屁理屈を持ち出すのは、どうかと思う。

「公職の就任を使用者の承認にかからしめ、その承認を得ずして公職に就任した者を懲戒解雇に附する旨の」就業規則条項は、労基法七条の「趣旨に反し、無効のものと解すべきである」。確かに、かなり古い判例（十和田観光電鉄事件＝昭和三十八年六月二十一日第二小法廷判決）ではあるが、最高裁はこのようにいう。

さらに、判決は、これに続けて「公職に就任することが会社業務の逐行を著しく阻害する虞れのある場合においても、普通解雇に附するは格別、同条項を適用して従業員を懲戒解雇に附することは、許されないものといわなければならない」とも述べており、大学における「業務の遂行を著しく阻害する虞れ」がない場合には、普通解雇に準じた退職扱いでさえ無効と解される可能性もないわけではない。

しかし、電鉄会社と国立大学では、事業や業務の性格がまったく違う。公選による公職の候補者となること自体が、国立大学法人の高度の公共的性格と相容れない。そう考えるのが常識にも適っている。

公民権の行使といえども、絶対ではない。大学には、大学の考え方がある。大学を辞めれば、いくらでも政治活動はできる。政治家として身を立てる＝立候補するのであれば、現職を辞するくらいの覚悟と気概があって、当然であろう。

第四七話　雇用関係法の基礎（7）

「労働者」とは何か

「社員」「従業員」「使用人」「職員」等々。企業や法人で働く者を表現する日本語には、実にいろいろなものがある。ただ、これらの言葉は、日常生活において頻繁に用いられる言葉であるとはいえ、労働関係法令のなかで使用されることはほとんどない。

「社員」とは、本来、社団の構成員を意味し、株式会社であれば、出資者である株主がこれに相当する。「従業員」も法令用語ではあるが、わずかな例外を除き、労働関係法令以外の法令にしか登場しない。「使用人」や「職員」も、商法および公務員法とそれぞれ関連の深い用語として、一般には理解されている。

労働関係法令の場合、これらの言葉に代えて、「労働者」という言葉を使用する。平成十六年に現代語化される前の民法にはあった「労務者」という言葉ほどではないにせよ、「労働者」という言葉には、菜っ葉服を着て働く工場労働者というイメージがあり、これをホワイトカラーについて使用することには、違和感もなくはない。

そのような違和感は別として、労働組合法（労組法）三条と労働基準法（労基法）九条とでは、法律に定める「労働者」の定義も、以下にみるように微妙に違っており、これをどう解釈するかが問題となる。

（労働者）
第三条　この法律で「労働者」とは、職業の種類を問わず、賃金、給料その他これに準ずる収入によって生活する者をいう。

（定義）
第九条　この法律で「労働者」とは、職業の種類を問わず、事業又は事務所（以下「事業」という。）に使用される者で、賃金を支払われる者をいう。

労組法三条にいう「給料生活者」については、労基法九条にいう「使用される者」であることが必要とされず、したがって労組法上の「労働者」の範囲は、労基法のそれよりも広い。こうした解釈が現在では確立しているものの、労基法制定当初には、双方の関係を逆に考える、次のような解釈もあった。

「『九条』の『労働者』は組合法の『労働者』より範囲が広い。組合法では二条の一号で使用者の利益を代表する者は、労働者ではないが、基準法では労働者になり得る。部長が工場の巡視中災害を受けた時などには労働者として補償を受け得る。警察官吏も労働者である」（以上、昭和二十二年五月二十四日の政治経済研究所における末弘厳太郎《いずたろう》博士の講演「労働基準法解説」（国立公文書館「デジタルアーカイブ」所蔵）から引用）。

新旧労組法二条一号（当時は旧法）にいう「使用者の利益を代表する者」が「労働者ではない」という言い方はやや厳密さを欠くとはいえ、難しく考えなければ、わかりやすい解釈ではある。

事業に「使用される者」でなくても、「賃金、給料その他これに準ずる収入によって生活する者」であれば、労組法上の「労働者」として認められる。一面で条文に忠実な解釈とはいえるが、これでは「労働者」の範囲が際限なく拡がってしまう。

フランチャイズ方式によるコンビニエンスストアの店長さえも、労組法上の「労働者」に当たるとした、最近のセブン―イレブン・ジャパン事件（岡山県労委平成二十六年三月十三日命令）はその典型ともいえる（その後、ファミリーマート事件において東京都労委（平成二十七年三月十七日命令）がこれに追随した）が、団体交渉の拒否と関わる事件でありながら、労組法が使用者に拒否してはならないとする団体交渉が「雇用する労働者」の代表者との団体交渉に限られる（七条二号）という事実が、そこでは完全に無視されている。

右の事件の場合、「事業組織への組入れ」が重要な判断要素とされたが、これが労組法上の「労働者」の範囲を著しく拡張する要因となっていることは広く知られている。

例えば、最高裁はかつて、このことに関連して、一カ月の拘束時間が八時間程度にまで短くなった楽団員についても、「楽団員をあらかじめ会社の事業組織のなかに組み入れておくことによって、放送事業の遂行上不可欠な演奏労働力を恒常的に確保しようとするものであることは明らか」であるとして、「たとえ会社の都合によって現実の出演時間がいかに減少したとしても、楽団員の演奏労働力の処分につき会社が指揮命令の権能を有しないものということはできない」等の理由から、これを労組法上の「労働者」に当たるとしたこと（ＣＢＣ管弦楽団事件＝昭和五十一年五月六日第一小法廷判決）がある。

本件の場合、労働委員会（愛知県労委）の判断は「組織への組入れ」を認めないものであったが、現場の常識に従ったともいえるその判断は、早くも一審判決で覆され、裁判所の考え方は最後まで変わらなかった。

「組織への組入れ」といっても、この程度で足りる。以後、それが労働委員会や裁判所のほぼ共通した認識となった。

近時の判例において、「組織への組入れ」が労組法上の「労働者」であることを肯定するに当たってのキーワードとなっているのも、その延長にすぎないのである。

Case Study：非常勤講師について

週に一・五時間ないし三時間。年に一五週または三〇週。非常勤講師の大半はこうしたスケジュールのもとで、講義を行っている。

そのような非常勤講師の加入する労働組合から、団体交渉の申入れがあった場合、特段の事情でもない限り、大学は交渉に応じる。先にみた判例に従えば、拘束時間が短いことは、労組法上の「労働者」であることを否定する理由にはならない。非常勤講師もまた、その例外とはいえないからである。

しかし、非常勤講師が労基法上の「労働者」にも当たるといわれると、簡単には納得できない。教材の選択を含め、非常勤講師が行う講義の具体的内容については、非常勤講師が決定し、大学は基本的に干渉しない。それが慣行となっていることに、その理由はある。

確かに、非常勤講師の場合、講義を行うに当たって、時間的・場所的拘束を受けるとはいえ、それはもっぱら講義という業務の性質に由来するものと考えるべきであろう。

そして、この点については、次のように述べ、上告人Xが労基法および労働者災害補償保険法（労災保険法）上の「労働者」には当たらないとした、最高裁判決（横浜南労基署長（旭紙業）事件＝平成八年十一月二十八日第一小法廷判決）が参考になる。

「Xは、業務用機材であるトラックを所有し、自己の危険と計算の下に運送業務に従事していたものである上、旭紙業は、運送という業務の性質上当然に必要とされる運送物品、運送先及び納入時刻の指示をしていた以外には、Xの業務の遂行に関し、特段の指揮監督を行っていたとはいえず、時間的、場所的な拘束の程度も、一般の従業員と比較してはるかに緩やかであり、Xが旭紙業の指揮監督の下で労務を提供していたと評価するには足りないものといわざるを得ない」。

一般的な意味における指揮監督とは無縁の存在。それが大学における非常勤講師であるということもできる。

自己の危険と計算のもとに業務に従事する一個の独立した「事業者」とはいいにくいものの、だからといって、使用者の指揮監督のもとで労務を提供する「労働者」というにはさらに大きな無理がある。こと非常勤講師に関しては、そのいずれにも属さないと考えるのが妥当ともいえよう。

担当した講義のコマ数に応じて、通常支払われる非常勤講師の報酬は、税法上「給与所得」として扱われるほか、労災保険の保険料を納付する際にも、非常勤講師の報酬総額を保険料の算定基礎となる賃金総額に含めて、算出した保険料を申告・納付することが通例となっている、とは聞く。

非常勤講師を労基法上の「労働者」であると考えているからこそ、そうしているのではないかと問われれば、いささか返答に窮するが、ときには「矛盾」した行動もとらざるを得ない。それが世の常であると、ここは達観するしかあるまい。

第四八話　雇用関係法の基礎（８）

「使用者」とは何か

世にいう労働三法、すなわち労働組合法、労働関係調整法、および労働基準法の三法をはじめとして、「使用者」を「労働者」と一対の関係にある用語として用いている法令は、最低賃金法や労働契約法を含め、相当数存在する。「使用者」は、民法が明治二十九年の制定（明治三十一年七月十六日施行）以来、一貫して使用してきた用語でもある。

しかし、対象を労働関係法令に限っても、法令用語としては、「使用者」より「事業主」または「事業者」といった言葉が使用される場合のほうが実は多い。

男女雇用機会均等法や育児・介護休業法、パートタイム労働法、高年齢者雇用安定法、障害者雇用促進法等、そのフルネームはともかく、略称であれば誰もが一度は聞いたことのある労働関係法令の多くは「事業主」という言葉を使用し、労働安全衛生法とその附属省令においては「事業者」という言葉がもっぱら用いられる。いずれも、六法を紐解けばすぐにわかることではある。

このうち、「事業主」については、法令もその説明を不要と考えたのか、そもそもこれを定義した規定がない。

いわゆる個人企業の場合には、その事業主個人が、会社その他の法人の場合には、当該法人が「事業主」となる。労働基準法十条も、このような「事業主」の共通理解を前提として、「使用者」を次のように定義している。

第十条　この法律で使用者とは、事業主又は事業の経営担当者その他その事業の労働者に関する事項について、事業主のために行為をするすべての者をいう。

最低賃金法二条二号は、労働基準法のこの定義に従う旨を定め、最近では「障害者虐待の防止、障害者の養護者に対する支援等に関する法律」二条五項にも、同旨の定義規定が置かれている。

労働基準法の履行を確保するため、現実の行為者をもって「使用者」とし、その責任の主体を明らかにする。右にみた「使用者」の定義は、そうした観点から定められたものといえるが、労働安全衛生法では、事業を経営する者の責任をより一層明確にするために、事業における経営主体を表す「事業者」という言葉が、「使用者」に代えて採用された。

「事業を行う者で、労働者を使用するものをいう」。労働安全衛生法二条三号に定めるこの「事業者」の定義には、そんな含意があったのである。

とはいえ、「使用者」の定義といっても、結局は「労働者」の裏返しに終わっている、やや安直にすぎる定義もなくはない。以下にみる労働契約法の定義は、その典型といっても誤りではない。

（定義）

第二条　この法律において「労働者」とは、使用者に使用されて労働し、賃金を支払われる者をいう。

2　この法律において「使用者」とは、その使用する労働者に対して賃金を支払う者をいう。

他方、「使用者」の意義が、判例を通して明確にされたケースもある。労働組合法七条にいう不当労働行為の主体となる「使用者」の意義がそれであり、最高裁は、そのリーディングケースともいうべき朝日放送事件（平成七年二月二十八日第三小法廷判決）において、次のように述べる。

「労働組合法七条にいう『使用者』の意義について検討するに、一般に使用者とは労働契約上の雇用主をいうものであるが、同条が団結権の侵害に当たる一定の行為を不当労働行為として排除、是正して正常な労使関係を回復することを目的としていることにかんがみると、雇用主以外の事業主であっても、雇用主から労働者の派遣を受けて自己の業務に従事させ、その労働者の基本的な労働条件等について、雇用主と部分的とはいえ同視できる程度に現実的かつ具体的に支配、決定することができる地位にある場合には、その限りにおいて、右事業主は同条の『使用者』に当たるものと解するのが相当である」。

ただ、本件は、団体交渉の拒否と関わる事件であり、労働組合法七条二号が「使用者が雇用する労働者の代表者と団体交渉をすることを正当な理由がなくて拒むこと」を禁止の対象としている以上、本来はこの二号にいう「使用者」に限定して、その意義を問うべきであったとも考えられる。

二号を素直に読む限り、使用者が自ら「雇用していない労働者」の代表者との団体交渉の拒否まで禁止した規定として、これを読むことはきわめて難しい。

だからこそ、七条二号にいう「使用者」ではなく、同条にいう「使用者」の意義を広く問題とした。本判決には、そんなトリックもあったのである。

Case Study：使用者としての法人

民間企業の場合、当該企業を代表する者として、代表取締役が存在する。従業員を採用するに当たっても、代表取締役社長名で辞令が交付される例は少なくないものの、だからといって、社長が従業員を採用するわけではもとよりない。

他方、国立大学法人法三十五条が準用する独立行政法人通則法二十六条の読み替え規定によって、国立大学「法人の職員は、学長が任命する」ことになる。

このような仕組みは、国立大学法人法が、学長、理事および監事の任命について定めを設けたこと（なお、学長および監事の任命権は文部科学大臣にあり、理事の任命権は学長にある。十二条一項（学長）および同条八項（監事。平成二十七年四月一日以降、九項）並びに十三条一項（理事）を、それぞれ参照）に合わせたものともいえるが、職員を採用するのは使用者である法人であって、学長ではない。

にもかかわらず、労働組合は、学長本人との交渉を求め、学長名で回答するよう大学に要求する。そうした状況が、国立大学法人には、依然として数多く見受けられる。

確かに、労働契約の締結については、学長による任命権の行使を待って、これが行われたものと解する余地はある（第四二話を参照）。だが、契約締結時期の問題に関してはこういえても、労働契約を締結する主体が法人であることに変わりはない。

平成二十七年四月一日以降、学校教育法九十三条に定める教授会の規定は、学長のリーダーシップを強化する方向で、以下のように改められた（第六四話を併せ参照）が、二項にいう学長の決定権についても、任命権と同じことがいえる。

第九十三条　大学に、教授会を置く。

②　教授会は、学長が次に掲げる事項について決定を行うに当たり意見を述べるものとする。

一　学生の入学、卒業及び課程の修了

二　学位の授与

三　前二号に掲げるもののほか、教育研究に関する重要な事項で、教授会の意見を聴くことが必要なものとして学長が定めるもの

③　教授会は、前項に規定するもののほか、学長及び学部長その他の教授会が置かれる組織の長（以下この項において「学長等」という。）がつかさどる教育研究に関する事項について審議し、及び学長等の求めに応じ、意見を述べることができる。

④　略（改正前の二項に同じ）

学長に決定権があるからといって、学長が自ら団体交渉に出席しなければ、団体交渉に応じたことにならず、学長名の回答でなければ、使用者が行う回答として評価されないと考えるのは、行き過ぎというほかない。

オーナー経営の中小企業ならばいざしらず、国立大学法人の現状は、学長の一存ですべてが決まるような状況にはない。

学長のリーダーシップは、十分に尊重されなければならない（こうしたリーダーシップの発揮を教授会は妨げてはならない。教授会の発言権を「意見を述べること」にとどめた理由もここにある）が、団体交渉を含む人事労務の現場にまで学長が一々顔を出すというのは、どう考えても滑稽である。それが世間の常識というものであろう。

第四九話　雇用関係法の基礎（9）

「賃金」とは何か

民法は、現在、農業労務または工業労務の先取特権について定めた規定（三百二十三条および三百二十四条）においてのみ、「賃金」という言葉を用い、同法六百二十三条以下に定める雇用契約に関する規定では、「報酬」という言葉が使用されている（なお、こうした法令用語の使用法については、平成二十七年の通常国会に提出された「民法の一部を改正する法律案」においても、そのまま維持されている。以下同じ）。

かつては賃貸借契約における借主が貸主に支払う対価についても、民法では「賃金」といっていたが、平成十七年の現代語化以降、「賃料」という本来の用語が使用されることになった（六百一条を参照）。

ブルーカラーについては「賃金」といい、ホワイトカラーについては「給与」という。第二次世界大戦前には、そうした使い分けが法令上されたこともあったが、その意味までが特段違っていたわけではない。

「本令ニ於テ賃金ト称スルハ賃金、給料、手当、賞与其ノ他名称ノ如何ヲ問ハズ雇傭者ガ労働ノ対償トシテ支給スル金銭、物其ノ他ノ利益ヲ謂フ」と定めた賃金臨時措置令三条一項、および「本令ニ於テ給与ト称スルハ報酬、給料、手当、賞与、交際費、機密費其ノ他名称ノ如何ヲ問ハズ会社ガ職員ノ職務ノ対償トシテ支給スル金銭、物其ノ他ノ利益ヲ謂フ」と規定した会社職員給与臨時措置令四条の定めがそれであるが、こうした戦前の勅令が、次のように定める労働基準法（労基法）十一条の前身となる。

第十一条　この法律で賃金とは、賃金、給料、手当、賞与その他名称の如何を問わず、労働の対償として使用者が労働者に支払うすべてのものをいう。

右にみた戦前の二件の勅令は、昭和十四年十月十八日に、価格等統制令や地代家賃統制令と同時に公布されたものであるが、ドイツのポーランド侵攻による第二次大戦の勃発を受け、同年九月十八日時点で、物価等を凍結することに、その目的はあった。

それゆえ、賃金や給与の統制を厳格に行うためには、漏れがないように、これを可能な限り広く定義する必要があった（昭和十五年に、これらの勅令を引き継ぐ形で制定をみた第二次賃金統制令三条一項や会社経理統制令十条についても同じ）。

しかし、労基法は、労働条件の最低基準について定めた法律であり、このような配慮を必要としない。たまたま、戦前、賃金統制を担当した者が、戦後、賃金の定義規定の起案に当たったという、歴史の偶然がなければ、労基法に定める賃金の定義は、もっと簡素なものに変わっていた可能性もある。

かくして、労基法で「賃金」を定義したとはいっても、それはあくまで原則を定めたというにとどまる。

割増賃金の算定基礎から、家族手当や通勤手当をはじめ、多くの「賃金」を除外する（労基法三十七条五項、同法施行規則二十一条を参照）等、その例外を認めざるを得なかったのも当然であった。

他方、労基法十二条に定める「平均賃金」の定義についても、その淵源は戦前の勅令にまで遡ることができる。つまり「扶助料及葬祭料算出ノ標準トスヘキ賃金」について定義した、大正十五年の改正工場法施行令十六条がそれである。

具体的には、次のように規定する同条一項二号が、労基法十二条一項および二項に継受されることになる。

二　職工健康保険法ニ依ル被保険者タラサル場合ニ於テハ疾病ニ在リテハ診断ニ拠ル発病ノ日ヲ除キ、発病ノ日明ナラサルトキハ診断前七日ヲ除キ、負傷又ハ即死ニ在リテハ事故発生ノ日ヲ除キ其ノ前（賃金締切日アル場合ニ於テハ直前ノ賃金締切日以前）三月間（略）ニ於ケル賃金総額ヲ其ノ期間ノ日数ヲ以テ除シタル金額但シ其ノ金額ハ上記賃金総額ヲ該期間中ニ於テ賃金ヲ受ケタル日数ヲ以テ除シタル金額ノ百分ノ六十ヲ下ルコトヲ得ス確かに、戦前の健康保険法は、業務上の傷病をもカバーするものであったため、同法と同時に施行された改正工場法施行令も、健康保険の被保険者については、標準報酬日額をもって、扶助料等を算出する際の「標準トスヘキ賃金」とした（十六条一項一号）という違いはあったものの、「標準トスヘキ賃金」＝「平均賃金」の定義が以後、およそ九〇年にわたってさしたる変更をみなかったという事実はやはり注目されてよい。

ただ、一カ月の労働日数が一八日（三〇日×〇・六）を下回るような労働者についてまで、この定義をそのまま適用すると、想定外のことが起きる。

例えば、一カ月の所定労働日数が一〇日、日給一万円の労働者を解雇する場合、労基法二十条一項ただし書一号に従えば、二十条に定める解雇予告手当の額は、月収の二倍近い一八万円（一万円×〇・六×三〇）となる。

こうした労働者の出現は、工場法施行令の改正（二十七条ノ二第一項で「十四日分以上」の予告手当を法制化、同条第四項で十六条を準用）当時は考えられないことであったし、労基法が制定された当時（昭和二十二年）も同様であった。

とはいうものの、時代は大きく変わったのであり、もはや拱手傍観は許されない。解雇予告手当の額を現行の「三十日分以上の平均賃金」から「一カ月分の賃金に相当する額」に改める。そのような法改正が、今後は必要となろう。

Case Study：解雇予告手当の実務

国家公務員退職手当法（退手法）九条は、本文で次のように規定している。

（予告を受けない退職者の退職手当）

第九条　職員の退職が労働基準法（略）第二十条及び第二十一条……の規定に該当する場合におけるこれらの規定による給与又はこれらに相当する給与は、一般の退職手当に含まれるものとする。

また、同条但書は、退職手当の額が解雇予告手当相当額に満たない場合には、その差額を加算して支給する旨を定めている。

国家公務員の場合、解雇予告手当のほか、雇用保険法に定める基本手当（いわゆる失業給付）についても同様に取り扱うことが法定されている（退手法十条を参照）が、法人化に伴って、国立大学は、このような取扱いを維持することが許されなくなる。

なるほど、雇用保険は加入すればすむ話ではある（なお、基本手当が支給されるようになっても、これに連動して退職手当の額が減るようなことはなかった！）。

解雇予告手当についても、退職後（正確には請求後）七日以内に退職手当を支給できる環境にさえあれば、解雇予告手当を退職手当に含めることも不可能ではない（労基法二十三条一項を参照）。だが、退職手当は「職員が退職した日から起算して一月以内」に支払う（退手法二条の三第二項）という前提を変えられない以上、こうした便法は使えない。

しかし、労基法も、使用者が「労働者の責に帰すべき事由に基いて解雇する場合」には、予告義務や予告手当の支払い義務を免除している（二十条一項但書後段を参照）。

就業規則に定める解雇規定において、予告手当の支払いに言及する場合は少なくないが、厚生労働省の「モデル就業規則」（平成二十五年四月一日）にあるように、解雇予告手当の支払いを要しない場合を、労基法十九条二項の準用規定である同法二十条三項の定めに従って、「労働基準監督署長の認定を受けて」行う懲戒解雇に限定する必要はない。

「労働者の責に帰すべき事由に基いて解雇する場合」には予告手当を支給しない。就業規則にはこう規定すれば十分であって、監督署長の除外認定を受けることまで、その要件として規定すべきではない。除外認定には、行政による事実の確認としての意味しかないからである。

除外認定には時間がかかり、認定を待っていては、即時解雇もできなくなる。「約束できないことは、就業規則に書かない」。ここでもまた、このことが鉄則となる。

除外認定を受けられないときは、その時点で予告手当を支払う。解雇予告の除外認定の申請に当たっても、このように申し添える。それで足りると考えるべきであろう。

第五〇話　雇用関係法の基礎（10）

「労働時間」とは何か

「賃金、就業時間、休息その他の勤労条件に関する基準は、法律でこれを定める」。憲法二十七条二項は、このように規定する。

憲法が「労働時間」ではなく、「就業時間」という言葉を使用したのは、第二次大戦前の工場法（明治四十四年制定、大正五年施行）や商店法（昭和十三年制定、同年施行）の例に倣ったことによる。「労働時間」には休憩時間が含まれないが、「就業時間」にはこれが含まれる。両者の違いはそこにあった、といって間違いはない。

「労働時間」を定義した規定は労働基準法（労基法）にはなく、ある著名な判例（三菱重工業長崎造船所事件＝平成十二年三月九日最高裁第一小法廷判決）は、労基法にいう労働時間とは「労働者が使用者の指揮命令下に置かれている時間」をいうとする。

右の判例は一方で、労基法上の「労働時間に該当するか否かは、労働者の行為が使用者の指揮命令下に置かれたものと評価することができるか否かにより客観的に定まるものであって、労働契約、就業規則、労働協約等の定めのいかんにより決定されるべきものではないと解するのが相当である」とも述べるが、その評価を当事者の意思を離れて行うことは、端で考えるほど容易ではない。

本件の場合、争点は、作業服や保護具等の装着・脱離等を行った時間が「労働時間」に該当するか否かという点にあったが、労働者が保護具等の装着を義務づけられていたことを理由に、判決は「使用者の指揮命令下に置かれているものと評価することができる」として、更衣所との往復時間を含め、その労働時間性を肯定するものとなっている。

他方、始業前・終業後の更衣や洗浄のための時間については、労働協約に定めを置くことにより、これを労働時間に含めないことを認めている（作業服等の着脱を含め、更衣の対象となる服装の種類や性格は問わない）、アメリカのような国もある。

この点に関連して、わが国においても、次のように述べる判決（日野自動車事件＝昭和五十六年七月十六日東京高裁判決）があったことは、記憶にとどめられてよい。

「入門後職場までの歩行や着替え履替えは、それが作業開始に不可欠のものであるとしても、労働力提供のための準備行為であって、労働力の提供そのものではないのみならず、特段の事情のない限り使用者の直接の支配下においてなされるわけではないから、これを一律に労働時間に含めることは使用者に不当の犠牲を強いることになって相当とはいい難く、結局これをも労働時間に含めるか否かは、就業規則にその定めがあればこれに従い、その定めがない場合には職場慣行によってこれを決するのが最も妥当である」。

確かに、使用者の指揮命令には黙示によるものも含まれるとはいえ、被控訴人（被告）における職場「慣行に照らせば、本件の場合、入門から職場までの歩行の所要時間が労働時間に含まれないことは明らかであり、また着替え履替えの所要時間も、それが被控訴人の明示若しくは黙示の指示によってなされるものであるとしても、右指示は……職場における従業員の安全確保のためにとった使用者の便宜的措置であることを考慮すれば、右は労働時間に含まれないと解するのが相当である」と、判決は述べている。

そして、ほとんど毎日に及んだ遅刻等を理由とする原告（控訴人、上告人）の懲戒解雇を有効とした裁判所の判断は、一審（昭和五十五年六月十六日東京地裁八王子支部判決）から上告審（昭和五十九年十月十八日最高裁第一小法廷判決）に至るまで変わらなかった（なお、最高裁は「原審の判断は、原審の確定した本件の事実関係の下においては、正当として是認することができ、原判決に所論の違法はない」とした）。

しかるに、こうした判決がかつて存在したことは、法学部やロースクールでは教えないし、学生も知ろうとしない。仮眠時間でさえ「使用者の指揮命令下に置かれている時間」として、労基法上の労働時間に当たる。司法試験等に合格するためには、このように判示した判決（大星ビル管理事件＝平成十四年二月二十八日最高裁第一小法廷判決）を覚えることがむしろ必要となる。

坑内労働について「労働者が坑口に入った時刻から坑口を出た時刻までの時間を、休憩時間を含め労働時間とみなす」とした労基法三十八条二項本文についても、優秀な学生であればあるほど、これを条文どおりに、坑外における保護具等の着脱のための時間は労働時間には含まれない、と解釈するようなことはしない。

たとえ坑外における整理整頓時間（キャップランプの受渡・返納時間等）であっても、「使用者の作業指揮下にあれば、その時間も当然［労基法上の労働時間］に含まれる」とする通達（昭和二十三年十月三十日基発第一五七五号）を丸暗記する。それが試験で良い点数を取るための秘訣でもある。

労基法上の労働時間は、客観的に決まる。それは、法規違反の契約や慣行が無効となる強行法規たる労基法の普遍的原則であって、例外は認められない（例外を認めると、強行法規ではなくなる）。

このようにいうこと自体に誤りはないものの、労基法を改正し、労使協定等による労働時間の（主観的）決定を認めるという選択肢もなくはない。試験勉強には役立たないとはいえ、現場には、その実現を求める声もあることを忘れてはなるまい。

Case Study：職務専念義務の免除

国家公務員法（国公法）は、百一条一項前段で「職務に専念する義務」（職務専念義務）

について、次のように規定する。

「職員は、法律又は命令の定める場合を除いては、その勤務時間及び職務上の注意力のすべてをその職責遂行のために用い、政府がなすべき責を有する職務にのみ従事しなければならない」。

「服務の根本基準」について規定した国公法九十六条も、一項で「すべて職員は、……職務の遂行に当っては、全力を挙げてこれに専念しなければならない」と定めているが、双方の意味は異ならないものと解されている（目黒電報電話局事件＝昭和五十二年十二月十三日最高裁第三小法廷判決。国公法九十六条一項と同旨の日本電信電話公社法三十四条二項を、国公法百一条一項前段のように解釈）。

しかし、「職員がその勤務時間及び勤務上の注意力のすべてをその職務遂行のために用い職務にのみ従事しなければならない」というのは、職員に対して「神業」を強いるに等しく、この職務専念義務に違反することを根拠に、勤務時間中のプレート着用を「局所内の秩序維持に反するもの」（目黒電報電話局事件最高裁判決）とまでいうことは、オーバーにすぎるとの疑問もある。

他方、公務員の場合、職務専念義務の特徴は、法令による例外が広範に認められていることにあり、組合活動との関連では「適法な交渉は、勤務時間中においても行なうことができる」と定めた国公法百八条の五第八項や、以下のように規定する人事院規則一七―二

（職員団体のための職員の行為）七条（一項）の定めがその例として挙げられる。

（職務専念義務が免除されている場合の職員の行為）

第七条　職員は、職員団体の業務にもっぱら従事する場合を除き、前条第一項の規定による許可（注：短期従事の許可）を受けて職員団体のためその業務を行なうことができる（注：以上の場合は無給）ほか、あらかじめ承認を得た休暇その他法第百一条第一項の規定に基づき職務に専念する義務が免除されている期間中は、給与を受けながら、職員団体のためその業務を行ない、又は活動することができる。

２　略

ただ、これらの規定が「ヤミ専従」の横行を招いたという事実は否定できず、法人化後一〇年余りを経過した国立大学においても、勤務時間中における組合活動の取扱いが依然としてルーズなままになっている（当局もこれを黙認している）という現実がある。組合活動は、勤務時間外に行う。この原則を改めて徹底する必要があろう。

第五一話　雇用関係法の基礎（11）

「人事異動」とは何か

イドウと音読みされる漢字の二字熟語には、そのうちの一字が実質的には意味を持たない、いわゆる「帯説《たいせつ》」の典型例として挙げられる「異同」（「同」の字がこれに当たり、差異や相違点をもっぱら意味する）のほか、いくつかの同音異義語がある。

「異動」もその一つに数えられるが、企業でも法人でも、異動といえば、大多数の者は人事異動を連想する。ただ、法令上もそうなっているかというと、政党所属関係の異動のように、人事異動とは無関係なものも、なかには含まれている。

例えば、同一法令中に双方の用例について定めを置く労働組合法の場合、「異動」が人事異動を意味する二条但書一号では「トランスファー（transfer）」、そうではない十九条の七第五項では「チェンジ（change）」と、それぞれに異なる訳語が充てられている（法務省「日本法令外国語訳データベースシステム」を参照）。

前者の「異動」に採用や解雇、昇進が含まれないことは、労働組合法の条文（二条但書一号は「雇入解雇昇進又は異動」と定める）からも明らかといえるが、同法の適用を受けない公務員の世界では、職員の採用から退職に至るまでのすべての任用行為が「異動」に含まれることになる。

いまだに何かといえば、「人事異動通知書」が交付される国立大学法人の慣行も、モトを正せば、次のように規定する人事院規則八―一二（職員の任免）に由来する（なお、平成二十一年の全面改正前の同規則七十五条および七十六条にも同旨の定めはあった）。

（通知書の交付）

第五十三条　任命権者は、次の各号のいずれかに該当する場合には、職員に人事異動通知書（以下「通知書」という。）を交付しなければならない。

一　職員を採用し、昇任させ、転任させ、若しくは配置換し、又は任期を更新した場合

二　職員を他の任命権者が昇任させ、降任させ、転任させ、又は併任することについて同意を与えた場合

三　任期を定めて採用された職員が任期の定めのない職員となった場合

四　臨時的任用を行った場合又は臨時的任用を更新した場合

五　併任を行った場合又は併任を解除した場合

六　併任が終了した場合

七　職員を復職させた場合
八　職員が復職した場合
九　職員が失職した場合
十　職員の辞職を承認した場合
十一　職員が退職した場合（免職又は辞職の場合を除く。）

第五十四条　任命権者は、次の各号のいずれかに該当する場合には、職員に通知書を交付して行わなければならない。
一　職員を降任させる場合
二　職員を休職にし、又はその期間を更新する場合
三　職員を免職する場合

確かに、職員の任免は行政行為として行われることから、職員の辞職にも承認を必要とした（人事院規則八―一二第五十一条を併せ参照）公務員時代の煩わしさは、少なくとも法人化後はなくなった。

しかし、採用にせよ、昇任や降任にせよ、それが「欠員補充の方法」として位置づけられる（国家公務員法三十五条を参照）という実態は、法人化後も変わっていない。

任命権者が違えば「転任」となり、同じであれば「配置換《がえ》」となる。法人化後は、前者が「出向」、後者が「配置転換（配転）」へと、その名称こそ変更をみたものの、職員の意

識までは変わらなかった。

国立大学の場合、人事交流の範囲が一般に近隣の関連法人に限られているということもあって、一部の例外的なケースを除き、出向に関しても、大きなトラブルがあったという話はあまり聞かない。

出向であろうと配転であろうと、大学から命じられれば、命令には素直に従う。将来のキャリア形成を考えても、それが得策であると多くの職員が考えているといってよい。

それゆえであろうか、人事異動については就業規則も、配転と出向を区別せず、「大学は業務の都合により、教職員に配置転換、……及び出向（以下「異動」という。）を命ずることがある」「異動を命じられた教職員は、正当な理由なくこれを拒むことができない」等とフラットに定めるものが多い。

ただ、出向先で何かトラブルがあった場合のことは、やはり検討しておく必要がある。以下、そのような場合の問題処理について、少し考えてみよう。

Case Study：出向者の懲戒処分

在籍出向であれ、転籍出向（移籍出向）であれ、出向については、出向元の出向規程に懲戒事案への対応を含め、詳細な定めが置かれることが多い。

（出向期間等）
第○条　出向期間は、原則として三年以内とする。ただし、業務上の必要からその期間を短縮又は延長することがある。
2　出向者は、出向期間中、出向先の就業規則（国又は地方公共団体に在籍出向する場合には、これに相当する法令等をいう。［中略］）の適用を受ける。ただし、出向者の行為が、［出向元の就業規則］に規定する懲戒事由に該当する場合には、当該出向者を大学に復帰させた上で、懲戒処分を行うことがある。

右の規定は、ある大学における在籍出向規程の一部を引用したものであるが、転籍出向の場合には、傍線部がそれぞれ「転籍出向」および「復職」となる。転籍とはいっても、復職を前提とする。そこに、国立大学法人における出向の特徴はあるともいえる。

関連法人（国または地方公共団体を含む）への出向の場合、出向期間中の給与は、賞与等を含め、「出向先が、当該出向先の給与規程等に定めるところにより、支給する」ことを通例とする（ただし、民間企業から出向者を受け入れる場合には出向元が支給するケースが多い）が、出向期間中は、給与以外の勤務条件についても、出向先のそれに従うことになるため、出向先の就業規則を適用するのが原則となる。

しかし、こうした状況のもとでは、出向者に懲戒事由に該当する行為があったとしても、その処分についてまで、出向先に委ねざるを得ないという話になりかねない。

出向者をなぜ出向元に復帰（復職）させるのか（二項ただし書を参照）。その理由は、出向元の就業規則の適用を改めて可能にし、これにより、出向者の懲戒処分を可能にすることにあったのである。

なるほど、転籍出向の場合、出向元に籍がないことから、出向期間中の出向者の行為についてまで、出向元の就業規則に定める懲戒規定を根拠に処分を行うことができるのか、といった疑問は残る。

同じことは、定年退職後、異なる就業規則のもとで再雇用された職員についても問題となるが、定年前の行為であっても、懲戒事由として一般に就業規則に定められる「大学の名誉および信用を失墜させたこと」を理由に懲戒処分を行うことは不可能ではない。だとすれば、転籍出向についても、これと同様に考えればよいということになろう。

なお、出向元と出向先が締結する出向契約は、出向者からみれば、民法五百三十七条に定める「第三者のためにする契約」に当たる（同条一項は、「契約により当事者の一方が第三者に対してある給付をすることを約したときは、その第三者は、債務者に対して直接にその給付を請求する権利を有する」と規定するにとどまる）。

それゆえ、出向契約に、出向者の懲戒処分に関する取扱いを定めても、その効力は当の出向者には及ばない。こうした点にも併せて留意する必要があろう。

第五二話　雇用関係法の基礎（12）

「懲戒処分」とは何か

「おもうに、懲戒解雇なるものは、普通解雇と異なり、譴責《けんせき》、減給、降職、出勤停止等とともに、企業秩序の違反に対し、使用者によって課せられる一種の制裁罰であると解するのが相当である」。

今からおよそ五〇年前、最高裁は、十和田観光電鉄事件（昭和三十八年六月二十一日第二小法廷判決）においてこのように判示して以来、懲戒処分を企業秩序違反に対する一種の制裁罰とする考え方を、繰り返し明らかにしてきた（関西電力事件＝昭和五十八年九月八日第一小法廷判決ほかを参照）。

他方、労働契約法十五条は、懲戒について次のように規定する。

（懲戒）

第十五条　使用者が労働者を懲戒することができる場合において、当該懲戒が、当該懲戒に係る労働者の行為の性質及び態様その他の事情に照らして、客観的に合理的な理由を欠き、社会通念上相当であると認められない場合は、その権利を濫用したものとして、当該懲戒は、無効とする。

企業秩序に違反する行為があれば、使用者は労働者を懲戒することができる。同条冒頭にある文言は、そう解釈することも不可能ではないが、「使用者が労働者を懲戒するには、あらかじめ就業規則において懲戒の種別及び事由を定めておくことを要する」と述べる、近時の判例（フジ興産事件＝平成十五年十月十日最高裁第二小法廷判決）もある。

ただ、同判決がその根拠として参照を求める判例（国鉄札幌駅事件＝昭和五十四年十月三十日最高裁第三小法廷判決）は、「上告人の総裁は、……被上告人らに対し、被上告人らの行為は上告人の就業規則六六条三号（「上司の命令に服従しないとき」）及び一七号（「その他著しく不都合な行いのあったとき」）に規定する事由にあたるとして、……被上告人らをいずれも戒告処分に付する旨の意思表示をした」との原審が確定した事実関係のもとで、「規則に定めるところに従い制裁として懲戒処分を行うことができる」と判示したものにすぎず、このことをもって、懲戒処分を行うための前提として就業規則上の根拠まで必要とすることには、論理の飛躍＝無理があるといわざるを得ない。

確かに、懲戒処分を行う必要がある以上、「その種類及び程度に関する事項」について就業規則に定めを置くのは、社会の常識であり（労働基準法（労基法）八十九条九号も、当該事項を就業規則の必要記載事項の一つとして規定する。ただし、定めを置かなかったとしても、同条に規定する作成義務違反の問題が生じるにとどまる）、真っ当な企業や法人がこれを失念するとは考えにくい。

しかし、事業所を新設した場合に就業規則の周知をうっかり忘れるようなことは、実際にもなくはない。その結果、懲戒処分そのものがその拠り所を失う（前掲・フジ興産事件判決も、このことを問題にする。労働契約法七条を併せ参照）。そうした失態だけは避けなければならない。

国立大学の場合、法人化後の現在も、懲戒処分を行うに当たっては、人事院の作成した「懲戒処分の指針」が重用されていると聞くが、標準例に示された処分の内容には、民間企業と比べ、より厳格なものもあれば、そうでないものもある（例えば、欠勤等については概して甘いが、入札談合等の不正への関与については厳しい）。

国家公務員法（国公法）八十二条一項の定めるところにより、国家公務員の場合、懲戒処分の種類は、免職、停職、減給および戒告の四種類に限られるものの、人事院規則一二—○（職員の懲戒）に規定する停職（民間では一般に出勤停止といい、二週間以内とするものが多い）や減給の範囲は、次にみるように民間企業よりも広いといった違いもある。

（停職）

第二条　停職の期間は、一日以上一年以下とする。

（減給）

第三条　減給は、一年以下の期間、俸給の月額の五分の一以下に相当する額を、給与から減ずるものとする。

【参考】労働基準法

（制裁規定の制限）

第九十一条　……減給は、一回の額が平均賃金の一日分の半額を超え、総額が一賃金支払期における賃金の総額の十分の一を超えてはならない。

労基法と同様、昭和二十二年に制定をみた国公法には、当初、①「停職の期間は、一月以上一年以下とする」（八十三条一項）、②「減給は、一月以上一年以下俸給の三分の一以下を減ずる」（同条三項）といった定めが置かれていたが、①については、昭和二十三年の国公法第一次改正に伴う、旧人事院規則一二—〇の制定（昭和二十四年一月四日施行）により、②については、これを全面改正した現行人事院規則一二—〇の制定（昭和二十七年六月一日施行）によって、現在の規定内容に改められることになる（なお、第一次改正前までは、「停職の期間中俸給の三分の一を受ける」ことが、国公法八十三条二項で規定されていた。改正後は、無給が原則）。

ちなみに、制定当初の国公法八十三条三項は、「減俸ハ一月以上一年以下年俸月割額若ハ月俸ノ三分一以下ヲ減ス」と規定した明治三十二年の文官懲戒令（昭和二十一年に官吏懲戒令と改称、昭和二十三年に国公法第一次改正により廃止）五条をモデルとするものであったが、平成十六年の法人化を機に、こうした歴史や伝統も一日にして雲散霧消する。それが国立大学にとって、本当に正しい選択であったのかどうか。大いに疑問が残る、というのが正直な感想といえよう。

Case Study：懲戒処分と刑事裁判

「懲戒に付せらるべき事件が、刑事裁判所に係属する間においても、人事院又は人事院の承認を経て任命権者は、同一事件について、適宜に、懲戒手続を進めることができる」。国公法は、懲戒処分と刑事裁判との関係について八十五条前段でこのように規定する。

「国家公務員の身分保障という観点に立てば、有罪判決が確定するまでは、懲戒手続を中断すべきではないか」。あるいは、人権派弁護士であれば、こういうかもしれない。しかし、世の中には、被告人となった職員や従業員のために、むしろ懲戒解雇等の処分を急ぐ、という現実もある。

執行猶予が付くかどうか――塀の中に入るか外にとどまるか――が微妙なケースでは、社会的制裁を懲戒処分という形で既に受けている場合（ただし、懲戒解雇以外の処分は、十分な社会的制裁として評価されない可能性もある）と、そうでない場合とで、裁判官の心証が大きく異なるからである。

確かに、本人が犯行を一貫して否認しているような場合、有罪判決が確定するまでは、無罪の推定が働くことから、起訴事実が懲戒解雇等の処分に相当するものであったとしても、被疑者が起訴されたというだけで、処分に踏み切ることには問題がある。

国公法が、懲戒手続を進めるに当たって、前述のように人事院の承認を要件としていること（八十五条）や、一方で起訴休職を制度化している（七十九条二号）ことも、そこに理由があるといってよい。

他方、法人化後の国立大学は、刑事被告人となった職員の懲戒手続を進めるに当たって、もはや人事院の承認を必要としない。起訴休職に関しても、休職の期間を「その事件が裁判所に係属する間」と定めた国公法八十条二項や、「休職の期間中、これに俸給、扶養手当、地域手当、広域異動手当、研究員調整手当及び住居手当のそれぞれ百分の六十以内を支給することができる」と規定した給与法（一般職の職員の給与に関する法律）二十三条四項の適用はなく、期間の限定や無給化といった制度設計も可能な状況にある。

刑事被告人といえども、懲戒処分は慎重に行う。しかし、公務員のマネはしない。そうした自立精神がここでもまた求められているといって、間違いはあるまい。

第五三話　雇用関係法の基礎（13）

「解雇」とは何か

「停職を解く。そしてただちに解雇する」。二〇一〇年のハリウッド映画「ツーリスト」で、アンジェリーナ・ジョリー扮する謎の美女エリーズは、某組織を離れるに当たって、上官からこのように言い渡される。映画では最後のほうに登場するシーンなので、詳細には触れない。

英語に堪能な人事課の職員に聞くと、原文は "Your suspension is lifted. And the employment is terminated effective immediately". であったという。

解雇には、もともと「雇いを解く」という意味がある。解雇するのはもとより使用者であるが、映画「ツーリスト」がそうであったように、解雇は、被雇用者の願い出によって行われる場合もなくはない。

大正十五（一九二六）年に工場法施行令が改正され、新設された二十七条ノ四が一項で「常時五十人以上ノ職工ヲ使用スル工場ノ工業主」に就業規則の作成・届出を義務づけ、二項五号で「解雇ニ関スル事項」を就業規則の必要記載事項の一つとして規定したときも、当然、そこにいう「解雇」には、職工の求めに応じて行う解雇が含まれていた。

例えば、このことに関連して、就業規則の変更命令（注：二十七条ノ四第三項は「地方長官必要ト認ムルトキハ就業規則ノ変更ヲ命スルコトヲ得」と定めていた）について述べた当時の通達（大正十五年十月二十八日収労第四六九号）は、次のようにいう。

●就業規則中雇入解雇の条に「職工は雇用期間中に於て自己の都合に依りては一切解雇を求むることを得す但し疾病其の他已むを得さる事情の為勤続し能はさるときは事情を具し二週間前に解雇の申出を為すへし」の如き規定を為し之に対し制裁の規定を設くるは適当ならさるものと認め相当訂正方指示可然哉

答　当事者か雇用の期間を定めたるときと雖も已むことを得さる事由あるときは各当事者か直に契約の解除を為し得へきことは民法第六百二十八条に明に規定する所に有之、之に反する契約は無効なるのみならす已むことを得さる場合に於て即時解除の権を雇主に於てのみ留保し職工に付ては之を認めさるか如き就業規則は甚た不当なるに付職工側より即時解雇を請求し得る様相当変更を命せられ可然尤も職工側より即時解雇を請求し得へき場合は必すしも列記せしむることを要せす、列記する場合には相当広く認むる様取計はれ度右の引用は、手許にある昭和十一年七月一日現行の社会局労働部編纂『労働保護法規並解釈例規』（協調会産業福利部）による（一九七頁。旧漢字は現行表記に改めている）が、こうした解釈例規については、発行年次を異にする複数の版が、国立国会図書館「近代デジタルライブラリー」に所蔵されており、現在はインターネットを通して容易にアクセスできる環境にある。

「可然」は「しかるべき」または「しかるべし」と読み、「雖も」「尤も」は、それぞれ「いえども」「もっとも」と読む。このような漢字の読み方さえ知っていれば、通達の内容そのものはきわめて常識的なものであって、決して難しくはない。

「近代デジタルライブラリー」に数多くの関連文献が所蔵されている「解雇手当」も、これと同様であって、被雇用者が自発的に退職する際に支払われる「退職手当」を含むものとして、「解雇手当」と称する場合が従前は少なくなかった（東京商工会議所「解雇手当に関する調査」（昭和十一年）ほかを参照）。

こうした解雇手当＝退職手当の普及が昭和十一年の「退職積立金及退職手当法」制定の背景となり、第二次大戦後、昭和二十二年に制定をみた失業保険法のもとでは、自己都合退職の場合にも失業給付を行う、わが国失業保険制度の特徴を形づくることにもなる。

解雇といえば、それだけで「悪」と考えてしまう。そうした状況は既に習い性となった感はあるものの、これでは冷静な判断など、およそ期待できない。

労働契約法をみても、「解雇」と見出しを打った規定は、権利の「濫用」に関する規定にとどまっている。そこに疑問を感じないほうがどうかしている。

かつては、解雇権の「濫用法理」に警鐘を鳴らす、次のような主張もあった。

「解雇による労働者の苦痛を緩和するためには解雇の予告、予告手当、退職手当、失業保険、生活保護法等があるので、これ等の外に更に事業主が経営上の犠牲を忍んで雇用を継続しなければならない理由はない」。

「解雇の自由が企業の合理性の維持増進のために認められたものであるとしても、何が企業の合理性の維持増進に必要であるかは事業主の自由と責任において判断すべきことであって、それが客観的に明白に常軌を逸している場合の外裁判所が干渉すべきではない。事業主の主観的判断を裁判所の主観的判断を以て否定して『権利の濫用』とするが如きは『権利の濫用』の濫用である」。

以上は、いずれも、第二次大戦前に社会局書記官（監督課長）を務めたこともある北岡寿逸氏（一八九四―一九八九）の著書『労働法講義』（東洋経済新報社、昭和三十三年）から引用したものであるが、今でも図書館に行けば読める。

もはや顧みる者もいなくなった主張であるとはいえ、暴論として片付けるにはあまりにも惜しい。故きを温ねて新しきを知る（温故知新）ともいう。ときには、そうした余裕もあってしかるべきであろう。

Case Study：辞職の承認

人事院規則八―一二（職員の任免）は、四条十一号で「辞職」を「職員がその意により退職することをいう」と定義する。職員の任免は、公務員の場合、行政行為であると解されることから、辞職についても、任命権者による承認が必要となる。

同規則五十三条十号の定めるところにより、任命権者が「職員の辞職を承認した場合」には、人事異動通知書が交付されることになる（詳しくは、第五一話を参照）が、五十一条には「任命権者は、職員から書面をもって辞職の申出があったときは、特に支障のない限り、これを承認するものとする」との定めも置かれている。

これを逆にいえば、任命権者が「特に支障がある」と判断した場合には、辞職を承認しないことも可能であり、「職員を懲戒免職等の処分に付すべき相当の事由がある場合」等をその例として挙げるのが、行政解釈となっている。

しかし、このようにいえるのは、あくまでも公務員の世界に限られるのであって、民間の企業や法人では通用しない理屈であることにも留意する必要がある。

例えば、「退職を願出て、会社が承認したとき、従業員の身分を喪失する」旨定めた就業規則について、「従業員が合意解約の申出をした場合は当然のことであるし、解約の申入をした場合でも民法六二七条二項所定の期間内に退職することを承認するについても問題がないが、それ以上に右解約予告期間経過後においてもなお解約の申入の効力発生を使用者の承認にかからしめる特約とするならば、もしこれを許容するときは、使用者の承認あるまで労働者は退職しえないことになり、労働者の解約の自由を制約することになるから、かかる趣旨の特約としては無効と解するのが相当である」とした、原審の判断（日本高圧瓦斯工業事件＝昭和五十九年七月二十五日大阪地裁判決）を維持した裁判例（大阪高裁の同年十一月二十九日判決）もある。

確かに、民法六百二十七条は、任意規定と解する余地も十分にあり、「退職予定日の三十日前までに、退職願を提出しなければならない」旨を就業規則に定めることも差し支えないと考えられる（民法六百二十七条二項との関係でも、法定の予告期間が三〇日を下回る場合がある）が、就業規則所定の予告期間を超えて、退職にストップをかけることが認められないのはいうまでもない。

特に大学の場合、職員のみならず、教員についても、同様の理が妥当することに注意が必要といえよう。

第五四話　雇用関係法の基礎（14）

「降給」とは何か

国家公務員法七十五条二項は、次のように規定する。「職員は、人事院規則の定める事由に該当するときは、降給されるものとする」。同趣旨の規定は、昭和二十二年の制定当初から存在した（昭和二十三年の法改正により、「人事委員会規則」が「人事院規則」と改められる）ものの、肝心の人事院規則は、その後久しく定められることはなかった。

職員の成績いかんによって、給与は上がることはあっても、下がることはない。公務員の世界には、そうした考え方が根強く残っているせいか、給与法（一般職の職員の給与に関する法律）をみても、降給に言及した規定（九条の二第一項）こそあれ、降給そのものに関する規定は、現在なお置かれていない。

確かに、労基法（労働基準法）八十九条も、「昇給に関する事項」を就業規則の絶対的必要記載事項として規定する（二号）一方で、降給については、黙して語るところがない。だからといって、公務員の例に倣って、給与規程（就業規則）に降給に関する定めがないにもかかわらず、勤務成績の良くない従業員の給与（基本給）を引き下げようとすると、裁判では確実に負ける。

昇給もあれば、降給もある。そうした給与制度を採用したいのであれば、降給についても、どのような場合にその可能性があるかを給与規程には定める必要がある。公務員準拠の法人だからといって、給与法をコピーすればすむという話では決してない。このことにまず、注意を促しておきたい。

また、平成二十一年にようやく制定をみた人事院規則一一―一〇（職員の降給）にしても、降給の要件（要件内容は、降格（下位級への変更）と降号（下位号俸への変更）で、ほぼ共通）があまりにも厳しすぎるために、民間企業や法人にとっては、モデルとしての用をなさないという問題がある。

例えば、人事院規則によれば、降給は、①勤務実績不良または適格性欠如の場合のほか、②心身の故障の場合に行うものとされているが、同規則の制定に併せて発出された人事院事務総局給与局長名の通知「降給に当たっての留意点等について」は、①の場合、注意や指導を繰り返し行う等の措置を講じたにもかかわらず、下記の（1）から（3）に掲げるような状態がなお改善されないときに、その対象を限るものとなっている。

（1）職責を十分に果さず、本来行うべき業務の処理を怠ったり他者に押しつけたりするなどの勤務懈怠の状況がしばしば見られ、そのフォローのために他者の作業

が滞るなど組織としての成果の達成を著しく阻害した場合

（2）職務遂行上必要な判断を行わなかったこと若しくはその判断に関して軽微でない誤りを犯したことにより、又は通常の職務遂行上求められる作業を行わずに、単純な思い込みで業務を遂行したりするなど不適切な職務遂行をしばしば行ったことにより、関係者に損害を与え、組織の信用を著しく傷つけた場合

（3）上司、部下、同僚との関係において必要な報告、指示、連絡等を怠り又は誤った報告等を行うこと、優先すべき業務と無関係な作業や不適切な判断を行うこと、部内・部外の関係者に対し情報提供を怠り又は誤解を招く情報提供を行うこと等がしばしばあり、業務を混乱させ、行政サービスに著しい支障を生じさせた場合

しかし、いずれのケースも、民間であれば解雇（普通解雇）されてもおかしくないものばかりであって、こうした場合にも、公務員の世界では降給しかできないというのでは、その常識が疑われる。降給を制度化したがために、かえって本来の分限処分である免職が難しくなる。そんな懸念さえ、いだかざるを得ないのである。

なるほど、降格といえば、降任に伴うものに限られ、「職員を降格させた場合におけるその者の号俸は、降格した日の前日に受けていた号俸と同じ額の号俸（同じ額の号俸がないときは、直近下位の額の号俸）とする」と定めていた人事院規則九―八（初任給、昇格、昇給等の基準）の規定（旧二十四条一項）は、人事院規則一一―一〇の制定に伴って、降

給＝俸給額の引下げとしての意味を持つもの（現行二十四条の二第一項）に、これが改められたという事実はある。

さらに、その前提として、人事院規則九—八には、降格に関する規定（二十四条）が新たに設けられ、降号についても「職員を降号させる場合におけるその者の号俸は、降号した日の前日に受けていた号俸より二号俸下位の号俸（当該受けていた号俸が職員の属する職務の級の最低の号俸の直近上位の号俸である場合にあっては、当該最低の号俸）とする」と定める規定（四十二条）が置かれるようになったことは、評価されてよい。

とはいえ、人事院規則一一—一〇や九—八の改正規則が施行された平成二十一年四月一日以降、二十七年三月末までに行われた降給処分（いずれも降格）の件数は、第一〇話でもみたように、わずか四件を数えるにとどまっている。こうした実績から考えても、公務員の世界における降給制度は、あくまでも反面教師として、これをみるべきであろう。

Case Study：年俸制と給与ダウン

前年の勤務成績によって、翌年の年俸額が決まる。それが年俸制本来の姿であるとすれば、当然、その額は、勤務成績の評価によりアップダウンするものとなる。

他方、年俸制とはいっても、外見からは、月給制との区別がつきにくいケースも少なくない。年俸制の適用を受ける従業員に対しても、労基法が適用される以上、「賃金は、毎月一回以上、一定の期日を定めて」支払う必要があり（二十四条二項）、年俸の一部を賞与の形で支払う企業も多いからである。

その場合、基本給部分を固定し、業績評価はもっぱら賞与に反映させるところもある。日本型年俸制の多くは、このようなスタイルをとるといわれるが、こうなると、月給制との違いは、もはやあってなきに等しい。

そして、このような場合、額が上下するのは賞与部分に限られるため、給与規程にある降給規定の適用も受けないことになる。賞与の額が業績評価の結果、対前年比で下がったとしても、それは賞与の性格上、当然のことであって、不利益変更の問題も生じないことに留意する必要があろう。

また、年俸を一二分して、その一を月例給（基本給＋業績給）として支払うような場合にも、年俸額（業績給の額）が評価の結果によって上下することに予め従業員が同意していれば、特段問題は生じない（ただし、月例給として支給する以上、その計算方法等に関する定めは必要になる。労基法八十九条二号を四号と比較参照）と考えられる。

その際、年俸額の上下幅が、年俸制の適用を受けない従業員が支払いを受ける賞与額の上下幅と仮に違っていたとしても、殊更これを問題視する必要はない。ハイリスク・ハイリターンともいうが、リターンが大きい分、リスクも大きくなる。年俸制の適用を受ける以上、それは当然のことなのである。

国立大学法人では、近年、年俸制の導入が大きな課題となっているが、これを背後から後押しするものに、次のように述べる「国立大学改革プラン」（文部科学省、平成二十五年十一月）があった。

●　各大学の改革の取組への重点支援の際に、年俸制の導入等を条件化

●　特に、教員の流動性が求められる分野において、「平成二十七年度までの」改革加速期間中に一万人規模で年俸制・混合給与を導入（例えば、研究大学で二〇％、それに準ずる大学で一〇％の教員に年俸制を導入することを目標に設定）

●　年俸制の趣旨に沿って、適切な業績評価体制を整備

教員への年俸制の導入（目標率の達成）が先決であって、年俸額のアップダウンは当面考えない。そんな大学も多いとは聞くが、適切な業績評価体制が整備されていない年俸制は、そもそも年俸制の名に値しない。このことをゆめ忘れてはなるまい。

第五五話　雇用関係法の基礎（15）

「就業規則」とは何か

「工場鉱山其の他の職場に於て労働者就業上の諸条件並に其の服すべき規律等を定めた規則を言ふ」（注：旧漢字は新漢字に改めている。以下同じ）。

昭和十年に岩波書店から刊行された『法律学辞典』第二巻の一二一六頁以下では、就業規則が冒頭、このように定義される。

就業規則の項目を担当したのは、同辞典の責任編輯者の一人でもある、末弘厳太郎《いずたろう》東京帝国大学教授（当時）。就業規則の法律的性質に関して、契約説と法律説の二説があることを説明した後、次のようにして、後者に与することを教授は明らかにする。

「就業規則は性質上個々の労働者の知不知若くは承諾如何に関係なく当該職場に於て当然に拘束力を有することを必要とする規範を創設するものであって、個々の職場に於ける就業規則は国家がこれに対して如何なる態度をとるかに関係なく、其の職場社会の法律として其の社会特有の統制力によって支持せられつつそこに法的規範たる力をもつのである。

個々の労働者の承諾に拘束力の根拠を求めんとするが如きは、全く事態に適合しない擬制的の説明たるに過ぎない。此の故に、就業規則は個々の労働者が雇入の際其の存在及び内容を知りたりや否や又これに対して承諾を与へたりや否やに関係なく彼を拘束する。就業規則が当該工場に於ける適法の改正手続によって改正された以上、個々の労働者は其の諾否如何に関係なく当然其の拘束を受ける」。

解説内容は、大正十五年の工場法施行令の改正による、常時五〇人以上の職工を使用する工業主を対象とした就業規則の作成・届出の義務づけに前後して書かれた、末弘教授の「就業規則の法律的研究」（『労働法研究』三六九頁以下所収）のエッセンスともいうべきものであったが、地方長官（東京府は警視総監）による変更命令（鉱山においては、鉱業法・鉱夫労役扶助規則に定める鉱山監督局長［大正十五年以前は鉱務署長］の許可）等の行政監督制度の整備を受けて、その内容は一段と法律説の色彩を強めたものとなっている。

法令の規定に違反する場合を除いて、「国家の行政的監督に服して制定された就業規則は司法裁判所に於ても其の儘《まま》其の効力を認むべきが当然である」とするのが『法律学辞典』にみる末弘説であった（行政的監督を受けずに制定された就業規則については、公序良俗に反しないものに限り、効力を有するとした）が、合理性の判断基準というファクターがこれに加われば、第二次大戦後確立をみた判例（秋北バス事件＝昭和四十三年十二月二十五日最高裁大法廷判決）の立場となる。

就業規則は、個々の労働者の知不知や同意の有無とは無関係に拘束力を認められ、強行法規または公序良俗に反する場合にのみ、その効力を失う（合理性や周知措置を欠く就業規則は、当該規則の内容（またはその不利益変更）に同意しない者を拘束しないというにとどまる。しばしば誤解されているように、無効になるわけではない）。

末弘解説は、八〇年前に書かれたものとはいえ、そうした就業規則の基本中の基本を、もう一度思い出させてくれるのである。

また、実際にも、上記工場法施行令の改正に併せて発出をみた、地方長官の変更命令について定めた通達（大正十五年十二月十三日発労第七一号）は、就業規則の規定内容に大きな影響を与えるものとなった。

例えば、通達は、懲戒解雇について「即時（無手当）解雇は不当に広く認めさること但し左の場合には之を認むること」として、その一つとして「正当の理由なくして無断欠勤十四日以上に及ひたるとき」を挙げるものであったが、改正工場法施行令が制定される前の大正十四年に刊行をみた『主要工場就業規則集』（協調会）においては、その例が少数にとどまっていたのに対し、昭和八年発行の『司法研究』第十七輯に収録された、中村武著『従業規則に関する研究』所収の「本邦主要工場就業規則集」では、これが標準的な規定となっているという事実がある。

労働基準法二十条三項（十九条二項の準用規定）所定の解雇予告の除外認定について、

通達（昭和二十三年十一月十一日基発第一六三七号等）が「原則として二週間以上正当な理由なく無断欠勤し、出勤の督促に応じない場合」を「労働者の責に帰すべき事由」として認定すべき事例の一つとして挙げているのも、その淵源をたどれば、右の大正十五年の通達にまでたどり着く。

これら戦前の文献の多く（『法律学辞典』を除く）は、国立国会図書館の「近代デジタルライブラリー」にアクセスすれば、いつでも読むことができる環境に現在はある。いずれもかなり大部の資料ではある（『主要工場就業規則集』は約六〇〇頁、『従業規則に関する研究』は約九〇〇頁）ものの、そこに収められた就業規則の実例を丹念に読めば、就業規則等の作成能力が向上することは間違いない（条文の書き方は、今も昔もそれほど変わらない）。騙されたと思って、一度挑戦してみてほしい。

Case Study：現場担当者の心得

就業規則の作成・適用に当たっては、押さえるべき勘所が幾つかある。就業規則とは、平たくいえば、約束の一種であり（相手方の同意を必要としないものは、契約とは通常いわない）、その意味からも、「できないことは約束しない＝就業規則に定めない」ことが、最も重要なポイントになる。

短期的には実行できても、長期的には維持が難しいケースでは、本則ではなく、附則に定めを置き、仮に期限を事前に確定することができない場合にも、それが「当分の間」の経過措置であることを明確にする。そうした知恵や工夫は当然、必要といえる。

ただ、「当分の間」と規定しておきながら、何もしないまま現状を放置し続ければ、「当分の間」の四文字は、その意義を失う。時機を逸すると、本則に戻すことさえ不利益変更になる。その可能性は否定できない。

法令に定めがあるからといって、就業規則に同様の定めを設けると、権利義務の性格が変わるという問題もある。法令上は公法上の義務にすぎないものであっても、就業規則に一度定めを置くと、私法上の義務にその性格を変える（就業規則の定めが労働契約の内容となって当事者を拘束する。労働契約法七条を参照）。定年退職者の継続雇用は、その典型といってもよい（第一九話を参照）。

また、いかに立派な規定であっても、それが適用されないことには意味がない。就業規則の定めと異なる取扱いが続いた場合、就業規則の定めは死文と化し、もはやこれを適用することができなくなる。

例えば、文書の掲示については許可が必要と、就業規則では定めていたとしよう。にもかかわらず、無許可の文書掲示が継続して行われ、それを使用者が放置していると、許可がなくても文書の掲示は可能（無許可で文書を掲示する権利がある？）という、就業規則の定めとはまったく逆のことが、その職場ではルールになってしまう。

相手が労働組合の場合、そのような状況のもとでは、就業規則の定めに基づいて許可を要求すること自体が、不当労働行為に当たる（支配介入の不当労働行為。労働組合法七条三号を参照）と、言い掛かりに等しい非難を受ける恐れすらある。

就業規則の規定内容を上回ること（例外）をいったん特定の個人に認めると、「あの人に認めたのであれば、私にも」という話に発展するのは当たり前であって、そうした状況も想定できないようでは、いくら知識があっても、人事労務の現場は到底務まらない。

とはいえ、例外のない原則もないという。就業規則の定めについても、ときには柔軟に対応することが現場担当者には求められる。

以下の二点について検討を重ねた上で、その答えがいずれも「イエス」であれば、例外を認める。それが要諦と考えて、大過はないであろう。

① 例外を認める理由を対外的にもきちんと説明できるか。

② 例外を認めても他に大きな影響を及ぼさないといえるか。

第五六話　労使関係法の基礎（1）

「労働組合」とは何か

一般に「労働組合」といえば、多くの者は、連合（日本労働組合総連合会）をはじめとする労働組合のナショナルセンターを連想する。組合組織率（雇用者に占める組合員の割合）こそ二割を大きく下回っている（平成二十六年六月末現在、一七・五％）とはいえ、連合の会長が新聞紙面に登場しない日は、むしろ少ない。

しかし、連合そのものは、連合東京や連合大阪といった地方組織を含め、労組法（労働組合法）上の労働組合ではない。その性格は、労組法二条本文にいう「連合団体」というよりは、連絡協議機関に近く、自らが労使関係の当事者として団体交渉や争議行為を行うことは、もとより予定されていない。

かくして、同盟罷業に関する定めは当然のことながら、連合の規約にはなく、定期大会も二年に一回開催すると規約にはある。労組法五条二項に規定する組合規約とは、明らかに異質のものといってよい。

労働委員会のメンバーである労働者委員の大半は、連合加盟組織の役員やＯＢによって占められるのが現状であるが、連合やその地方組織は、労働者委員の推薦母体となることもない（注：労組法上の労働組合のみが労働者委員を推薦できるため。同法十九条の三第二項、十九条の十二第三項を参照）。そうした現実も、知る必要があろう。

他方、わが国の場合、労働組合の結成それ自体はきわめて容易であり、法律上その結成を妨げるものはほとんどない。従業員や職員のなかに、組合員＝分会員が一人しかいないようなときも、その分会が規約等を欠くために、労組法上の労働組合として認められない（二条本文にいう「団体」＝社団としての要件を満たさない）というにとどまる。

したがって、このような場合、団体交渉も分会単独で申し入れることは認められないとはいえ、分会の所属する組合と連名で交渉の申入れが行われた場合には、これを拒否できない（注：不当労働行為救済申立事件においても、分会を申立人とする申立て部分が却下されるにすぎない。労働委員会規則三十三条一項二号を参照）。

確かに、労組法二条但書は、「左の各号の一に該当するもの」は、同法にいう「労働組合」ではないと規定する。

一　役員、雇入解雇昇進又は異動に関して直接の権限を持つ監督的地位にある労働者、使用者の労働関係についての計画と方針とに関する機密の事項に接し、そのためにその職務上の義務と責任とが当該労働組合の組合員としての誠意と責任とに直接に

ている監督的地位にある労働者その他使用者の利益を代表する者の参加を許すもの

二　団体の運営のための経費の支出につき使用者の経理上の援助を受けるもの。但し、労働者が労働時間中に時間又は賃金を失うことなく使用者と協議し、又は交渉することを使用者が許すことを妨げるものではなく、且つ、厚生資金又は経済上の不幸若しくは災厄を防止し、若しくは救済するための支出に実際に用いられる福利その他の基金に対する使用者の寄附及び最小限の広さの事務所の供与を除くものとする。

三　共済事業その他福利事業のみを目的とするもの

四　主として政治運動又は社会運動を目的とするもの

とはいえ、その多くは、労働組合の消極的要件としてはあまり機能していない、という現実がある。一号にいう「使用者の利益を代表する者の参加を許す」管理職組合は、その典型ともいえるが、(自称) 労働組合のなかには、四号にいう「主として政治運動を目的とする」事実上の政治結社が、労働組合の仮面をかぶったものさえある。

二号にいう「使用者の経理上の援助」は、労組法七条三号によって不当労働行為として禁止される行為でもあり、その本質は、このような経費援助は認められない、という同法の姿勢を明確にしたことにある。

にもかかわらず、これら規定の但書をもとに、労働時間中の賃金保障を前提とした団体交渉や、組合事務所の無償供与を当然の権利であるかのように主張する労働組合は、現在なお少なくない。

労働組合がこのようにして経費面で使用者に依存すればするほど、組合は弱体化する。そうしたリスクを避けるためにも、労働組合には、労組法二条本文にいう「自主的」組織つまり使用者から独立した組織として、自立を図ることが期待される。こうもいうことができよう。

Case Study：組合事務所の供与

いったん労働組合に組合事務所を供与すると、それが既得権となって、原状回復など、夢のまた夢となる。そんな怖さが、労働組合に対する便宜供与にはある。

確かに、「当該企業に雇用される労働者のみをもって組織される労働組合（いわゆる企業内組合）は、当該企業の物的施設（以下『企業施設』という。）内をその活動の主要な場とせざるを得ないのが実情であり、その活動につき企業施設を利用する必要性の大きいことは否定することができない。しかし、労働組合が当然に使用者の所有し管理する企業施設を利用する権利を保障されているということはできず、労働組合による企業施設の利用は、本来、使用者との団体交渉等による合意に基づいて行われるべきものであって、労働組合にとって利用の必要性が大きいことのゆえに、労働組合又はその組合員において企業施設を使用者の許諾なしに組合活動のために利用し得る権限を取得し、また、使用者においで労働組合又はその組合員の組合活動のためにする企業施設の利用を受忍しなければならない義務を負うと解すべき理由はない」。

最高裁は、これまで、このような考え方に裁判所が与することを繰り返し明らかにしてきた（引用は、オリエンタルモーター事件＝平成七年九月八日第二小法廷判決による）。

しかし、一度でも労働組合による企業施設の利用を認めると、状況は一変する。明渡しなど、もってのほか。組合事務所の明渡しを組合に求めること自体が支配介入の不当労働行為（労組法七条三号を参照）に該当する。労働委員会は、こう条件反射的に考える傾向にある、といって間違いはない。

法人化前の国立大学には、組合事務所として行政財産を使用することは認めない、という選択肢もあった。国有財産法（現十八条六項）に定める行政財産の目的外使用の許可は、そもそも組合事務所としての使用を想定していない。正確にいえば、そう解釈するほかない現実があった（昭和三十三年一月七日蔵管《くらかん》第一号「行政財産を使用又は収益させる場合の取扱いの基準について」。第三〇話を併せ参照）。

行政財産に関する限り、このような状況は今日に至るまでまったく変わっていない。にもかかわらず、官公庁の多く、裁判所までもが、組合事務所としての行政財産の使用を既に認めてしまっている。そんな光景が、国と地方を問わず、広範にみられる。国立大学もその例外ではなかったのである。

ただ、いわゆるヤミ専従問題をきっかけとして、在籍専従のいない職員団体の支部等には組合事務所としての行政財産の使用を認めない、との方針に転換した省庁もある。

在籍専従のいる労働組合や職員団体にとっては、施設内に当該専従のための「職場」が必要との考え方もできようが、こうした専従のいない労働組合等にとっては、組合事務所といっても、せいぜい勤務時間外に利用する「たまり場」の意味しか持たない。そうした場合、組合事務所が仮に勤務時間中にも使用されるようなことになれば、文字どおりヤミ専従の温床と化す。

現在の国立大学を例にとれば、裁量労働制の適用を受ける教員が「いつどこで働くかは自分が決める」として、組合事務所に終日入り浸るといった、不測の事態も考えられる。仮に組合事務所の供与を今後とも続けるとしても、どこかで歯止めをかける必要はある。その必要性は大きいといえよう。

第五七話　労使関係法の基礎（2）

「団体交渉」とは何か

「勤労者の団結する権利及び団体交渉その他の団体行動をする権利は、これを保障する」。日本国憲法（憲法）二十八条は、このように規定する。ここにいう「勤労者」とは、労働組合法（労組法）三条に定義する「労働者」を指すと一般に解されているが、団体交渉権の主体はあくまで勤労者＝労働者の組織する労働組合であって、憲法と労組法のいずれも使用者の交渉権までは、これを認めるものとはなっていない。

交渉の相手方である使用者は、団体交渉に応ずべき義務のみを負う。憲法や労組法は、これを素直に読む限り、このような考え方に立っているかにみえる。労使対等とはいうものの、交渉の仕組みそのものが一方に偏している。そうした国際的にみても特異といえる環境に、わが国はある。

確かに、労組法が使用者の不当労働行為として禁止する団交拒否は、正当な理由がないものに限られる（七条二号）。だが、団体交渉が行き詰まりに達した、といえるような場合でなければ、交渉拒否に正当な理由があるとは通常認められない。

「双方譲歩の余地なし」として、使用者が団体交渉を打ち切ろうとすれば、「譲歩の余地など、いくらでもある」（要求内容が過大であれば、譲歩も容易）といった返答が労働組合からは即座に返ってくる。一言の「失言」も許されない。団体交渉の打切り一つをとっても、そうした緊張感をもってこれに臨むことが、交渉担当者の務めとなる。

交渉はできるだけ回数を重ね、団体交渉の場で新たに要求が出されたような場合には、仮に要求内容が到底認め難いものであったとしても、その場で「ノー」と即答するようなことは避け、いったんこれを持ち帰り、検討を行った上で回答する。そうした交渉マナーも身につける必要がある。

団体交渉のテーブルについたというだけでは、団体交渉を行ったとは評価されない。例えば、このことに関連して、ある裁判例（カール・ツアイス事件＝平成元年九月二十二日東京地裁判決）は、次のようにいう。

「使用者には、誠実に団体交渉にあたる義務（注：誠実交渉義務）があり、したがって、使用者は、自己の主張を相手方が理解し、納得することを目指して、誠意をもって団体交渉に当たらなければならず、労働組合の要求や主張に対する回答や自己の主張の根拠を具体的に説明したり、必要な資料を提示するなどし、また、結局において労働組合の要求に対し譲歩することができないとしても、その論拠を示して反論するなどの努力をすべき義務があるのであって、合意を求める労働組合の努力に対しては、右のような誠実な対応を通じて合意達成の可能性を模索する義務があるものと解すべきである」。

とはいえ、右の裁判例をよく読めばわかるように、「合意達成の可能性を模索する義務」とはいっても、要求に対する譲歩（代案の提示等による歩み寄り）までは使用者に求めるものとなっていない。労働組合の要求を拒否する場合も、その理由を具体的に説明する。使用者が負うのも、そうした説明義務に尽きる。

また、裁判例にいう「必要な資料の提示」についても、使用者が提示を求められるのはあくまでも要求に対する回答に必要な資料に限られるのであって、労働条件＝義務的交渉事項に関わるものだからといって、労働組合が求める資料のすべてを提示・公開する義務は、使用者にはない。

「例えば、団体交渉事項である賃金制度について、使用者は労働組合に対し、常に制度の公開あるいはこれに関連する資料の提示をしなければならないものではなく、労働組合が賃金その他の労働条件に関する具体的な要求をすることなく、合意を求める努力もしないまま、単に賃金制度に関する資料の提示を求めているような場合には、資料を提示せず、その提示できない合理的理由を述べれば誠実交渉義務違反とまではいえない」（日本アイ・ビー・エム事件＝平成十四年二月二十七日東京地裁判決）。いわゆる資料提示義務に関しては、このように述べる裁判例も存在することに留意する必要があろう。

なるほど、労働組合の要求に従えば、一時の安息は得られる。しかし、そのことが将来の労使関係に与える影響についても、交渉の任にある者は考えなければならない。

「前回は認めたのに、今回はなぜ認めないのか」。労働条件の改善であれ、資料の提示であれ、使用者の対応が変われば、その理由を追及される。労働組合としては当然のリアクションともいえるが、これを逆にいえば、このように組合から追及されたとき、その理由を説明できないような行動は、使用者としてもとるべきではないという話になる。

応じられない要求に対しては、その理由を具体的に説明し、率直に応じられないと回答する。強くいえば何とかなる（譲歩が期待できる）と思わせるような使用者のもとでは、労働組合も引くに引けなくなる。そのような状況に労働組合を追い込まないこともまた、使用者の重要な使命なのである。

Case Study：法人職員の給与改定

平成二十六年十月三十一日、衆議院の内閣委員会は「一般職の職員の給与に関する法律」（給与法）等の一部改正案を可決するに当たって、次の一項を含む附帯決議を行った。

四　自主性及び自律性の発揮という独立行政法人通則法の趣旨並びに職員に適用される労働関係法制度にのっとり、職員の給与改定及び給与制度の見直しに関しては、独立行政法人の労使交渉における決定に基づき対応すること。

他方、同月七日の閣議決定「公務員の給与改定に関する取扱いについて」においては、独立行政法人が従前どおり「総務省設置法（略）第四条第十三号に規定する独立行政法人をいう」と定義されており、この考え方に従えば、右の附帯決議にいう独立行政法人には国立大学法人も当然、含まれることになる。

しかしながら、国立大学法人の場合、労使交渉の相手方となる労働組合は、その大多数が少数組合であり、「労使交渉における決定に基づき対応」せよといわれても、にわかには同意し難いものがある。

労働組合から団体交渉の申入れがあれば、これに応じるのは使用者の義務ではあるが、給与の改定は、相手が仮に多数組合であっても、労使間の合意や決定をかならずしも必要とするものではない。その意味でも、附帯決議の内容は、ミスリーディングということができよう。

さらに、前述した附帯決議が、一方で「国家公務員の総人件費に関する基本方針を踏まえ、実効性のある総人件費管理に努めること」としていることや、当該決議にいう「国家公務員の総人件費に関する基本方針」（平成二十六年七月二十五日閣議決定）が、「厳しい財政事情に鑑み、職員構成の高齢化や雇用と年金の接続に伴う構造的な人件費の増加を抑制するとともに、簡素で効率的な行政組織・体制を確立することにより、総人件費の抑制を図る」とその姿勢を明確にしていることからみても、国立大学法人を含む独立行政法人に限って、適用労働関係法令の違いだけを理由に、「労使交渉における決定」を給与改定の最優先基準とすることには、およそ無理がある。

以上のほか、上記十月七日の閣議決定においては、独立行政法人（国立大学法人を含む）の「役職員の給与改定に当たっては、『独立行政法人改革等に関する基本的な方針』（平成二十五年十二月二十四日閣議決定）を踏まえ、適切に対応する」ともされているが、給与の改定を「労使交渉における決定」に委ねるといった発想は、この『方針』には一切みられないという事実もある。

「法人への運営費交付金が国民から徴収された税金を財源にしていることを踏まえ」れば、「運営費交付金を適切かつ効率的に使用する責務」が法人にはある。右の『方針』は、こうも指摘する。

第三〇話でみたように、現に給与財源の大半を運営費交付金に依存している国立大学法人にとっても、このことが、給与改定に当たっての最高指針となる。こういって、間違いはないのである。

第五八話　労使関係法の基礎（3）

「団体交渉」とは何か　続

「労働組合の代表者又は労働組合の委任を受けた者は、労働組合又は組合員のために使用者又はその団体と労働協約の締結その他の事項に関して交渉する権限を有する」。労働組合法（労組法）六条は、こう規定する。

労働組合が団体交渉を委任したといえば、使用者はその者が交渉に出席することを拒めない。同条を根拠にそう解する向きもあるとはいえ、そんなことを認めるために労組法がわざわざ規定を置いたとは考えにくい。

現在の労組法が制定されたのは、わが国が占領下にあった昭和二十四年。同法が公布をみた同年六月一日の英文官報は、六条を次のように訳出した。

“Representatives of a trade union or those to *whom the powers thereto are delegated* by the trade union shall have the power to negotiate with the employer or the employer's organization on behalf of the members of the trade union for conclusion of a trade agreement or on other matters".

イタリックで筆者が表示した部分を読めばわかるように、委任されるのは、組合代表者の権限であって、団体交渉に出席する権限というような低次元のものではない。団体交渉の目的が労働協約の締結にあるとすれば、その締結に当たって、協約にサインできない者（組合代表者の権限を委任されていない者）が交渉に出席しても意味がない。「かゝる者と締結した労働協約は無効であるから、交渉に来た者が果してその権限を有するや否やを確めることは極めて大切である」。このように、現行労組法六条の前身に当たる旧労組法十条が解釈されていたことにも、十分に留意する必要があろう（引用は、末弘厳太郎《いずたろう》著『労働組合法解説』（日本評論社、昭和二十一年）四一頁による。英文官報と同様、国立国会図書館「近代デジタルライブラリー」所蔵）。

他方、そうした協約締結権が法律上否認されている、公務員の世界における「交渉」規定も大いに参考になる。次のように定める、国家公務員法百八条の五の規定がそれである（地方公務員法五十五条も、五項以下に同旨の規定を置く）。

⑤　交渉は、職員団体と当局があらかじめ取り決めた員数の範囲内で、職員団体がその役員の中から指名する者と当局の指名する者との間において行なわなければならない。交渉に当たっては、職員団体と当局との間において、議題、時間、場所その他必要な事項をあらかじめ取り決めて行なうものとする。

⑥　前項の場合において、特別の事情があるときは、職員団体は、役員以外の者を指名することができるものとする。ただし、その指名する者は、当該交渉の対象である特定の事項について交渉する適法な委任を当該職員団体の執行機関から受けたことを文書によって証明できる者でなければならない。

⑦　交渉は、前二項の規定に適合しないこととなったとき、又は他の職員の職務の遂行を妨げ、若しくは国の事務の正常な運営を阻害することとなったときは、これを打ち切ることができる。

右の六項にいう「『特別の事情』とは、交渉事項が専門的な問題で弁護士などの専門家に任せる必要があるとき、交渉事項が一部の職場に限定された問題でその職場の事情をよく知っている支部長などに交渉を任せることが適当であるときなどが考えられる。その判断は職員団体に任されているが、いたずらに部外者を交渉の担当者とすることは、かえって交渉を混乱させるので適当でないから、合理的理由がある場合に限られる」。同法の代表的なコンメンタール（森園幸男ほか編『逐条国家公務員法〈全訂版〉』（学陽書房、平成二十七年）一一六七頁）がこのように述べていることも、すこぶる示唆に富む。

労組法をモデルとした、民主党政権時代の公務員労働関係法案でさえ、交渉秩序の維持は、最低限必要と考えたのか、右にみた交渉手続きに関する規定については、これをそのまま踏襲するものとなっている（「国家公務員の労働関係に関する法律案」十二条一項から三項までの規定を参照)。

労働組合が連れてきた者は、たとえその大半が部外者であっても、団体交渉への出席を認めなければならない。例えば、合同労組に加入した従業員がたった一人というケースであっても、組合側の出席者の人数を五人以内とすることに使用者がこだわれば、そのこと自体が、労組法七条二号にいう団交拒否の不当労働行為となる(鴻池運輸事件＝平成二十六年七月二十八日東京地裁判決を参照)。

このような世界に例をみない、非常識とも不条理ともいうべき状況を、今後とも続けるのかどうか。それが今、わが国には問われているのである。

Case Study：交渉に必要な知恵

中労委命令の取消しを求めて提起された、右の鴻池運輸の事件においては、合同労組に加入したAが、営業所内で①女性社員に抱きついたり、そのでん部をなでたりするなどのセクハラが発生していること、②運転未熟者がフォークリフトを運転しており危険であること、③Aの個人情報が従業員の間で話題とされていることの三点にわたって問題を指摘し、これらの三項目について、会社の対応と説明を要求。この「三項目の要求」に対する会社の説明等に関しても、これが団交拒否の不当労働行為＝不誠実団交に該当するか否かが、争点の一つとなった。

そして、右の「三項目の要求」に対する会社の回答は、①および③については「調査したが指摘されたような事実は見つからなかった」というものであり、②については「運転未熟者が行う場合には事前に関係者に周知することなどを説明」するものであったが、組合側がさらに調査の日付、対象者を明らかにするよう求めたのに対して、会社（原告）は「プライバシーの問題」があるとして、これに応じなかったことが事実として認定されている。

その上で、判決は、次のようにいう。「原告側は、三項目の要求に係る一応の調査結果を説明してはいるものの、三項目の要求をしたA及び本件組合からすれば、原告の行った調査の方法、内容について説明を求めるのは何ら不合理なものではなく、原告側としても、調査日程や調査対象者の人数、範囲等について説明を尽くすなど、調査対象者のプライバシーを害さない形で更なる説明をすることは可能であったと解される上、そのような回答すら困難であったというのであれば、その理由を説明するなどして対応すべきであり、プライバシーを理由に上記の程度の説明すら拒否したという原告の対応は、不誠実なものといわざるを得ず、労組法七条二号の不当労働行為に当たるというべきである」。

しかし、そもそも営業所内において①や③の事実があると問題を指摘したのは、組合員であるAであり、会社の調査結果が仮に事実に反するというのであれば、そのことを組合やAはなぜ指摘しなかったのか。

確かに、会社側が、第一回団交において、組合に対して、「三項目の要求に係る事実確認をし、その調査結果を説明する」と回答したという事実はあったにせよ、問題を指摘した以上、それが「事実」であることを具体的に説明する責任は、この場合、むしろA本人にある。そう考えるのが筋であろう。

「プライバシーの問題」と逃げを打てば、「プライバシーを害さない形で更なる説明をすることは可能」と追い打ちをかけられるのは、目にみえている。本件の場合、裁判官まで
が、要求に対する回答という点だけに着眼して、単純に事を処理したのはいささか意外であったが、「理屈」で要求をかわそうとした使用者にも責任はある。

問題を指摘したA本人に対して、それ以上の具体的な説明をなぜ使用者は求めなかったのか。調査の結果、そうした事実が見つからなかったとしても、その時点で逆に「更なる説明」をA本人や組合に求めることはできたはずである。団体交渉において必要なのは、そんな「知恵」であって、「理屈」ではないのである。

第五九話　労使関係法の基礎（4）

「労働協約」とは何か

賃金の引上げは、労働協約の締結や改定を通常伴わない。例えば、連合（日本労働組合総連合会）の「二〇一五春季生活闘争方針」をみても、方針自体に「労働協約」の文字はなく、別紙の「ワークルールの取り組み」や「男女平等課題に関する取り組み」においてのみ、これが登場する。

具体的には、平成二十四（二〇一二）年の改正労働者派遣法や改正高年齢者雇用安定法、残業規制や両立支援の促進といった、法令の遵守と関わる課題に限定して、労働協約の整備や締結・改定が語られる。協約の締結や改定によって賃上げを実現する、という発想はそこにはみられない。

労働組合法（労組法）十六条は「労働協約に定める労働条件その他の労働者の待遇に関する基準に違反する労働契約の部分は、無効とする。この場合において無効となった部分は、基準の定めるところによる」と規定する（後段省略）が、労働協約が月給を三〇万円と定めた場合、その額を二五万円とする労働契約の部分は無効となり、協約に定める額との差額を請求できるといった、同条の理解を容易にする説明も、この意味では実態を反映していない、ということになる。

厚生労働省「平成二十三年労働協約等実態調査」の結果をみても、賃金に関する事項について労働協約の規定があると答えた組合は、すべての項目で五割を下回っており（基本給の金額については三九・七％と、四割をわずかながら下回っている）、労働条件に関する事項のなかでも、協約に定めのあるケースの割合は、ひときわ低いものとなっている。

労働条件に関する事項のうち、労働時間・休日・休暇に関する事項については、①所定労働時間のほか、②所定外労働時間、③年次有給休暇の三項目で、労働協約に規定があると回答した組合が五割を超えているとはいうものの、その割合が六割を上回る項目はない（①の五六・五％が最高）。

これに対して、労働組合に関する事項は、総じて労働協約に定めが置かれる割合が高く、④団体交渉事項、⑤団体交渉の手続き・運営のほか、⑥チェック・オフ、⑦就業時間中の組合活動の四項目において、その割合が七割を超えており（④の七五・二％が最高）、こうした労使関係事項の比重の高さが、わが国における労働協約の特徴ともなっている。

ただ、労働組合に関する事項のなかには、ユニオン・ショップ（特定の組合への加入の義務づけ。締結率は六一・二％）のように、過半数組合だけがこれを締結できるとされている（労組法七条一号ただし書を参照）ものも含まれている。

また、チェック・オフ（給与からの組合費の天引き。締結率は七四・一％）のように、該当条項を含む協約の締結組合が過半数組合ではなく、少数組合である場合には、労働基準法（労基法）上、過半数代表者との間で、労使協定（二四協定。労基法二十四条一項ただし書を参照）を締結することが別途必要になるものもある。

使用者が有効なチェック・オフを行うためには「使用者が個々の組合員から、賃金から控除した組合費相当分を労働組合に支払うことにつき委任を受けること」も併せて必要とするのが、判例（エッソ石油事件＝平成五年三月二十五日最高裁第一小法廷判決）の立場であるが、このような支払委任を目的とする個別同意を適法なものとするためにも、二四協定の締結は必要になる。

確かに、過半数組合がチェック・オフ協定を締結した場合には、当該協定は二四協定と労働協約の性格を併有することになる。しかし、この場合にも、個別同意は必要であると判例はいう。労働協約の内容がそのまま労働契約の内容となること（労組法十六条後段を参照）はない、と考えるのである。

労働協約は契約の一種とはいっても、これを締結するのはあくまでも労働組合であって、組合員が自ら契約＝労働協約の締結当事者となるわけではない。

このような契約を民法では「第三者のためにする契約」といい、同法五百三十七条の規定に従えば、労働協約の定めにより、使用者が組合員に「ある給付をすることを約したとき」も、組合員が使用者に対してその「利益を享受する意思を表示」しない限り、請求権は発生しないことになる。

労働協約に定めさえ置けば、それが組合員の権利または義務のいずれを規定するものであっても、組合員はその適用を受ける。このことを当然と考える向きもあるが、こうした労働協約の適用が可能になるのも、ひとえに労組法十六条の存在による。

判例とはその解釈を異にするものの、二四協定が労働協約としての性格を併せ持つ場合、当該協定＝協約によって、組合費の支払委任を根拠づける（その旨の個別同意があったものとみなす）ことも不可能ではない。労組法十六条（後段）の解釈としては、むしろそれが素直ともいえる。しかし、単なる労使慣行についても同じように考えることができるかというと、さすがに無理がある。

過半数組合ではなく、過半数代表者が締結する二四協定は、いずれにせよ労働協約ではない。少数組合の委員長等が過半数代表者となることの多い国立大学法人の場合、協定と協約の混同が起きやすいとはいえ、その区別はやはり明確にする必要がある。

二四協定はあっても、組合とは協約を締結しておらず、組合員からは同意書もとっていない。そんな状況でチェック・オフを続けてはいないか。まずは、その現状を再チェックすることをお勧めしたい。

Case Study：賃下げと労働協約

労使ともにあまり無茶はいわず、労使間に信頼関係がある。そうした労使関係のもとでは、労働協約に賃金に関する定めを置いたとしても、それほど問題は生じない。しかし、労使がことあるごとに対立しているような場合、賃金について協約に定めを置くことは、ときにリスキーなものとなる。

賃下げを断行しなければ、経営が成り立たない。このような場合、賃金（基本給）の額が労働協約に定められていると、賃金の引下げ＝協約の改定に応じるよう労働組合を説得することが、使用者には必要になる。

組合との団体交渉を何度重ねても、協約改定に一向に応じない。そうした事態に至って初めて、協約の解約という次の段階へと進む。

しかし、労働協約の解約を通告したとしても、協約が実際に解約されたものとして扱われるのは、その九〇日後（労組法十五条四項を参照）。協約に有効期間の定めがある場合には、当該期間が満了するまで、労使が合意しない限り、その中途解約すら許されないこと（同条三項を参照）にも留意する必要がある。

他方、労働協約が存続している間は、就業規則の改正によって賃金を引き下げることにもストップがかかる。「就業規則は、……当該事業場について適用される労働協約に反してはならない」。このように、労基法は九十二条一項で規定しているからである。

非組合員に対しては、改正後の就業規則を適用できたとしても、当の組合員にとっては改正後の就業規則が、存続中の労働協約に反するものとして無効となるため、組合員に対しては、これを適用することができず、労働協約を事後に解約したとしても、いったん無効となった就業規則はもはや生き返らない。そんな悪夢が現実となることまで、使用者は覚悟しなければならない。

右のような場合、「新たな労働協約が締結されるか、新たな就業規則の制定により労働条件の合理的改定が行われるまでの間は、労働契約当事者の合理的意思として、従前の労働条件（略）が存続する」とある裁判例（佐野第一交通（差額賃金仮払）事件＝平成十四年九月十三日大阪地裁岸和田支部決定）はいうが、その結果、以後の裁判においても、本件における使用者は、敗訴に次ぐ敗訴を重ねた。

労働協約に定める賃金の引下げは、かくも難しい。本件は、そのことを具体例をもって教えてくれる、貴重な事件でもあったのである。

第六〇話　労使関係法の基礎（5）

「労働争議」とは何か

今や、条文を紐解くこともほとんどなくなった法律の一つに、労働関係調整法（労調法）がある。現行の労働立法としては、最も古い法律（昭和二十一年制定）であり、かつては労働三法の一角を占めてもいたが、最近では司法試験用六法さえ収録を見送っている。

しかし、「労働争議」や「争議行為」の定義規定といえば、現在なお、次のように定める労調法の規定が唯一の規定となっており、これに依拠するほかはない。

第六条　この法律において労働争議とは、労働関係の当事者間において、労働関係に関する主張が一致しないで、そのために争議行為が発生してゐる状態又は発生する虞がある状態をいふ。

第七条　この法律において争議行為とは、同盟罷業、怠業、作業所閉鎖その他労働関係の当事者が、その主張を貫徹することを目的として行ふ行為及びこれに対抗する行為であつて、業務の正常な運営を阻害するものをいふ。

確かに、「争議」という言葉自体がもはや〝死語〟となりつつある。例えば、厚生労働省の「労働争議統計調査」によれば、平成二十五年における総争議件数は五〇七件にすぎず、比較可能な昭和三十二年以降では、最少記録を更新するものとなっている（翌二十六年には、四九五件とさらに最少記録を更新）。

うち、半日以上の同盟罷業（ストライキ）を伴うものはわずかに三一件（平成二十六年は二七件）。行為参加人員は一六八三人（同一万四九八九人）、労働損失日数も七〇三五日（同一万九九三一日）と、これまでの最高を記録した昭和四十九年の状況（五一九七件／三六二万一八三人／九六〇万六四五二日。なお、同年の場合、二割を超える物価の高騰がストの頻発につながった）とは、およそ比較にならない現状にある。

にもかかわらず、労調法にいう労働争議の調整件数は、昭和四十九年の二二四九件に対して、平成二十五年は五一六件と、争議件数に比例する形では、これが減少するものとはなっていない（労委協会「労働委員会年報」による。以下同じ）。

平成二十五年に開始された争議調整事件（四四二件）に限っても、その対象労働者数は二三万六四〇六人と、仮に半日未満の同盟罷業を含めても一万三〇四二人（平成二十六年は二万八一九一人。ただし、近年では例外的に多かった）にとどまる争議行為参加人員を大きく上回るものとなっている。

たとえ、労働争議が発生したといえる状態（争議行為が発生しているか、その虞がある状態）にない場合であっても、団交促進等と称して「あっせん」をはじめとする労働争議の調整を行う。そのような労調法六条の規定内容とは異なる現実が、労働委員会では慣行として定着をみているからである。

団体交渉が思うようにいかなくても、労働委員会に「あっせん」申請をすれば、何とかしてもらえる。

このことを当然の権利のように考えている労働組合も珍しくないとはいえ、正真正銘の労働争議が発生したときでさえ、労調法は二条で「労働関係の当事者は、……誠意をもって自主的にこれを解決するやうに、特に努力しなければならない」と規定していることを忘れてはなるまい。

また、労調法七条もいうように「労働関係の当事者が、その主張を貫徹することを目的として行ふ」のが争議行為であって、当事者が争議行為に訴えない限り、その主張を貫徹することはできない、と考えるのが社会の常識であろうが、そうした常識も、労働委員会では通用しない。

団体交渉において自らの主張に沿った有額回答を使用者から得ることができなければ、それだけで「不誠実団交」（労働組合法七条二号にいう団体交渉拒否）であるとして、不当労働行為の救済を申し立てる。労働委員会では既に見慣れた光景ともいえるが、これではストライキ権はいったい何のためにあるのか、という話にもなる。

ストライキを打ってもまったく意味がない（使用者に対する圧力手段としてストが機能しない）極端な少数組合との間においても、団体交渉だけはその申入れがある限り、これを延々と続けなければならない。摩訶不思議な世界が、そこにはある。

スト権がなければ、団体交渉のテーブルに使用者はつかない。だからこそスト権を認めなければならないといった理屈は、わが国では通じないし、必要ともされない。

どんな小さな組合であっても、ストを打つ力などからきしなくても、団体交渉に応じるよう、労働委員会が使用者に命じてくれる。一見すると労働組合にとっては天国のような環境ではあるが、そうした環境がかえって、労働組合の力を削いだともいえる。

自らの実力のほどを確認するためにも、労働組合にとって、スト（ストを打った場合のことを考えること）はやはり必要、といえるのではないか。

Case Study：「休講」の効用

フランス語の「サボタージュ」（sabotage）を略して、「サボ」という。サボリの語源は、このサボタージュにあり、わが国の法令では、文字どおり業を怠けるという意味で、これに「怠業」という訳語を充てている。

国家公務員法（国公法）九十八条は、二項で「職員は、政府が代表する使用者としての公衆に対して同盟罷業、怠業その他の争議行為をなし、又は政府の活動能率を低下させる怠業的行為をしてはならない。又、何人も、このような違法な行為を企て、又はその遂行を共謀し、そそのかし、若しくはあおってはならない」と規定し、同法百十条一項十七号は、これを受け「何人たるを問わず第九十八条第二項前段に規定する違法な行為の遂行を共謀し、そそのかし、若しくはあおり、又はこれらの行為を企てた者」は「三年以下の懲役又は百万円以下の罰金に処する」と定めているが、ここにいう「怠業的行為」も、職員が共同で、つまり集団として行う行為を指し、「怠業」との違いは程度問題にすぎないと、一般には解されている。

とはいえ、個人として業を怠けるのであれば許される、という意味ではもとよりない。サボリが職務専念義務に違反することは明らかであり、公務員でなくても懲戒処分の対象となり得ることはいうまでもない。

ただ、国公法百一条一項前段にあるように「職員は……その勤務時間及び職務上の注意力のすべてをその職責遂行のために用い」なければならないとまでいわれると、さすがに大袈裟にすぎ、ついていけないものがある。

勤務時間中であっても、たまには仕事＝職務以外のことを考える。それが人間というものであり、人間は神様ではないからである。

教育社会学者の竹内洋氏（関西大学名誉教授、同東京センター長）によれば、最近、大学の授業中に私語が飛び交うようになったのも、教員が授業をサボらなくなった（休講しなくなった）ことによるのではないか、という（以下、平成二十六年十一月十五日付け日本経済新聞「春秋」による）。

竹内氏が発見した、大正時代の「東京帝国大学法学部教授授業怠業時間一覧」（高名な教授ばかり九人を対象として、休講、遅刻、早引けをすべて記録し、授業をすべき時間からこれを差し引く形で学生が作成）によると、「実質的に授業をした時間は規定の四〇％から六〇％前後。最も少ない教授はわずか三七％」であったとされる。

「『休講はよくない』とされ始めてから私語も増えた」との竹内氏の意見を受け、「機会が少なく、しかも短いとなれば、聴く側も真剣になる」と、春秋子も説く。

本来の授業時間の六〇％前後というのは、少なすぎるとしても、八〇％から九〇％前後あれば十分ではないか。そう考えている教員は、実際にも少なくない。

車のブレーキにも遊び（ドラムとブレーキシューの隙間）が絶対必要なように、授業にもある程度のサボリはあってよい。休講ゼロの計画では、あまりにも余裕に欠け、不測の事態に対処できないという問題もある。

常識の範囲という歯止めはもちろん必要であろうが、何事であれ一〇〇％は求めない。思うに、それが人間社会における知恵というものであろう。

コラム3 労働組合の「代表性」――忘れられた先人の教え

わが国における労働法学の創始者の一人である末弘厳太郎《いずたろう》博士（一八八八―一九五一）が、一九二六年（大正十五年）に公にした名著『労働法研究』（改造社）に、以下の一節がある（一〇三―一〇四頁）。

「資本家は団体交渉を拒否してはならない。けれども、彼に向って交渉する者が事実上其雇用せる労働者の全部乃至大部分を代表する資格を持って居ないならば、之と交渉するも何等団体交渉の実を挙げ得ざること素《もと》より謂《い》ふを俟たない。此故に、将来労働組合法を以て資本家に団体交渉を強制する手段を講ずるとしても、それは事実上労働者の全部乃至大部分を代表し得る者からの申込みありたる場合にのみ限らねばならぬこと勿論である」。

また、同時代を生きた社会政策学者、林癸未夫《きみお》博士（一八八三―一九四七）は、一九二二年（大正十一年）に出版された著書『産業民主主義運動』（同人社書店）のなかで、次のように述べる（四五九頁）。

「組合は団体交渉権の獲得を要求する前に先づ少くとも当該工場の被用者過半数を組合に加入せしめなければならぬ。それだけの加入者を有《も》たずして団体交渉権を獲得しやうとするのは一円を払って一円五十銭の物品を購《あがな》はうとするが如きものであって、固《もと》より非望たるを免れないのである」。

以来、九〇年余りが経過した今日、こうした先人の教えは、もはや忘却の彼方にある。組織率が一％そこそこの組合であっても、団体交渉権や協約締結権は平等との考え方から「一万円を払って百万円の物品を購おうとする」現実が広範にみられる。

「同一企業内に複数の労働組合が併存する場合には、各組合は、その組織人員の多少にかかわらず、それぞれ全く独自に使用者との間に労働条件等について団体交渉を行い、その自由な意思決定に基づき労働協約を締結し、あるいはその締結を拒否する権利を有する」（日産自動車（計画残業）事件＝昭和六十年四月二十三日最高裁第三小法廷判決）とはいうものの、団体交渉権や協約締結権の平等もこれを過度に強調すれば、労使関係そのものがおかしくなる。

従業員の大部分または過半数を組織せよとまではいわないが、せめて一割程度の組織率がなければ、団体交渉や労働協約の締結といっても、実のある交渉等は到底期待できない。「分をわきまえない非望にも、程がある」。仮に末弘・林の両博士が現代にタイムスリップして、右にみたような労使関係の現実を目にすれば、そう慨嘆されるに違いない。

コラム4 少数組合との交渉作法

平成十八年末、当時の規制改革・民間開放推進会議は、第三次答申に次のような内容を盛り込むよう提案したことがある。

「労働組合はその組合員数の多寡にかかわらず、平等な団体交渉権を有する。我が国においては、このような考え方が判例上確立しており、いかに組合員数が少数にとどまる場合（例えば、数千名の従業員のうちわずかに組合員が数名という場合）であっても、使用者は当該組合と従業員の労働条件について誠実に交渉しなければならないものとされている。しかし、こうした現状は、使用者に多少とも過重負担を課すものとなっている。

また、多数の組合員を組織しなくても、団体交渉権が得られるのであれば、組合員獲得のための努力を労働組合には期待できないといった問題もあり、こうした現状は労働組合の組織化にブレーキをかけ、ひいては労働組合法がその前提とする労働条件の労使対等決定を妨げる恐れすらある。

よって、使用者が団体交渉義務を負う場合（労働組合が団体交渉権を得る場合）を労働組合が従業員の一定割合以上を組織している場合に限定すること等を含め、団体交渉制度については、その見直しに向けた必要な検討を早急に行うべきである」。

これに対する厚生労働省の回答は、「少数組合にも平等な団体交渉権を認めることは、労働者が労働組合を選ぶ選択肢を増やすこととなり、労働組合の組織化に資するものである」等として、提案を拒否するものであったが、いまだに納得し難いものがある。

提案の意図は、少数組合がその組合員のために団体交渉を行う権利を否定することにはなく、従業員全体の労働条件と関わる交渉について、使用者が交渉義務を負う労働組合を一定割合、例えば一割以上の従業員を組織する組合に限定することにあったのであるが、こうした意図までは、これを報じたメディアでも伝えられなかった。

労働組合の団体交渉権が「組合員のため」の交渉に限られること（労働組合法六条参照）は、理論的には自明の理であっても、実務ではそうはいかない。組合員に対象を限定して賃上げ要求をする組合など、実際には存在しないからである。

ただ、仮に少数組合との間で賃上げについて合意したとしても、全従業員を対象とする場合には就業規則の改正という方法によらざるを得ない。したがって、労働協約の締結を求められたときも、改正された就業規則を組合員に適用するという内容であれば、協約を締結すると回答する。

判例法理が覆るといった異変でも起こらない限り、わが国の使用者には、そうした回答で筋を通すしか、道は残されていないのである。

コラム5 少数組合への便宜供与

分会長を除けば、使用者には誰が組合に入っているのか分からない。そうした匿名組合が世の中には現に存在する。

こうした匿名組合のまま、ユニオン・ショップ協定を使用者と締結し、全従業員が組合に加入したことにして、組合費相当額を使用者に支払わせる。そのような強面の労組も、かつては実在した。この労組の場合、組合員一人当たり一万五〇〇〇円の福利厚生資金のほか、中小企業振興育成資金として一年につき六〇万円を組合に支払うことも要求事項として掲げていたという。

いささかラディカルにすぎる例ではあるが、憲法や労組法で守られた労働組合であればこそ、こうした恐喝紛いの行為も可能になる。そんな組合が仮にハードな団体交渉に及んだとしても、刑事免責（労組法一条二項）がある以上、警察もおいそれとは手を出せない。悪知恵もここまでくれば立派なものだと、半ば感心すらする。

ただ、ここまで極端に走らなくても、少数組合（その多くは匿名組合）が組合事務所や組合掲示板の貸与を、あたかも当然の要求であるかのように使用者に求めることは希ではない。

確かに、使用者が別組合に組合事務所や組合掲示板を既に貸与している場合、中立保持義務（中立義務）が問題とはなるものの、判例（日産自動車（組合事務所等）事件＝昭和六十二年五月八日最高裁第二小法廷判決）も、組合間で「取扱いを異にする合理的な理由」が存在するときは、例外を認めるものとなっている。

また、後に中労委によって支持された労働委員会命令（大阪大学事件＝平成十九年九月二十五日大阪府労委命令）には、次のように述べるものもある（なお、阪大には国立大学の法人化前から、組合事務所や組合掲示板を貸与していた組合が二つあった）。

「これらの労働組合と分会の組合員数（注：申立人組合の主張によれば三名）には非常に大きな差があるのであるから、阪大が組合事務所を貸与しないことは、直ちに中立義務違反にはならない」。

他方、「阪大は、労働組合を含む教職員や学生が利用できる共用掲示板を設け、阪大の許可の下にその使用を認めており、かつ、その許可基準にも直ちに不合理と認められるものは見受けられないのであるから、阪大が組合に専用の組合掲示板を貸与しないことは、直ちに中立義務違反とはならない」。

前段部分の考え方は、既に中労委も認めていた（門真市・門真市教育委員会事件＝平成十七年十一月十六日命令）が、後段部分は本件が初めてともいえる。労委命令が社会常識にまた一歩近づいた。それが、事件の渦中にいた当事者の率直な感想でもあった。

第六一話　最近の法改正（1）

独立行政法人通則法の改正

平成二十六年の第一八六回通常国会で成立した法律は、計一〇三件。その一つに「独立行政法人通則法の一部を改正する法律」（平成二十七年四月一日施行）がある。

「独立行政法人が、制度導入の本来の趣旨に則り、国民に対する説明責任を果たしつつ、政策実施機能を最大限発揮できるよう、法人運営の基本となる共通制度について見直しを行う」。同法案の提出に当たって作成された「概要」の冒頭には、こう書かれていた。

このような改正法の趣旨・目的に沿って、独立行政法人はリ・シャッフルされ、業務の特性に応じて、以下の三種類の法人に再分類されることになった。

① **中期目標管理法人**　国民の需要に的確に対応した多様で良質なサービスの提供を通じた公共の利益の増進を推進することを目的とする独立行政法人。

② **国立研究開発法人**　わが国における科学技術の水準の向上を通じた国民経済の健全な発展その他の公益に資するため、研究開発の最大限の成果を確保することを目的とする

独立行政法人。

③　**行政執行法人**　国の行政事務と密接に関連して行われる国の指示その他の国の相当な関与の下に事務および事業を正確かつ確実に執行することを目的とする独立行政法人。

右の法改正は、平成二十五年十二月二十四日の閣議決定「独立行政法人改革等に関する基本的な方針」に基づいて行われたというが、その別紙「各法人等について講ずべき措置」によれば、改正後の独立行政法人の内訳は、①が五三法人、②が二六法人、③が七法人となるはずであった（注：「基本的な方針」では、①は中期目標管理型の法人、②は研究開発型の法人、③は単年度管理型の法人と呼称。後掲・整備法の内容とはやや異なる）。

これをさらに府省庁別にみると、文部科学省が二二法人（①一四法人、②八法人）、厚生労働省が一七法人（①一〇法人、②七法人）、国土交通省が一五法人（①一二法人、②三法人）と、これら三省の所管する法人だけで、全体の三分の二近く（六二・八％）を占めるものとなっていた。

また、各法人を①から③のいずれの法人とするかについては、各法人の根拠法でこれを規定するものとされた（「独立行政法人通則法の一部を改正する法律の施行に伴う関係法律の整備に関する法律」（整備法）による）が、このうち②の法人については、根拠法の名称変更をも伴うものであった（例えば、独立行政法人理化学研究所法は、国立研究開発法人理化学研究所法と改名された）ことが注意されてよい。

他方、従前の特定独立行政法人に相当する公務員型の行政執行法人（③）については、根拠法の名称こそ変更をみなかったものの、第三四話でも言及した「公労法」は、これに伴い、実に六度目の名称変更（「行政執行法人の労働関係に関する法律」に変更）を経験することになった、という事実もある。

ただ、通則法に定める「独立行政法人」の定義そのものが法改正によって変わったわけではない。「この法律において『独立行政法人』とは、国民生活及び社会経済の安定等の公共上の見地から確実に実施されることが必要な事務及び事業であって、国が自ら主体となって直接に実施する必要のないもののうち、民間の主体に委ねた場合には必ずしも実施されないおそれがあるもの又は一の主体に独占して行わせることが必要であるもの（略）を効果的かつ効率的に行わせるため、……この法律及び個別法の定めるところにより設立される法人をいう」（二条一項）。これを一読してもわかるように、その内容が、従来の規定と基本的に変わっていないことにも留意する必要があろう。

国立大学法人は、改正通則法二条一項前段の「国民生活及び社会経済の安定等の公共上の見地から確実に実施されることが必要な事務及び事業」という要件については、これを充足すると考えられるが、後段の「民間の主体に委ねた場合には必ずしも実施されないおそれがあるもの又は一の主体に独占して行わせることが必要であるもの」という要件まで充足するということには、いささか無理がある。
今回の法改正によって、中期目標管理法人（①）として位置づけられることになった、国立高等専門学校機構や航空大学校とは似ているようで、その性格が違う。国立大学法人が独立行政法人とはいえない（通則法も一部規定が準用されるにとどまる）のは、ここに理由があるといってもよいのである。

Case Study：準用規定とその変更

整備法による改正後の国立大学法人法（国大法）三十五条によって準用される改正通則法の規定には、次のように定めるものが含まれている（以下、読み替え後の規定。なお、そこにいう「国立大学法人等」には大学共同利用機関法人が、「給与等」には退職手当が、それぞれ含まれる）。

（業務の公共性、透明性及び自主性等）
第三条　国立大学法人等は、その行う事務及び事業が国民生活及び社会経済の安定等の公共上の見地から確実に実施されることが必要なものであることに鑑み、適正かつ効率的にその業務を運営するよう努めなければならない。
２　国立大学法人等は、この法律の定めるところによりその業務の内容を公表すること等を通じて、その組織及び運営の状況を国民に明らかにするよう努めなければならない。

3　この法律及び国立大学法人法の運用に当たっては、国立大学法人等の事務及び事業が内外の社会経済情勢を踏まえつつ適切に行われるよう、国立大学法人等の事務及び事業の特性並びに国立大学法人等の業務運営における自主性は、十分配慮されなければならない。

（財源措置）

第四十六条　政府は、予算の範囲内において、国立大学法人等に対し、その業務の財源に充てるために必要な金額の全部又は一部に相当する金額を交付することができる。

2　国立大学法人等は、業務運営に当たっては、前項の規定による交付金について、国民から徴収された税金その他の貴重な財源で賄われるものであることに留意し、法令の規定及び国立大学法人等の中期計画に従って適切かつ効率的に使用するよう努めなければならない。

（職員の給与等）

第五十条の十　国立大学法人等の職員の給与は、その職員の勤務成績が考慮されるものでなければならない。

2　国立大学法人等は、その職員の給与等の支給の基準を定め、これを文部科学大臣に届け出るとともに、公表しなければならない。これを変更したときも、同様とする。

3　前項の給与等の支給の基準は、一般職の職員の給与に関する法律（略）の適用を受ける国家公務員の給与等、民間企業の従業員の給与等、当該国立大学法人等の業務の実績並びに職員の職務の特性及び雇用形態その他の事情を考慮して定められなければならない。

実質的な変更点は傍線部にとどまる（五十条の十は、従前の六十三条に代わるもの）とはいうものの、「内外の社会経済情勢」を踏まえた業務運営や、「国民から徴収された税金その他の貴重な財源で賄われる」運営費交付金の性格が、従来にも増して強調されていることが注目される。

独立行政法人や国立大学法人の場合、職員の給与等について、国家公務員よりも高い水準を設定することも可能（五十条の十第三項の破線部が根拠？）とはされているものの、通則法の改正により、国家公務員の給与等について考慮することが明示される（五十条の十第三項の実線部）等、給与等を決定する際の自由度はかえって狭くなったともいえる。こうした民間企業との違いにも、十分に留意することが必要といえよう。

第六二話　最近の法改正（２）

独立行政法人通則法の改正　続

改正後の国立大学法人法（国大法）三十五条によって、読み替えの上、準用される独立行政法人通則法（通則法）の規定には、次のような新設規定も含まれている。

（役員の忠実義務）

第二十一条の四　国立大学法人等の役員は、その業務について、法令、法令に基づいてする文部科学大臣の処分及び当該国立大学法人等が定める業務方法書その他の規則を遵守し、当該国立大学法人等のため忠実にその職務を遂行しなければならない。

（役員の報告義務）

第二十一条の五　国立大学法人等の役員（監事を除く。）は、当該国立大学法人等に著しい損害を及ぼすおそれのある事実があることを発見したときは、直ちに、当該事実を監事に報告しなければならない。

（役員等の損害賠償責任）

第二十五条の二　国立大学法人等の役員又は会計監査人は、その任務を怠ったときは、国立大学法人等に対し、これによって生じた損害を賠償する責任を負う。

2　前項の責任は、文部科学大臣の承認がなければ、免除することができない。

これらの規定（二十五条の二第三項および第四項は準用されず）は、いずれも法人内部のガバナンス強化のために設けられた規定であるが、会社法三百五十五条、三百五十七条および四百二十三条を、それぞれモデルとするものとなっている。

また、同趣旨の規定がもともと国大法にも存在し、通則法に併せて改正された次のような規定もある（四項後段から八項までの規定を新設。九項は旧五項の繰り下げ規定）。

（役員の職務及び権限）

第十一条　一〜三項　略（学長および理事の職務および権限に関する規定。旧規定に同じ）

4　監事は、国立大学法人の業務を監査する。この場合において、監事は、文部科学省令で定めるところにより、監査報告を作成しなければならない。

5　監事は、いつでも、役員（監事を除く。）及び職員に対して事務及び事業の報告を求め、又は国立大学法人の業務及び財産の状況の調査をすることができる。

6　監事は、国立大学法人がこの法律又は準用通則法の規定による認可、承認、認定及び届出に係る書類並びに報告書その他の文部科学省令で定める書類を文部科学大臣に提出しようとするときは、これらの書類を調査しなければならない。

７　監事は、その職務を行うため必要があるときは、国立大学法人の子法人（国立大学法人がその経営を支配している法人として文部科学省令で定めるものをいう。）に対して事業の報告を求め、又はその子法人の業務及び財産の状況の調査をすることができる。

８　前項の子法人は、正当な理由があるときは、同項の報告又は調査を拒むことができる。

９　監事は、監査の結果に基づき、必要があると認めるときは、学長又は文部科学大臣に意見を提出することができる。

さらに、通則法の改正に併せ、国大法では右の十一条に続き、以下の規定も新設をみた（なお、改正通則法の関連規定として、十九条および十九条の二を参照）。

（学長等への報告義務）

第十一条の二　監事は、役員（監事を除く。）が不正の行為をし、若しくは当該行為をするおそれがあると認めるとき、又はこの法律若しくは他の法令に違反する事実若しくは著しく不当な事実があると認めるときは、遅滞なく、その旨を学長に報告するとともに、文部科学大臣に報告しなければならない。

学長と同様、監事の任命権は、国大法制定当初から文部科学大臣にあった（十二条一項および九項〔平成二十七年三月三十一日までは八項〕を参照。学長に任命権がある理事とは、この点で異なる）。監事には、そのポジションにふさわしい役割と権限が法改正により与えられたということになる。

監事については、これまでともすればその存在が軽んじられる傾向にあった（髙橋誠一著『国立大学・法人化の幻想』（中央公論事業出版、平成二十五年）を参照）とはいうものの、こうした現状を放置することはもはや許されない。国立大学法人には、その自覚が強く求められているといえよう。

Case Study：通則法と労使交渉

「独立行政法人の統廃合等の組織の見直しに当たっては、当該法人職員の雇用の安定に配慮すること。また、独立行政法人の職員の給与等は、自主性及び自律性の発揮という制度本来の趣旨並びに職員に適用される労働関係法制度に基づき、法人の労使交渉における決定に基づき対応すること」。

通則法の改正（これに関連した整備法の制定を含む）に際しては、内容を同じくする、このような附帯決議が衆参両院の内閣委員会において行われている。

だが、少子化が急速に進行するなか、今後予想される国立大学法人の統廃合において、身分承継方式をいつまで維持できるのか、という問題はある。

また、附帯決議の後段に関しては、第五七話のCase Studyにおいても指摘したように、労働組合から交渉の申入れがあれば、これに応じるのは使用者の義務ではあるが、給与等の改定は、労使間の合意や決定をかならずしも必要とするものではなく、その意味でミスリーディングといわれても仕方がない、といった疑問も存在する。

「自主性及び自律性の発揮」とはいうが、それはあくまで「国立大学法人等の事務及び事業が内外の社会経済情勢を踏まえつつ適切に行われる」ことを前提とする（読み替え後の準用規定＝通則法三条三項）。

他方、「給与等の支給の基準は、一般職の職員の給与に関する法律（略）の適用を受ける国家公務員の給与等、民間企業の従業員の給与等、当該国立大学法人等の業務の実績並びに職員の職務の特性及び雇用形態その他の事情を考慮して定められなければならない」ともされている（読み替え後の準用規定＝通則法五十条の十第三項。以上につき、第六一話を併せ参照）。

国家公務員の給与等に連動する形で、法人職員の給与等が改定される場合においても、それが不利益変更を伴うときには、代償措置を講じるのが当然と考える労働組合は少なくない（使用者にも、そのような誤解が広範にみられる）ものの、代償措置が不利益変更を行う際の必要条件であるとまでは、さすがに判例も理解していない。

不利益の程度が著しい場合には、経過措置を講じなければ、変更の合理性が否定されることがある。不利益変更そのものが必要と解される限り、判例法理からいえることはこの一点に尽きる（以上につき、拙著『国立大学法人と労働法』（ジアース教育新社、平成二十六年）二六六頁以下所収の「給与の引下げをめぐる理論と実務――国立大学法人を念頭において」を参照）。

国家公務員の給与等が改定される場合には、現給保障の形で経過措置が講じられることもあるが、右にみた準用規定が「国家公務員の給与等」に併せて「民間企業の従業員の給与等」についても考慮すべきことを定めていることを考えると、仮に現給保障を行うとしても、「民間企業ではどうなのか」という視点が一方では必要になる。

漫然と国家公務員に従うというだけでは、法人の給与制度は到底維持できない。公務員給与の増額改定に合わせて、法人職員の給与改定を行う場合も、原資である運営費交付金は増えず、逆に減り続けるという環境のもとで、これを行わなければならない。

公務員給与はアップしても、法人職員の給与は上がらない。好むと好まざるとにかかわらず、そうした時代が早晩やってくる。その可能性にも留意する必要があろう。

第六三話　最近の法改正（3）

学校教育法等の改正

法令の改正に伴って、各大学が一斉に学内規則の見直しに着手する。「学校教育法及び国立大学法人法の一部を改正する法律」並びにその附属省令の改正に当たっては、こうした光景が全国津々浦々でみられた。

「大学（短期大学を含む。以下同じ。）が、人材育成・イノベーションの拠点として、教育研究機能を最大限に発揮していくためには、学長のリーダーシップの下で、戦略的に大学を運営できるガバナンス体制を構築することが重要である。今回の改正は、大学の組織及び運営体制を整備するため、副学長の職務内容を改めるとともに、教授会の役割を明確化するほか、国立大学法人の学長……の選考に係る規定の整備を行う等の所要の改正を行ったものである」。

改正省令の公布に合わせて、平成二十六年八月二十九日に、文部科学省高等教育局長・研究振興局長名で発出された通知「学校教育法及び国立大学法人法の一部を改正する法律並びに学校教育法施行規則及び国立大学法人法施行規則の一部を改正する省令について」（原文の表記を一部修正）は、このようにいう。

それゆえ、今回の法令改正は、①副学長の職務、②教授会の役割、および③学長の選考について、規定整備を行うものということができる（他に、国立大学法人法に定める経営協議会の委員の過半数を、学外委員に充てることを義務づけた規定改正を含む）が、以下では①および③に限定して、改正規定の内容を概観することとしたい。

まず、学校教育法九十二条四項に規定する①副学長の職務については、「副学長は、学長を助け、命を受けて校務をつかさどる」ものと改められ、教育研究評議会について定める国立大学法人法二十一条に、次のように規定する三項が新設された（旧三項は四項に、旧四項以下の規定も一項ずつ繰り下げ）。

3　前項各号に掲げる者のほか、学校教育法第九十二条第二項の規定により副学長（同条第四項の規定により教育研究に関する重要事項に関する校務をつかさどる者に限る。）を置く場合には、当該副学長（当該副学長が二人以上の場合には、その副学長のうちから学長が指名する者）を評議員とする。

また、③学長（正確には、国立大学法人の学長に限る）の選考については、国立大学法人法十二条が次のように改められ（傍線部を追加）、同法施行規則に、以下のように定める一条の五（平成二十七年三月三十一日までは、一条の二）が新らたに設けられた。

（役員の任命）

第十二条　学長の任命は、国立大学法人の申出に基づいて、文部科学大臣が行う。

2　前項の申出は、第一号に掲げる委員及び第二号に掲げる委員各同数をもって構成する会議（以下「学長選考会議」という。）の選考により行うものとする。

一　略［経営協議会の学外委員］

二　略［研究科長等］

3～6　略［学長選考会議に関する規定］

7　第二項に規定する学長の選考は、人格が高潔で、学識が優れ、かつ、大学における教育研究活動を適切かつ効果的に運営することができる能力を有する者のうちから、学長選考会議が定める基準により、行わなければならない。

8　国立大学法人は、第二項に規定する学長の選考が行われたときは当該選考の結果その他文部科学省令で定める事項を、学長選考会議が前項に規定する基準を定め、又は変更したときは当該基準を、それぞれ遅滞なく公表しなければならない。

9　略［旧八項、監事の任命に関する規定］

（学長の選考が行われたときの公表事項）

第一条の五　法第十二条第八項に規定する文部科学省令で定める事項は、次のとおりとする。

一　法第十二条第二項の規定により学長として選考された者について、学長選考会議が当該者を選考した理由

二　学長選考会議における学長の選考の過程

２　略〔大学共同利用機関法人が行う公表についての準用規定〕

①副学長の職務については、実務に与える影響は概して小さい（その主眼は「学長の指示を受けた範囲において、副学長が自らの権限で校務を処理することを可能にすること」にある）と思われるが、対象が国立大学法人に限られるとはいえ、③学長の選考については、そのインパクトが大きい。

前掲通知も、「選考の過程で教職員による、いわゆる意向投票を行うことは禁止されるものではないが、その場合も、投票結果をそのまま〔学長選考会議〕の選考結果に反映させるなど、過度に学内……の意見に偏るような選考方法は、学内……のほか社会の意見を学長……の選考に反映させる仕組みとして設けられた〔学長選考会議〕の主体的な選考という観点からは適切でない」としており、特定政党や一部の組合が事実上「推薦」する候補が、意向投票を経てそのまま学長に就任するといったかつての「悪習」は、今後は解消に向かうものと考えられる。

能力に加え人望がなければ、学長が務まらないのはいうまでもないが、しがらみだらけでは、いかに人望があったとしてもリーダーシップの発揮は到底期待できない。そうした

現実をありのままに直視すべき時代がきた、ということであろう。

Case Study：学長権限と団体交渉

学長がそのリーダーシップを発揮するためには、権限と責任があくまで学長にあることを明確にしなければならない。

こうした観点から、前掲通知も「大学運営に権限と責任を有する学長」、「校務に関する決定権を有する学長」と、学長の権限や決定権を繰り返し強調するものとなっているが、なかでも、次のように述べるくだりは、その典型といってもよい。

「学校教育法第九十二条第三項は、『学長は、校務をつかさどり、所属職員を統督する。』と規定しており、学長は、大学の全ての校務について、包括的な責任者としての権限を有するとともに、特に高い立場から教職員を指揮監督することとされていること。今回の改正では、この規定に変更はなく、学長は引き続き、大学の校務について権限を有しており、その前提の下で大学運営について最終的な責任を負うこと。

また、学長は自らの権限と責任の重大性を十分に認識し、適切な手続に基づいて意思決定を行うこと」。

ただ、「大学の全ての校務について、包括的な責任者としての権限を有する」とはいっても、それは学長が「大学運営について最終的な責任を負う」という、リーダーとして当然のことをいっているにすぎない。

何でも経営者が一人で決めてしまう、また経営者にそうした実力があるオーナー企業であれば、労働組合との団体交渉も、オーナーである経営者が出席しない限り意味がないということになろうが、大学、少なくとも国立大学法人の現状とは大きく異なる（第四八話を併せ参照）。

個々の教職員と雇用関係にあるのは、学長ではなく、法人である以上、副学長ではない理事が法人を代表して団体交渉に出席したとしても、何ら問題はない（先にみた副学長の職務に関する学校教育法の規定改正とは、別次元の問題）。

総務部長等の管理職が、当該理事からその交渉権限を委任されたような場合についても、これと同じことがいえる。

要は、法人として責任のある回答のできる役員または職員が団体交渉に出席していればよいのであって、それ以上のことを要求する権利は、労働組合にもない。

今回の法改正をきっかけとして、団体交渉への学長の出席を求める要求が強まることが予想されるものの、一度要求に応じてしまうと、次回以降、学長の出席を拒めなくなる。労働委員会では、こうした使用者側の対応の変更が、不当労働行為と判断される（学長が出席できない理由の説明が求められる）可能性さえあることに留意する必要があろう。

第六四話　最近の法改正（4）

学校教育法等の改正　続

従来、学校教育法九十三条は、一項で「大学には、重要な事項を審議するため、教授会を置かなければならない」と定めるとともに、二項で「教授会の組織には、准教授その他の職員を加えることができる」と規定していた。平成二十七年四月一日以降、これが以下のようにその姿を変える（第四八話を併せ参照）。

第九十三条　大学に、教授会を置く。

② 教授会は、学長が次に掲げる事項について決定を行うに当たり意見を述べるものとする。

一　学生の入学、卒業及び課程の修了

二　学位の授与

三　前二号に掲げるもののほか、教育研究に関する重要な事項で、教授会の意見を聴くことが必要なものとして学長が定めるもの

③　教授会は、前項に規定するもののほか、学長及び学部長その他の教授会が置かれる組織の長（以下この項において「学長等」という。）がつかさどる教育研究に関する事項について審議し、及び学長等の求めに応じ、意見を述べることができる。

④　略

四項は、従前の二項の繰下げ規定であるが、学校教育法のように項番号のない法律の場合、その改正法においても、二項を四項とする旨の定めが省略される。法制執務の慣例に従ったままでとはいうものの、常識では理解し難いものがある（拙著『労働法改革は現場に学べ！——これからの雇用・労働法制』（労働新聞社、平成二十七年）一三三頁を参照）。

二項三号にいう「教育研究に関する重要な事項」に関する決定権は学長にあり、他方、国立大学法人法二十一条は、その一項で「国立大学法人に、国立大学の教育研究に関する重要事項を審議する機関として、教育研究評議会を置く」旨を規定している。

また、同条四項（旧三項）は「教育研究評議会は、次に掲げる事項について審議する」と規定しており、「教育研究に関する重要な事項」とは何かを知る上で参考になる。

一　中期目標についての意見に関する事項（略）

二　中期計画及び年度計画に関する事項（略）

三　学則（略）その他の教育研究に係る重要な規則の制定又は改廃に関する事項

四　教員人事に関する事項

五　教育課程の編成に関する方針に係る事項
六　学生の円滑な修学等を支援するために必要な助言、指導その他の援助に関する事項
七　学生の入学、卒業又は課程の修了その他学生の在籍に関する方針及び学位の授与に関する方針に係る事項
八　教育及び研究の状況について自ら行う点検及び評価に関する事項
九　その他国立大学の教育研究に関する重要事項

確かに、学校教育法九十三条三項の定めにもあるように、教授会も「教育研究に関する事項」について「審議」する機関ではある。とはいえ、当該事項に関する決定権を有する学長等（各研究科等に関する校務については研究科長等）との関係においては、教授会は「学長等の求めに応じ、意見を述べることができる」と、その役割が規定（限定）されていることにも留意する必要がある。

つまり、学校教育法「第九十三条第三項前段の『審議』とは、字義どおり、論議・検討することを意味し、決定権を含意するものではない」。そして、「教授会が学長等に意見を述べる際に、教授会として何らかの決定を行うことが想定されるが、教授会の決定が直ちに大学としての最終的な意思決定とされる内部規則が定められている場合には法律の趣旨からして適切ではなく、学長が最終決定を行うことが明らかとなるような見直しが必要」

とも、第六三話で言及した局長通知はいう。

このこととも関連して、国立大学法人の場合、職員の任命権が法律上学長にあるとされていることに鑑み、教育研究上の重要な組織の長の任命についても、この理を確認した次のような規定が、国立大学法人法施行規則に新設されたことは注意されてよい（旧七条の二として新設。以下は、その後の改正を踏まえた現行規定）。

（学部長等の任命）

第十条　準用通則法第二十六条に規定する職員の任命について、学部、研究科、大学附置の研究所その他の教育研究上の重要な組織の長の任命を行う場合にあっては、学長……の定めるところにより行うものとする。

また、この点をさらに敷衍して、局長通知は「国立大学法人……においては、法人化以降は教育公務員特例法（略）に定められた教員の採用、昇任、転任、降任、免職、懲戒等（以下「採用等」という。）に関する規定は適用されておらず、教員の採用等については、法律上、審議機関とされている教授会や教育研究評議会、……に決定権は付与されていないことを踏まえながら、学長の校務に関する最終決定権が担保されているかという観点から、内部規則の適切な総点検・見直しを行うことが求められる」というが、教員の降任や免職、懲戒等については、先にみた国立大学法人法二十一条四項四号を「根拠」として、教育公務員特例法をモデルとした、教育研究評議会の「関与」規定を現在なお就業規則に設けている大学は多い（第二一話を参照）。

学長による最終決定権の担保という観点とはやや視点が異なるものの、このような旧弊についても、これを見直すことが国立大学には求められている。こういっても、おそらく誤りではあるまい。

Case Study：教授会への出席義務

筒井康隆著『文学部唯野教授』（岩波書店、平成二年）には、こんな一節がある。「欠席すると何を言われるかわからないから定刻には声なき悲鳴をあげ血相を変えて全員が出席した。教授会が始まった」（五一頁）。

教員たる者、教授会には万難を排して出席しなければならない。以来、四半世紀を経過した今日においても、多くの教員はこのように考えている。

他方、一般社団法人の社員総会や株式会社の株主総会については、当該の社員や株主またはその代理人が、代理権を証明する書面を法人や会社に提出することによって、代理人が議決権を行使することが法律で認められている。「議決権の代理行使」について規定した一般社団法人及び一般財団法人に関する法律（一般社団・財団法人法）五十条や、会社法三百十条の定めがそれである。

また、これらの規定は、代理権を証明する書面の提出に代えて、当該書面に記載すべき事項を電磁的方法により提供することも認めており（各三項を参照）、後に続く条文（一般社団・財団法人法五十一条および五十二条、会社法三百十一条および三百十二条）では、「書面による議決権の行使」や「電磁的方法による議決権の行使」についても、これを認めるものとなっている。

なるほど、理事会や取締役会については、このような「議決権の代理行使」等の便法は認められていない（ただし、理事や取締役の全員が書面または電磁的方法により同意の意思を表示したときは、当該提案を可決する旨の決議があったものとみなす規定（一般社団・財団法人法九十六条、会社法三百七十条）は存在する）ものの、教授会を理事会や取締役会等と同じレベルで考えることには、そもそも大きな無理がある。

なお、監事や監査役の理事会や取締役会への出席義務について定めた規定（一般社団・財団法人法百一条一項、会社法三百八十三条一項）はあるが、理事や取締役の出席義務については、これを明定した規定がない。

理事や取締役の出席は当然と解されたためともいえるが、欠席したとしても議決権等を行使できないだけ、と割り切って考えることもできる。

ただ、「権利の上に眠る者は保護に値せず」といわれると困る。理屈はともかく、教授会には我慢して出席するほかなさそうである。

第六五話　最近の法改正（5）

労働安全衛生法の改正

各省各局（各部）各課が競い合って、法令改正に奔走する。平成十三年一月の省庁再編以降、こうした傾向が顕著にみられるようになった。再編・統合による省や局・課の消滅といった事態を避けるためには、常に自らの存在意義を目にみえる形で示す必要がある。その一環としての法令改正といわれれば、思い当たる節がないわけではない。

厚生労働省の所管する労働関係法令もその例外ではなく、労働基準局安全衛生部（なお同部の前身である安全衛生局は、一省一局の廃止という政府の方針により、一年弱［昭和四十二年八月一日～四十三年六月十五日］で姿を消した、という苦い思い出が旧労働省にはある）を担当部局とする、労働安全衛生法（昭和四十七年制定、同年十月一日施行）もその一つに数えられる。

例えば、過重労働・メンタルヘルス対策の充実を図ることを主な目的として行われたものに、平成十七年の法改正（十八年四月一日施行）があり、その結果、労働安全衛生法には、長時間労働者を対象とした医師の「面接指導等」について定めた六十六条の八および六十六条の九の規定が設けられた。

具体的には、労働安全衛生規則五十二条の二第一項の定めにより、「休憩時間を除き一週間当たり四十時間を超えて労働させた場合におけるその超えた時間が一月当たり百時間を超え、かつ、疲労の蓄積が認められる者」がその対象となる（二項で、当該時間の算定について規定）が、労働政策審議会が平成二十七年三月二日に「おおむね妥当」と答申した「労働基準法等の一部を改正する法律案要綱」においては「現行の面接指導制度に関し、全ての労働者を対象として、労働時間の把握について、客観的な方法その他適切な方法によらなければならないものとすることを厚生労働省令で定める」旨が注記されたことも、記憶に新しい。

実務に与える影響がきわめて大きい改正（ちなみに「労働基準法等の一部を改正する法律案」は、平成二十七年四月三日に第一八九回通常国会に提出された）といえるが、詳細については、ここでは言及しない（第七〇話を参照）。

他方、平成二十六年の法改正により、労働安全衛生法には、平成二十七年十二月一日の施行を予定して「心理的な負担の程度を把握するための検査等」について定めた六十六条の十が、上記規定に隣接する形で新設されるに至っている。いわゆるストレスチェックの実施に関する規定がそれである。

ストレスチェックは、同条一項に規定する事業者の義務ということになるが、具体的な内容は省令に委ねられており、検査の実施については、医師または保健師等がこれを行うほか、次のような労働安全衛生規則の改正を行うものとされた。

① **実施時期と検査の内容**

事業者は、常時使用する労働者について、一年以内ごとに一回、定期に、次の事項に関する項目について検査を行うこと。

イ　職場におけるストレスの原因

ロ　ストレスによる心身の自覚症状

ハ　職場における他の労働者による支援

② **結果の保存等**

事業者は、労働者の同意を得て、検査の結果を把握した場合には、当該結果の記録を作成し、五年間保存しなければならないこと。

③ **結果の通知**

検査結果は、検査の実施者である医師等から、遅滞なく、労働者に通知されるようにしなければならないこと。

④ **同意の取得**

検査の結果を事業者に提供することについての労働者の同意の取得は、書面または電磁的記録によらなければならないこと。

「医師等は、あらかじめ当該検査を受けた労働者の同意を得ないで、当該労働者の検査の結果を事業者に提供してはならない」。右の省令改正に関連して、改正法六十六条の十第二項は、このように規定する。

しかし、その一方で、六十六条の十第三項により「検査の結果、ストレスの程度が高い者であって、検査を行った実施者が面接指導の実施が必要と認めたもの」が「医師による面接指導を受けることを希望する旨を申し出た」ときは、当該申出をした労働者に対し、厚生労働省令で定めるところにより、医師による面接指導を行うことが、事業者には義務づけられることになる。

「この場合において、事業者は、労働者が当該申出をしたことを理由として、当該労働者に対し、不利益な取扱いをしてはならない」とも、六十六条の十第三項はいう（なお、このことに関連して「検査を受ける労働者について、解雇等の直接的な人事権を持つ監督者は、検査の実施の事務に従事してはならない」旨が省令に規定されることになる）が、取り越し苦労にすぎるのではないか、との感もないではない。

ストレスチェック自体がストレスの原因となる。そのような想定外の事態に発展しないことを、今はただ祈りたい。

Case Study：禁煙か分煙か

「事業者は、労働者の受動喫煙（室内又はこれに準ずる環境において、他人のたばこの煙を吸わされることをいう。第七十一条第一項において同じ。）を防止するため、当該事業者及び事業場の実情に応じ適切な措置を講ずるよう努めるものとする」。

平成二十六年の労働安全衛生法の改正により新設された、同法の規定には、このように「受動喫煙の防止」について定めた六十八条の二の規定（平成二十七年六月一日施行）も含まれている（なお、そこで言及された七十一条一項も、「受動喫煙の防止のための設備の設置の促進」を国が援助に努めるべき事項として新たに追加するものとなった）。

「受動喫煙の防止」については、平成十四年に制定された健康増進法（平成十五年五月一日施行）二十五条が既に規定するところではあったが、同条もまた次にみるように努力義務規定にとどまっていた。

第二十五条　学校、体育館、病院、劇場、観覧場、集会場、展示場、百貨店、事務所、官公庁施設、飲食店その他の多数の者が利用する施設を管理する者は、これらを利用する者について、受動喫煙（室内又はこれに準ずる環境において、他人のたばこの煙を吸わされることをいう。）を防止するために必要な措置を講ずるように努めなければならない。

健康増進法の施行に併せて発出をみた「職場における喫煙対策のためのガイドライン」

（平成十五年五月九日基発第〇五〇九〇〇一号）は、確かに「適切な喫煙対策の方法としては、事業場全体を常に禁煙とする方法（全面禁煙）及び一定の要件を満たす喫煙室又は喫煙コーナー（略）でのみ喫煙を認めそれ以外の場所を禁煙とすることにより受動喫煙を防止する方法（空間分煙）がある」とするものではあった。

しかし、同法にいう「受動喫煙」は、改正労働安全衛生法と同様、あくまで「室内又はこれに準ずる環境」における受動喫煙を念頭に置いたものであったことが留意されてよい。それゆえ、室内の延長として屋内の全面禁煙は検討する余地があるとしても、屋外の敷地を含む事業場全体を全面禁煙とすることには相当無理があるといわざるを得ない。

また、「空間分煙を中心に対策を講ずる場合を想定した」右のガイドラインにおいては、「喫煙者は、非喫煙者の受動喫煙の防止に十分な配慮をする一方、非喫煙者は、喫煙者が喫煙室等で喫煙することに対して理解することが望まれる」等として、「喫煙者と非喫煙者の相互理解」の必要性が説かれていることも注目に値する。

病院地区等は別として、大学のキャンパス全体を全面禁煙とする必要が本当にあるのか。ストレスは環境の変化によってもたらされるというが、全面禁煙による喫煙者のストレスは無視してもよいというのでは、おそらく筋が通るまい。

第六六話　最近の法改正（6）

パートタイム労働法の改正

平成二十七年四月一日に施行された法律の一つに、「短時間労働者の雇用管理の改善等に関する法律」を正式名称とする、パートタイム労働法の一部改正法がある。

改正前のパートタイム労働法は、全四七条、文字数にして一万字を超える法律であったが、今回の改正により、短時間労働援助センター（指定法人）に関する規定が一括して削除されたこともあって、全三一条、文字数にして約七千字という、以前に比べればかなりスリムな法律となった。

しかし、パートタイム労働法の適用範囲は広く、統計にいう「非正規の職員・従業員」（総務省「労働力調査」によれば、平成二十六年現在、一九六二万人）の少なくとも七割がその適用を受けている（厚生労働省「毎月勤労統計調査」によれば、同法にいう「短時間労働者」とその定義がほぼ一致する「パートタイム労働者」は、平成二十六年現在、約一三九六万人。調査対象は、規模五人以上の事業所）という計算になる。

他方、文字数にすると、約四万字にも及ぶ派遣法（正式名称は「労働者派遣事業の適正な運営の確保及び派遣労働者の保護等に関する法律」。平成二十七年の法改正により、さらに五千字ばかり増える）が適用される「労働者派遣事業所の派遣社員」は、実際には「非正規の職員・従業員」の七％にも満たない（前掲「労働力調査」によれば、一一九万人、六・一％）という事実もある。適用範囲が狭いにもかかわらず、規定内容が膨大という点では、むしろ派遣法のほうが異常といえるのかもしれない。

また、改正法の施行に併せて、策定をみた「短時間労働者対策基本方針」（平成二十七年三月二十六日厚生労働省告示第一四二号）は、次のようにいう。

「短時間労働者の数は長期的には増加傾向にあり、『労働力調査』（略）の非農林業短時間雇用者数（週間就業時間が三五時間未満の者）でみると、平成二十六年には一六五一万人となり雇用者総数の三〇・四％を占めるに至っている。その内訳についてみると、女性が約七割を占める一方で、男性や若年者、高齢者、世帯主である者もそれぞれ一定の割合で存在しており、その態様は多様なものとなってきている」。

さらに、「基本方針」には、「短時間労働者を含め有期労働契約で働く労働者」といった記述もみられる。

ただ、短時間労働者＝有期＝非正規労働者と、安易にイメージすると、その全体像を見誤ることにもなる。

例えば、男性の場合、有期でかつ「正規の職員・従業員」とする者は八五万人を数え、うち二三万人を六〇～六四歳の高齢者が占める。また、若年男性に多い「アルバイト」の約半数は就学中の者であり、こうした高齢者や学生アルバイトが無期転換や正規化の対象になるとは、そもそも考えにくい。

これに対し、女性の場合、「非正規の職員・従業員」ではあるが、契約は無期とする者が四〇〇万人を超える（非正規一三三二万人、うち無期四五八万人）。その約六割（二七七万人）を主婦（世帯主の配偶者）が占め、さらにその九割近く（二四三万人）を文字どおり主婦パートが占める。ただ、主婦の多くは、正規化など求めていない。

「労働力調査」からは、こうしたファクトも明らかになるが、無期化・正規化の必要を強調することに「短時間労働者対策」の狙いがあるためか、「基本方針」もこのような事実に言及するものとはなっていない。

パートタイム労働法は、一条の目的規定にもあるように、「通常の労働者への転換の推進」や「通常の労働者との均衡のとれた待遇の確保」を図ることをその目的としており、今回の法改正は、第四五話のCase Studyでもみたように、このうちどちらかといえば、後者の均衡待遇の確保を主眼とするものということができる。

こうしたなか、均衡待遇の確保を目的として、新たに「短時間労働者の待遇の原則」について定めた八条は、その対象から除外されたとはいえ、事業主の説明義務に関する規定

（旧十三条）は、以下にみるように、大幅に拡充されるに至っている（傍線部を修正ないし追加）。

（事業主が講ずる措置の内容等の説明）

第十四条　事業主は、短時間労働者を雇い入れたときは、速やかに、第九条から前条までの規定により措置を講ずべきこととされている事項（労働基準法第十五条第一項に規定する厚生労働省令で定める事項（注：雇入れ時に明示すべき労働条件）及び特定事項（注：昇給、退職手当および賞与の有無）を除く。）に関し講ずることとしている措置の内容について、当該短時間労働者に説明しなければならない。

2　事業主は、その雇用する短時間労働者から求めがあったときは、第六条、第七条及び第九条から前条までの規定により措置を講ずべきこととされている事項に関する決定をするに当たって考慮した事項について、当該短時間労働者に説明しなければならない。

ちなみに、同条一項にいう「第九条から前条までの規定」とは、①通常の労働者と同視すべき短時間労働者に対する差別的取扱いの禁止、②賃金、③教育訓練、④福利厚生施設、および⑤通常の労働者への転換について、それぞれ定めた規定をいう。

これらの事項については、短時間労働者からの求めの有無にかかわらず、その雇入れ時に事業主は説明義務を負う、とされていることにも注意が必要といえよう。

Case Study：短時間正社員

「期間の定めのない労働契約を締結し」、「時間当たりの基本給及び賞与、退職金等の算定方法が同種のフルタイムの正社員と同等」。「短時間労働者対策基本方針」は、いわゆる短時間正社員をこう定義した上で、「その一層の普及・定着に努める」としている。

「通常の労働者との均等待遇が確保されるとともに、就業できる時間に制約のある短時間労働者であっても転換が図りやすい」とも、この「基本方針」はいう。

確かに、正社員しかいない職場であれば、育児や介護といった正社員のニーズに応えるため、短時間正社員の制度を設けることも十分検討に値する。正社員同士の間では、待遇の均衡について考える必要がないからである。

これとは逆に、店長以外は全員が非正社員というような職場の場合、非正社員間で契約期間の定めの有無に違いがあったとしても、このことによって、待遇についてまで差異が生じるといったことは、通常考えられない。

同じ無期といっても、正社員である店長との間では、待遇の均衡を図るという発想にはならず、他方、有期であるか無期であるかによって、非正社員間で、待遇に違いを設ける理由がない（少なくともその理由を見出し難い）からである。

無期パートが四〇〇万人近くいる（三八八万人、うち女性は三五七万人）現状も、このような前提のもとでこそ説明が可能になる、ということができよう。

しかし、前提が崩れれば、当然話は違ってくる。例えば、フルタイムとパートタイムの正社員、そして有期と無期の非正社員パートが混在する職場を考えてみよう。

同じ職場で、似たような仕事をしている。その上、労働時間も変わらない短時間正社員がいるということになれば、有期・無期の別を問わず、非正社員の間に不満が募ることは避けられない。

なかでも、無期の非正社員パートの場合、短時間正社員との待遇の違いを説明することは、およそ不可能に近い。だからといって、その待遇を引き上げ、短時間正社員の待遇とバランスさせようとすると、有期の非正社員パートとの間で不均衡が生じる。

短時間正社員の導入にせよ、有期労働契約の無期転換にせよ、これを実行に移せば確かに喝采を浴びる。しかし、賞賛の声は長続きせず、職場の混乱はやがて収拾がつかないものとなる。そんな悪夢が正夢となることだけは、何としてでも防がねばなるまい。

第六七話　最近の法改正（7）

派遣法の改正——二十五条

平成二十七年三月十三日に閣議決定され、同日、国会に提出された八本の法律案の一つに、派遣法（労働者派遣事業の適正な運営の確保及び派遣労働者の保護等に関する法律）等の一部改正案がある（同年九月十八日公布、同月三十日施行）。

派遣法について改正案が提出されるのは、安倍晋三内閣としては三度目となるが、自公両党間の事前合意に基づき、法案の内容は過去二回とは微妙に異なるものとなった。

なかでも注目されたものに、派遣法の性格を最も象徴的に表した規定といえる二十五条の改正がある（傍線部を追加）。

（運用上の配慮）

第二十五条　厚生労働大臣は、労働者派遣事業に係るこの法律の規定の運用に当たっては、労働者の職業生活の全期間にわたるその能力の有効な発揮及びその雇用の安定に資すると認められる雇用慣行並びに派遣就業は臨時的かつ一時的なものである

> ことを原則とするとの考え方を考慮するとともに、労働者派遣事業による労働力の需給の調整が職業安定法に定める他の労働力の需給の調整に関する制度に基づくものとの調和の下に行われるように配慮しなければならない。

そこにいう「労働者の職業生活の全期間にわたるその能力の有効な発揮及びその雇用の安定に資すると認められる雇用慣行」とは、終身雇用慣行を指し、当該雇用慣行を「考慮する」とは、常用代替（派遣先の常用労働者が、派遣労働者によって代替されること）の防止を意味する。派遣期間の制限も、この常用代替の防止を根拠としており、このような考え方は、今回の法改正によっても変わらない。

ただ、いわゆる二六業務については、当該「雇用慣行を損なわないと認められる」業務としてこれを位置づけ、期間制限の対象とはしない考え方が、これまでは採用されてきた（四十条の二第一項旧一号を参照）。

その二六業務と、それ以外の業務（自由化業務）との区分がなくなる。このような業務区分の解消により、業務の違いによって期間制限の仕組みに差異が生じる現状を抜本的に改める。ここに、今回の法改正における最大のポイントはあったといってよい。

しかし、平成十一年の派遣法改正により、派遣の対象となる業務の原則自由化（自由化業務という言葉もここに由来する）が実現するまでは、同法の適用対象業務＝二六業務を「臨時的・一時的」業務として位置づける発想がそもそもなかった、という事実もある。

わが国では、労働者派遣を英訳する際に、派遣が「臨時的・一時的」なものであることを示すtemporaryという訳語が使用されず、worker dispatchingと直訳されてきたのも、こうした経緯を背景としている。自由化業務を「臨時的・一時的」業務として位置づけることにより、当該業務の派遣が解禁された後も、その翻訳が改められることはなかった。

業務区分の解消によって、派遣の対象業務がすべて「臨時的・一時的」な自由化業務に吸収される。今回の法改正が仮にこのようなタイプのものであれば、二十五条の追加規定は単なる確認規定といえなくもない。

確かに、業務区分の解消により、期間制限を受けない業務という概念は姿を消す。とはいえ、改正後は、二六業務に代えて、①派遣会社に期間の定めなく雇用される、無期雇用派遣労働者、および②六〇歳以上の高齢者が、期間制限の対象から除外されることになる（四十条の二第一項一号および二号を参照）。

「業務」から「人」へ。期間制限の有無が派遣業務の性格ではなく、派遣労働者の属性によって決まる。今回の法改正はこのように考えると、わかりやすい。ただ、派遣の対象業務を「臨時的・一時的」業務と決めつける考え方はそこにはない。テンポラリーな派遣というイメージに惑わされ、不用意に設けた規定といっても言い過ぎではあるまい。

なお、先にみた「労働者派遣事業による労働力の需給の調整が職業安定法に定める他の労働力の需給の調整に関する制度に基づくものとの調和の下に行われるように配慮しなければならない」と規定する二十五条の後段部分は、労働者派遣事業の対象業務と有料職業紹介事業の取扱職業とのバッティングを防止することを主な目的としていた（デモンストレーション［派遣］とマネキン［紹介］の棲み分けが最も有名）が、平成十一年の法改正により、双方のネガティブリスト化が図られた結果、既にその意義の大半を失っている。

職安法は、昭和二十二年の制定当初から、労働組合に労働者供給事業を無料で行うことを認めており、派遣事業は供給事業の存在を危うくしない範囲に限るべきとの声もいまだにあるとはいえ、供給実人員が一年に三万人強（三万四七四五人）という現状（厚生労働省「平成二十五年度労働者供給事業報告」を参照）では誰も耳を傾けない。そうした労働組合の権益を保護するという発想こそ、本来は批判されてしかるべきであろう。

Case Study：新たな期間制限

今回の法改正は、前述した無期雇用または高齢の派遣労働者のほか、派遣法所定の除外事由（四十条の二第一項三号〜五号を参照。その内容は旧二号〜四号と同じ）に該当する場合を除き、下記の二種類の期間制限を、派遣先に対して課すものとなっている。

① **事業所単位の期間制限**：派遣先の同一の事業所における派遣労働者の受入れは三年を上限とする。これを超えて受け入れるためには過半数労働組合等からの意見聴取が必要。意見があった場合には対応方針等の説明義務を課す。

② **個人単位の期間制限**：派遣先の同一の組織単位（課）における同一の派遣労働者の受入れは三年を上限とする。

改正法の条文でいえば、四十条の二および四十条の三の規定がこれに当たる（これらの規定に対応する派遣元事業主を対象とした規定として、三十五条の二および三十五条の三を併せ参照）。

ただ、改正規定の内容は、これを一読すれば直ちにその意味が理解できるというほど、わかりやすいものではない。

例えば、改正法四十条の二第一項は、その本文で「派遣先は、当該派遣先の事業所その他派遣就業の場所ごとの業務について、派遣元事業主から派遣可能期間を超える期間継続して労働者派遣の役務の提供を受けてはならない」と定めるものとなっているが、旧規定との違いは、ありていにいえば傍線部（旧規定では「同一の業務」）以外にはない。

従前は、組織の最小単位（係や班）における業務を「同一の業務」とみなす解釈が通達（労働者派遣事業関係業務取扱要領）によって採用され、派遣受入れ期間の制限も、この組織の最小単位における業務であるか否かを基準とするものとされていた。

そうした「同一の業務」を「業務」と改めることによって、これを事業所全体を単位とする業務を意味するものに変える。そこに立法者の狙いがあったとはいうものの、法律の条文からこのような立法者の意図まで読みとることは、およそ不可能に近い。

だが、それが公権的解釈である以上、派遣先は、これに従わざるを得ない。事業所全体でみて、派遣を活用している部署がどこにも存在しない。そうした期間が少なくとも三カ月あれば話は別であるが、そんな〝奇跡〟が期待できない場合には、過半数組合や過半数代表者から、派遣受入れ期間の延長について三年ごとに意見を聴取する必要がある。

しかも、単に過半数組合等の意見を聴けばよいというものでもない。意見を聴取された過半数組合等が異議を述べたときは「延長前の派遣可能期間が経過することとなる日の前日までに、当該過半数労働組合等に対し、派遣可能期間の延長の理由その他の厚生労働省令で定める事項について説明しなければならない」。改正法四十条の二第五項は、このように定めていることにも注意を要する。

なお、事業所単位の期間制限であれ、個人単位の期間制限であれ、その違反に対しては、平成二十七年十月一日以降、改正派遣法の施行日である同年九月三十日以降に締結または更新された派遣契約については、「直接雇用のみなし規定」（四十条の六）が適用される。

このことも忘れてはなるまい。

第六八話　最近の法改正（8）

派遣法の改正——二十四年改正

数ある法改正のなかには、世の中の評判が芳しくないものもある。平成二十四年の派遣法改正は、その典型といってもよい。

二十四年改正により、「派遣労働者の保護」が派遣法のタイトルで明記された（「労働者派遣事業の適正な運営の確保及び派遣労働者の保護等に関する法律」と改名）とはいうものの、羊頭狗肉の感があった。①日雇い派遣の原則禁止（三十五条の四）、②グループ企業内派遣の八割規制（二十三条の二）、③離職後一年以内の労働者の派遣受入れ禁止（四十条の九）等々、派遣労働者にとっては、その就業機会がかえって狭くなったものも、少なくなかったからである（条文の表記は、平成二十七年改正後の規定による。以下同じ）。

①日雇い派遣を規制しないと、派遣労働者がその日暮らしのワーキング・プアになってしまう。②グループ企業内の派遣を放置したままでは、常用代替が加速する。③労働者を辞めさせた上で派遣労働者として受け入れるようなことを防止するためには、離職後一定

期間は派遣労働者としての受入れを禁止する必要がある（三十五条の五を参照）。そんな頭のなかで考えた〝理屈〟が法改正をリードした。

だが、日雇い派遣が例外として認められるケースを昼間学生や高齢者を除き、自己または世帯の収入が五〇〇万円以上ある者に限定した（派遣法施行令四条並びに同法施行規則二十八条の二および二十八条の三を参照）のはあまりにも常識に反していたし、自発的にあるいは期間の満了を理由として離職した者についてまで、離職後一年以内の派遣受入れを禁止したのも著しく思慮を欠いていた。

日雇い派遣を禁止しても日々紹介があるというのが、当時の行政の考え方であったが、日々紹介により、一日でも雇用した者については、離職後一年間は派遣労働者として受け入れられないという事態は、想定外であったようでもある。

今後、右にみた収入要件が多少緩和されたとしても、このような問題は解決しない。法改正としては明らかにズサンであったといわざるを得まい（以上につき、拙著『労働法の「常識」は現場の「非常識」』（中央経済社、平成二十六年）一四八頁以下所収の「『日雇い派遣』禁止の奇々怪々」を参照）。

派遣会社が派遣労働者に対して支払う賃金は同じでも、派遣先から徴収する派遣料金の額は派遣先ごとに当然違ってくる。派遣会社にとっては、トータルで利益が出ればよいのであって、利益が出なければ、賃金の支払いも満足にできなくなる。

そうした派遣料金の額の開示まで、派遣元＝派遣会社に要求する。平成二十四年の改正法には、そんな市場経済の原則に反する規定さえ含まれていた（三十四条の二。二十三条五項を併せ参照）。

派遣会社は、不当なピンハネをして儲けている。利益率は総じて低いのが現実であるにもかかわらず、派遣会社に対する偏見や誤解がこのような〝理屈〟としてもおかしい規定を生んだ。こういって間違いはない。

ただ、平成二十七年の派遣法改正では、これら二十四年改正によって新設された問題のある規定については、結局のところ、「直接雇用のみなし」規定を含め、その見直しを行わない（必要な法改正を先送りする）ものとなった。

確かに、今回の法改正によって、第六七話で言及した「新たな期間制限」の仕組みが導入されることに伴い、期間制限違反を理由として、「直接雇用のみなし」（労働契約の申込みみなし）規定が発動されるリスクは、大幅に減少する。

事業所単位の期間制限については、期間の延長に当たって意見聴取が必要となるものの、個人単位の期間制限を含め、注意さえ怠らなければ、派遣先がこれを遵守するのは比較的容易といえるからである。

他方、いわゆる偽装請負を理由に、派遣先に対して「みなし」規定が発動される危険は依然としてなくなってはいない。

「この法律又は次節の規定により適用される法律の規定の適用を免れる目的で、請負その他労働者派遣以外の名目で契約を締結し、第二十六条第一項各号に掲げる事項を定めずに（注：派遣契約を締結せずに）労働者派遣の役務の提供を受けること」。派遣法四十条の六第一項五号は、偽装請負をこのように定義する。

このことに関連して、平成二十七年七月十日に職業安定局長名で発出をみた通達「労働契約申込みみなし制度について」は、「偽装請負等の目的の有無については個別具体的に判断されることとなるが、『免れる目的』を要件として明記した立法趣旨に鑑み、指揮命令等を行い偽装請負等の状態となったことのみをもって『偽装請負等の目的』を推定するものではないこと」するが、そこにいう個別具体的な判断がどのようになされるかに関しては沈黙を守っている。したがって、現在なお、安心できるといえる状況には程遠く、油断は禁物と心得るべきであろう。

Case Study：派遣法と公務員

「国、地方公共団体が派遣先である場合についても、［派遣］法（第三章第四節の規定及び当該規定により適用される労働基準法等の規定を含む。）は全面的に適用される」。同法の通達「労働者派遣事業関係業務取扱要領」はこのようにいう。次のようにして「直接雇用のみなし」規定に類似する定めが設けられたのも、その一環と考えてよい。

第四十条の七　労働者派遣の役務の提供を受ける者が国又は地方公共団体の機関である場合であって、前条第一項各号のいずれかに該当する行為（注：期間制限違反や偽装請負等）を行った場合（同項ただし書に規定する場合（注：善意無過失の場合）を除く。）においては、当該行為が終了した日から一年を経過する日までの間に、当該労働者派遣に係る派遣労働者が、当該国又は地方公共団体の機関において当該労働者派遣に係る業務と同一の業務に従事することを求めるときは、当該国又は地方公共団体の機関は、同項の規定の趣旨を踏まえ、当該派遣労働者の雇用の安定を図る観点から、国家公務員法（略）、……又は地方公務員法（略）その他関係法令の規定に基づく採用その他の適切な措置を講じなければならない。

２　略

公務員の任用は、民間企業における雇用とは異なり、私法上の契約関係ではない。このような理解から、公務員には一般職であると特別職であるとを問わず、労働契約法が適用されない（同法二十二条一項）が、国や地方公共団体が偽装請負等の行為を行った場合には、採用を事実上強制される。端的にいって違和感はあるものの、右にみた四十条の七はこのことを明文の規定をもって定めたものにほかならない。

また、民間企業の場合、就業規則の作成・変更に係る意見聴取をはじめ、過半数組合や過半数代表者との対応にはそれなりの経験を有するのが通常であるが、国や地方公共団体にはそのノウハウがない、という問題もある。

労働基準法（労基法）は、そもそも一般職の国家公務員には適用されず（国家公務員法附則十六条）、労基法が一部の規定を除いて適用される一般職の地方公務員（地方公務員法五十八条三項）についても、これまでは、過半数代表制との関わりを極力回避する傾向がみられた（同条四項を参照）。

公務員の組織する職員団体は、労働組合法にいう労働組合とは、その性格を明確に異にするにもかかわらず、読み替え規定も存在しない。さらに、職員団体の組織されていない行政機関が実際には少なくない、という現実にも留意する必要がある。

こうした状況のもとで、事業所単位の期間制限をいかにクリアするのか。

国や地方公共団体においても、庁舎（事業所）内のどこかの部署で派遣を常に活用しているとすると、少なくとも三年後には意見聴取が必要になり、意見聴取を怠ると、前述の派遣法四十条の七第一項に規定する「採用その他の適切な措置」を講じなければならなくなる。これを他人事《ひとごと》とは思えないのは、かつての公務員の性《さが》であろうか。

第六九話　最近の法改正（9）

労働基準法の改正

平成二十七年四月三日、安倍晋三内閣は、「労働基準法等の一部を改正する法律案」を閣法第六九号として、第一八九回通常国会に提出する。法改正の目玉は、いうまでもなく、法律案要綱にいう「特定高度専門業務・成果型労働制（高度プロフェッショナル制度）」の創設にあった。

改正後の労働基準法（労基法）のもとでは、この新たな労働時間制度は、同法四十一条の共通見出しに定める「労働時間等に関する規定の適用除外」に係る制度の一つとして、これが位置づけられることになる。四十一条の二の新設規定がそれである。

従来、労基法四十一条が二五〇字にも満たない、比較的短い規定であったのに対して、四十一条の二は、同条だけで一六〇〇字を超える。こうした事情から、引用には適さないため、以下では、その要点のみを記す。なお、当該制度の導入に当たっては、労使委員会による決議とその届出のほか、対象労働者の書面等による同意が必要となる（一項柱書）。

このことにまず、注意を促しておきたい。

(1)　**対象業務**（一項一号）

高度の専門的知識等を必要とし、その性質上従事した時間と従事して得た成果との関連性が通常高くないと認められるものとして、厚生労働省令で定める業務。

具体的には、金融商品の開発業務やディーリング業務、アナリストの業務（企業・市場等の高度な分析業務）、コンサルタントの業務（事業・業務の企画運営に関する高度な考案または助言の業務）、研究開発業務等が念頭にある。

(2)　**対象労働者の要件**（一項二号）

次のいずれにも該当すること。

イ　使用者との間の書面その他の厚生労働省令で定める方法による合意に基づき、職務が明確に定められていること。

ロ　賃金の額（年収）が基準年間平均給与額の三倍の額を相当程度上回る水準として、厚生労働省令で定める額（一〇七五万円を想定）以上であること。

(3)　**健康確保のための要件**（一項三・四号）

①　健康管理時間（対象労働者が事業場内にいた時間と事業場外で労働した時間を合計した時間）を把握する措置（厚生労働省令で定める方法に限る）を使用者が講ずること。

② 次のいずれかに該当する措置を使用者が講ずること。
イ 労働者ごとに始業から二四時間を経過するまでに厚生労働省令で定める時間以上の継続した休息時間を確保し、かつ、深夜に労働させる回数を一カ月について、厚生労働省令で定める回数以内とすること。
ロ 健康管理時間を一カ月または三カ月について、厚生労働省令で定める時間を超えない範囲内とすること。
ハ 一年間を通じ一〇四日以上、かつ、四週間を通じ四日以上の休日を確保すること。

以上のほか、右の⑶①でみた労基法改正に関連して、次のような規定の新設を含む労働安全衛生法の改正も予定されている。

第六十六条の八の二　事業者は、労働基準法第四十一条の二第一項の規定により労働する労働者であって、その健康管理時間（略）が当該労働者の健康の保持を考慮して厚生労働省令で定める時間を超えるものに対し、厚生労働省令で定めるところにより、医師による面接指導を行わなければならない。

2 略

これを受けて、労働安全衛生規則の改正により、週四〇時間を超える健康管理時間について は、その超えた時間が一カ月に一〇〇時間を超えると、一律に面接指導の対象とすることが、現在のところ考えられている。

なるほど、労基法四十一条の二は、深夜業に対する割増賃金の規定についてもその適用を除外しているという点において、四十一条との間には違いがある。しかし、法的効果という点では、双方の規定にそれ以上の差異があるわけではない。

にもかかわらず、四十一条の二に定める要件は、四十一条に比べ、あまりにも細かく、かつ、厳しいものとなっている。このような微に入り細を穿った厳格さが、はたして本当に必要なのか。大いに疑問というのが、人事労務の現場の率直な感想であろう。

年収要件⑵ロ一つをとっても、高きにすぎるとの感は否めない。例えば、アメリカの場合、年収が二万三六六〇ドル（週給四五五ドル）以上あることが、ホワイトカラー・エグゼンプションの適用を受けるための要件とされているが、その額はフルタイム労働者の平均的給与（中央値で週給約八〇〇ドル）の六〇％弱にとどまっている。

オバマ政権は、これを五万四四〇ドル（週給九七〇ドル）まで「倍増」させる意向とはいうものの、その額は、右にみたフルタイム労働者の平均的給与を二割強上回る（時間給労働者を除くと、百分位数で第四〇分位に位置し、中央値を若干下回る。今後はこの水準が維持されるよう、自動的にその額を調整することを予定）ものでしかない。

なお、労基法改正案にいう「基準年間平均給与額」は、「賞与」抜きのものであり、算定基礎となる給与には、パートタイム労働者の給与が含まれる。こうしたトリックを弄さずとも、十分にその額は高いのである。

Case Study：大学教員の研究時間

「職場に寝泊まりし、週に何度かしか家に帰らない生活を続けてきました。ずいぶん無理をし、家庭を犠牲にしてもきました。患者を救うために人生を賭ける覚悟はまだある。それがなくなり、ベストパフォーマンスを発揮できなくなったときが、メスを置くときではないかと思っています」。天皇陛下の執刀医、順天堂大学医学部の天野篤教授は、このように語る（平成二十七年三月十三日付け『日本経済新聞』夕刊）。こうした働き方を、大学教員の多くは疑問に思っていない。むしろ、それが理想であるとさえ考えている。

平成二十六年にノーベル物理学賞を受賞した名古屋大学工学研究科の天野浩教授のように、元旦以外は朝から晩まで研究に没頭した、研究者の鑑《かがみ》ともいえる人物もいる。

勤務時間の把握やその管理は、二人の天野教授にとっては、無用の長物以外のなにものでもない。研究の邪魔をされれば、かえってストレスがたまる。健康確保のための措置が逆に健康を害する。そうした逆説が成り立つ世界がここにはある。民間企業における研究開発の現場も、似たようなものであろう（例えば、稲盛和夫著『働き方』（三笠書房、平成二十一年）を参照）。

確かに、長時間労働は健康に悪い。仕事と家庭との調和を乱すもとにもなる。一般論としては、このようにいえる。しかし、物事には必ず例外がある。健康確保という大義名分も、これを絶対視すべきではない。

「高度プロフェッショナル制度」の適用を受ける者を対象とした健康確保のための措置(3)②）も、所詮は頭のなかで考えたものにすぎず、右にみた現場の事情など、その視野にはまったく入っていない。しかし、例外規定がなければ、法令はそうした現場の事情を無視して適用される。そのことの意味と重みをよく考える必要がある。

例えば、改正法案の提出に先だって、労働政策審議会が取りまとめた建議「今後の労働時間法制等の在り方について」（平成二十七年二月十三日）は、次のようにいう。

「過重労働による脳・心臓疾患等の発症を防止するため労働安全衛生法に規定されている医師による面接指導制度に関し、管理監督者を含む、すべての労働者を対象として、労働時間の把握について、客観的な方法その他適切な方法によらなければならない旨を省令に規定することが適当である」。

「労働時間の客観的な把握」と見出しにはあるが、大学教員についても、それが可能であり、かつ必要であるとは、到底思えない。しかし、いったん省令（労働安全衛生規則）に規定されれば、例外規定がない以上、大学教員にも当該規定は等しく適用される。それで本当によいのか、という話なのである。

第七〇話　最近の法改正（10）

労働基準法の改正　続

――今日も、所内のパソコンは午後十時になると自動的にシャットダウンした。翌日の午前五時まではパソコンが使えない。

土日や祝日（所定休日）は、研究所の入口が閉鎖され、所内に入ることさえ禁止される。これに合わせて、研究所から貸与された自宅のパソコンも、土日や祝日には起動できないようにセッティングされている。

平日（所定労働日）には、在宅勤務も認められているが、午後十時から翌日の午前五時までは、研究所のデータベースはもとより、パソコンそのものが使用できないシステムになっている。

以前は、研究所に何日も寝泊まりして、仕事を続ける強者もいた。だが、平成二十八年に健康確保のため「労働時間の把握」が法令で義務づけられて以降、そうした研究の虫は完全にその姿を消した。

「労働時間の把握」は、あくまで健康確保のために行うものであり、割増賃金の支払いとは関係がない。たしかに、そのようなタテマエはあった。しかし、研究所の所員が適用を受ける裁量労働制は、正確には「労働時間のみなし」を認めるものにすぎず、時間外や深夜、休日に勤務した場合には、割増賃金の支払いが必要になる。

研究所では、曜日と時間帯を問わず、自由に勤務することを所員に対して認めてきたという経緯もあって、勤務する曜日や時間帯を選択する自由がこのように所員にある以上、深夜や休日に勤務したというだけで割増賃金を支払うことには問題がある（所員もこれを公平とは思わない）として、そのための予算も組まれていなかった。

また、所員については、一日八時間勤務したものとみなすものとされていたことから、平日の勤務に加え、土曜か日曜に「出勤」すると、それだけで一週の法定労働時間である四〇時間を超えてしまい、このことが「労働時間の把握」により顕在化し、研究所としても見過ごすことができなくなる、という問題もあった。

そこで、この際、深夜や休日の勤務をできないようにしてしまえ、という話になったのである。しかし、その結果、優秀な所員は、時間規制のない海外の研究所に移り、さほど優秀とはいえない所員だけが研究所に残る、という非常事態に研究所は直面した。

ただ、研究所に残った所員も、その多くは研究への意欲を次第に失っていった。研究の中断を頻繁に強制される環境のもとでは、いったん低下した意欲を再び元のレベルに戻すだけでも、かなりの時間とエネルギーが必要になる。

こうしたことを繰り返すうちに、研究意欲もどこかに行ってしまった。そんな所員が多かったのである。

さらに、時間にとらわれることなく、自由に研究することのできる環境が失われたことによる心理的ストレスに耐えかねて、精神面でダメージを受けた所員も少なからずいた。健康確保の措置を講じたために、かえって健康を害する。悪い冗談としか思えないような現実が、そこにはあった。――


平成二十七年一月十六日に「働き過ぎ防止のための法制度の整備等」を冒頭に掲げる、「今後の労働時間法制等の在り方について」と題する労働基準法（労基法）改正に向けた報告書骨子案が公表されたことを受け、右にみた〝未来予想図〟で始まる一文「労働時間の把握――『一律義務化』への疑問」を筆者は、ネット配信の『アドバンスニュース』に寄稿した（一月二十六日・二十八日のインタビュー&スペシャルを参照）。

あるいは、単なる空想物語と思われるかもしれない。だが、サービス残業問題の発生を防止するために、現にＰＣの強制終了という同様の強硬策に及んだ大手企業もある。大学だけがそうならないという保証はない。

『週刊ダイヤモンド』平成二十六年十二月二十日号によれば、Ｄ社の場合、「退社するときは退勤登録をしてシステムを終了するが、その後にパソコンで仕事を続けていると警告画面が表示され、最終的に強制的にシャットダウンされる。上司から残業を指示されていない時間帯にパソコンを利用した場合も警告が表示される（写真、略）」。「締め出しが行われるのはパソコン上だけではない。……二十一時になると事業所からの締め出しが行われ、消灯、空調停止が断行される。大阪本社ではその一〇分前に『蛍の光』が、東京本社では『アメージンググレイス』の音楽が流れ、仕事はお開き。事業所によってはブレーカーを落としてしまう」（五七頁）。そんな〝奇策〟が実行に移されたという。

確かに、こうした方策が有効な場合があることは否定しない。しかし、大学教員を相手に同じ策を講じると暴動が起きる。特に理系の部局においては、その前に教員が大学からいなくなってしまう可能性が高い。

その結果、わが国の競争力は、劇的に低下し、ノーベル賞の受賞者など金輪際、日本の大学からは出なくなる。そんな亡国の脅威に、わが国は今、曝されようとしている。大学もまた、自らの問題として、このことをしかと認識する必要があろう。

Case Study：大学教員と有給休暇

平成二十七年の通常国会に提出された「労働基準法等の一部を改正する法律案」には、次のように定める、労基法の改正規定が存在する（⑦・⑧の項番号は筆者による）。

第三十九条第六項の次に次の二項を加える。

⑦　使用者は、第一項から第三項までの規定による有給休暇（これらの規定により使用者が与えなければならない有給休暇の日数が十労働日以上である労働者に係るものに限る。以下この項及び次項において同じ。）の日数のうち五日については、基準日（略）から一年以内の期間に、労働者ごとにその時季を定めることにより与えなければならない。（ただし書、略）

⑧　前項の規定にかかわらず、第五項又は第六項の規定により第一項から第三項までの規定による有給休暇を与えた場合（注：労働者の時季指定または計画年休協定により有給休暇を与えた場合）においては、当該与えた有給休暇の日数（当該日数が五日を超える場合には、五日とする。）分については、時季を定めることにより与えることを要しない。

年次有給休暇について定める現行三十九条は、計八項からなる規定であるが、労基法の条文には項番号が付されていないため、改正法案は、現在の七項および八項の繰り下げに言及した定めを欠くものとなっている。法制執務に従えば、そうならざるを得ないということなのであろうが、常識を超えた「役所の掟」ともいえる（第六四話を併せ参照）。

ただ、日本語としてはどうかといった問題は別として、改正規定そのものは、それほど難しいことをいっているわけではない。

⑴使用者は、一年に五日は有給休暇を付与する時季を定めて、労働者に休暇を与える義務を負う（七項）。ただし、⑵労働者が休暇の時季を指定するか、計画年休協定に基づいて与えた年休の日数は、⑴の日数から除外する（八項。したがって、その日数が一年に五日以上ある場合は、使用者は⑴の年休付与義務を負わない）。改正規定の内容を要約すると、およそこのようになる。

しかし、大学教員の場合、土日や祝日にも大学に来て研究に没頭することを生き甲斐としている教員もいれば、授業や会議のある日以外は大学に出てこないという教員もいる。こうした〝勝手気儘な〟教員に対して、大学が休暇の取得時期（時季）を定めて、休暇を取らせることは実際には不可能に近い。

さしあたり現実的な案としては、夏季一斉休業の日を年休に充当することが考えられるものの、年休以外の特別休暇として夏季休暇を与え、これを休業日に充てている場合には労働条件の不利益変更との批判を受けること、想像に難くない。ため息しか出ないというのが、現場の率直な感想であろう。

第七一話　最近の法改正（11）

労働基準法の改正　余録

「健康管理時間」と「労働時間」とは、どう違うのか。現在予定されている労働基準法（労基法）の改正については、こんな質問を受けることがしばしばある。双方の間に基本的な違いはない。筆者の結論を先にいえば、このようになる。

労基法の改正によって新設される四十一条の二は、その第一項三号で「健康管理時間」について、まず次のように規定する。

三　対象業務に従事する対象労働者の健康管理を行うために当該対象労働者が事業場内にいた時間（この項の委員会が厚生労働省令で定める労働時間以外の時間を除くことを決議したときは、当該決議に係る時間を除いた時間）と事業場外において労働した時間との合計の時間（次号ロ及び第五号において「健康管理時間」という。）を把握する措置（厚生労働省令で定める方法に限る。）を当該決議で定めるところにより使用者が講ずること。

同号は、いわゆる高度プロフェッショナル制度の導入要件の一つとして定められたものであるが、これに続く四号および五号は以下のように規定するものとなっている。

四　対象業務に従事する対象労働者に対し、次のいずれかに該当する措置を当該決議及び就業規則その他これに準ずるもので定めるところにより使用者が講ずること。

イ　労働者ごとに始業から二十四時間を経過するまでに厚生労働省令で定める時間以上の継続した休息時間を確保し、かつ、第三十七条第四項に規定する時刻の間において労働させる回数を一箇月について厚生労働省令で定める回数以内とすること。

ロ　健康管理時間を一箇月又は三箇月についてそれぞれ厚生労働省令で定める時間を超えない範囲内とすること。

ハ　一年間を通じ百四日以上、かつ、四週間を通じ四日以上の休日を確保すること。

五　対象業務に従事する対象労働者の健康管理時間の状況に応じた当該対象労働者の健康及び福祉を確保するための措置であって、当該対象労働者に対する有給休暇の付与、健康診断の実施その他の厚生労働省令で定めるものを当該決議で定めるところにより使用者が講ずること。

このうち、三号または四号に規定する措置を使用者が講じていない場合には、四十一条の二に定める労働時間等に関する規定の適用除外を受けられない（同条第一項ただし書を参照。これに対して五号は、決議要件にとどまる)。そんな構造にもなっている。

他方、従前から労使委員会の決議と届出が導入要件とされていた企画業務型裁量労働制についても、今回の法改正では、三十八条の四第一項四号の規定を次のように改めること（傍線部の追加）が予定されている。

四　対象業務に従事する第二号に掲げる労働者の範囲に属する労働者の労働時間の状況に応じた当該労働者の健康及び福祉を確保するための措置であって、当該労働者に対する有給休暇（次条の規定による有給休暇を除く。第四十一条の二第一項第五号において同じ。）の付与、健康診断の実施その他の厚生労働省令で定めるものを当該決議で定めるところにより使用者が講ずること。

双方の規定内容の違いは、これを読み比べればわかるように、「健康管理時間」と「労働時間」という表現の違いでしかない。

ただ、平成二十七年二月十三日の労働政策審議会建議「今後の労働時間法制等の在り方について」が、次のように述べていたことにも留意する必要がある。

この健康・福祉確保措置については「現行の法定指針に例示されている事項（代償休日又は特別な休暇の付与、健康診断の実施、連続した年次有給休暇の取得促進、心とからだの健康窓口の設置、配置転換、産業医の助言指導に基づく保健指導）を参考にしつつ、長時間労働を行った場合の面接指導、深夜業の回数の制限、勤務間インターバル、一定期間における労働時間の上限の設定等を追加することも含め検討の上、省令で規定することが適当である」。

すなわち、高度プロフェッショナル制度においては法律（先にみた労基法四十一条の二第一項四号のほか、第六九話で言及した労働安全衛生法六十六条の八の二の新設規定を含む）で定めることとされた事項を、企画業務型裁量労働制では、ワンランク落として、省令で規定する。そんな可能性さえ、なくはないのである。

確かに、法律と省令では、その性格に違いがある。省令による規制が法律よりもソフトであることはいうまでもない。

例えば、企画業務型裁量労働制について、労基法四十一条の二第一項四号と同一内容の規定が省令に設けられ、使用者が省令所定の措置を講じなかったとしても、制度そのものが無効になり、労働時間のみなしができなくなるわけではない。改正法についても、このようにいえる。

しかし、右にみた建議にいう「法定指針」＝大臣告示の省令への格上げが、他に影響を与えないという保証はない。このことが専門業務型裁量労働制に対して、どのような影響を与えるのか。以下では、国立大学にとっても大いに関心のある、この問題に的を絞って考えてみたい。

Case Study：専門業務型への影響

専門業務型裁量労働制について規定した、労基法三十八条の三は、現在その第一項四号に次のような定めを置いている。

四　対象業務に従事する労働者の労働時間の状況に応じた当該労働者の健康及び福祉を確保するための措置を当該協定で定めるところにより使用者が講ずること。

従前、専門業務型裁量労働制については、健康・福祉確保措置が協定事項とはされておらず、平成十五年の法改正（翌十六年一月一日施行）によって、初めてこれが法定されたという経緯がある。その結果、改正法施行後、間もなく、法人化の日を迎えた国立大学は、対応に苦慮することになった。

その先例ともいうべき企画業務型裁量労働制の健康・福祉確保措置について、大臣告示（指針）は「次のいずれにも該当する内容のものであることが必要である」と定めていたからである（傍線は筆者による）。

イ　使用者が対象労働者の労働時間の状況等の勤務状況（以下「勤務状況」という。）を把握する方法として、当該対象事業場の実態に応じて適当なものを具体的に明らかにしていること。その方法としては、いかなる時間帯にどの程度の時間在社し、労務を提供し得る状態にあったか等を明らかにし得る出退勤時刻又は入退室時刻の記録等によるものであること。

ロ　イにより把握した勤務状況に基づいて、対象労働者の勤務状況に応じ、使用者がいかなる健康・福祉確保措置をどのように講ずるかを明確にするものであること。

なるほど、専門業務型裁量労働制の健康・福祉確保措置については、改正労基法の施行通達も、その具体的内容を「企画業務型裁量労働制における同措置の内容と同等のものとすることが望ましい」とするにとどまるものではあった。

専門業務型裁量労働制の適用を受ける「教授研究の業務」に従事する教員について、出退勤時刻や入退室時刻を記録することなど、およそ不可能であり、意味がない。右の通達は、このような割り切りをも可能にした。

しかし、先にみたように、企画業務型裁量労働制については大臣告示の省令への格上げが予定されているほか、労働安全衛生規則の改正によるものとはいえ、「すべての労働者を対象として、労働時間の把握について、客観的な方法その他適切な方法によらなければならない旨を省令に規定すること」も日程にのぼっている（第六九話を参照）。

教育・研究の自由が今、失われようとしている。大学としても、そうした危機感を持つべきであろう。

第七二話　最近の法改正（12）

消えた条文、消える条文

裁量労働制をどの業務に適用するかは労使で決める。同制度が初めて導入されたときには、そんな考え方が採用されていた。

昭和六十二年の労基法（労働基準法）改正（翌六十三年四月一日施行）によって新設をみた「事業場外労働と裁量労働に係るみなし労働時間制」に関する規定＝三十八条の二がそれであり、当初、同条は四項で次のように定めていた（傍線は筆者による。以下同じ）。

④　使用者が、当該事業場に、労働者の過半数で組織する労働組合があるときはその労働組合、労働者の過半数で組織する労働組合がないときは労働者の過半数を代表する者との書面による協定により、研究開発の業務その他の業務（当該業務の性質上その遂行の方法を大幅に当該業務に従事する労働者の裁量にゆだねる必要があるため、当該業務の遂行の手段及び時間配分の決定等に関し具体的な指示をしないこととするものとして当該協定で定める業務に限る。）に従事する労働者の労働時間

の算定については当該協定で定めるところによることとする旨を定めた場合において、労働者を当該業務に就かせたときは、当該労働者は、命令で定めるところにより、その協定で定める時間労働したものとみなす。

「みなし労働時間制」の適用を受ける業務は労使協定で定める必要こそあったものの、右の四項にいう「研究開発の業務」も、例示の域を出るものではなかった。

「裁量労働のみなし労働時間制の適用部門は、大企業を除き、法の例示する研究・開発部門が主要な適用部門とはなっていない（全体としては、事務・管理部門、販売・営業部門がこれを上回っている）」（拙稿「事業場外・裁量労働」『季刊労働法』一六二号（平成四年三月）三六頁以下、三六頁）。このような事実が、当時は実際にも認められたのである。

その後、平成五年の労基法改正（翌六年四月一日施行）により、三十八条の二第四項は次のように改められ、裁量労働制の対象業務は、命令（労基法施行規則）で定める業務に限定される。

④　使用者が、当該事業場に、労働者の過半数で組織する労働組合があるときはその労働組合、労働者の過半数で組織する労働組合がないときは労働者の過半数を代表する者との書面による協定により、業務の性質上その遂行の方法を大幅に当該業務に従事する労働者の裁量にゆだねる必要があるため当該業務の遂行の手段及び時間配分の決定等に関し具体的な指示をすることが困難なものとして命令で定める業務

のうちから労働者に就かせることとする業務を定めるとともに、当該業務の遂行の手段及び時間配分の決定等に関し当該業務に従事する労働者に対し具体的な指示をしないこととする旨及びその労働時間の算定については当該協定で定めるところによることとする旨を定めた場合において、労働者を当該業務に就かせたときは、当該労働者は、命令で定めるところにより、その協定で定める時間労働したものとみなす。

それまで通達で示されていた「研究開発の業務」をはじめとする五業務は、すべて省令で定められることになった（大臣告示による追加も可能とされた）とはいえ、例示列挙から限定列挙へと、その性格は大きく変わった。

一度失った自由は、もはや取り戻せない。

平成十年の労基法改正（翌十一年四月一日施行）によって、事業場外労働と裁量労働が別個の規定に分かれ、従来の専門業務型裁量労働制の規定（三八条の三）に加え、新たに企画業務型裁量労働制の規定（三八条の四）が同法に設けられたときも、右にみた三十八条の二第四項（旧規定）は、三十八条の三第一項（新規定）へと、一字一句違わず、そのまま移行することになる。

さらに、平成十五年の法改正（翌十六年一月一日施行）により、その規定内容は、企画業務型裁量労働制のそれと平仄を合わせる形で、一層複雑なものにさえなった（第七一話を併せ参照）。

他方、法規制の根拠となる条文の削除は、通常の場合、その規制がなくなることを意味するが、そうとはいえないケースもなかにはある。平成二十七年の法改正によって、派遣法（労働者派遣事業の適正な運営の確保及び派遣労働者の保護等に関する法律）からその姿を消すことになった、労働者派遣契約に定める「労働者派遣の期間」の制限について規定した、下記の二十六条二項がそれである。

２　派遣元事業主は、……労働者派遣の期間（略）については、厚生労働大臣が当該労働力の需給の適正な調整を図るため必要があると認める場合において業務の種類に応じ当該労働力の需給の状況、当該業務の処理の実情等を考慮して定める期間を超える定めをしてはならない。

法改正の結果、当該期間を派遣法施行令「第四条第一項各号に掲げる業務並びに同令第五条第一号、第二号、第六号、第七号、第九号及び第十号の業務にあっては、三年とする」としていた大臣告示も、その役目を終える。

ただ、①建築物清掃、②建築設備運転等、③駐車場管理等および④テレマーケティングの営業の各業務（派遣法施行令五条三号から五号まで、および八号の業務）については、これまで「労働者派遣の期間」制限の対象とされていなかった、という事実はやはり失念すべきではない。

従前、いわゆる二六業務（派遣法施行令四条一項および今回の法改正に伴い削除される五条に定める業務）については、派遣法四十条の二第一項に定める「派遣受入れ期間」の制限の対象から除外されていた、という経緯もあった。

そのような業務についてまで、新たな期間制限（第六七話を参照）をかける必要があるのか。そうした疑問が筆者にはある（拙著『労働法改革は現場に学べ！――これからの雇用・労働法制』（労働新聞社、平成二十七年）一八八頁以下所収の「疑問が残る26業務の廃止」を参照）。

なかでも、上記の四業務については、先にみた事情から、行政指導に基づく「いわゆる三年の期間制限」（注：同一の派遣労働者を、就業の場所や業務内容を変更することなく、同一の派遣先に三年を超えて派遣しないよう、派遣元に対して指導することを内容とする）の対象とされてこなかった、というファクトすら存在する。

このような事実や経緯を無視することは、あまりにも乱暴にすぎる。こう考えるのは、おそらく筆者だけではあるまい。

Case Study：納得しない現場

派遣法二十六条二項に規定する「派遣契約期間の制限の趣旨は、……派遣先に常用雇用される労働者の派遣労働者による代替を防止することにあることから、三年を超えて引き続き同一の業務に継続して派遣労働者を従事させるような場合は、本来は直接雇用にすることが望ましい旨派遣元責任者講習及び定期指導はもとより、求人説明会、関係事業主団体等の会議の機会をとらえて周知を行う」。

先に言及した「いわゆる三年の期間制限」は、平成十五年の法改正をきっかけとして、行政指導としては行われなくなったものの、その後も、通達（「労働者派遣事業関係業務取扱要領」平成二十六年四月版）はこのように記し続けた。

平成二十七年の派遣法改正によって新しく設けられた「個人単位の期間制限」（第六七話を参照）も、その延長にあるということができる。

このことに関連して、「派遣できてもらっている秘書も、三年後には交替してもらう必要があるのか」といった質問をしばしば受けるが、法改正により二六業務という概念そのものがなくなり、そのすべてが期間制限の対象となる以上、「ＹＥＳ」と答えるほかはない。ただ、現場は誰も納得していない。このこともまた、事実なのである。

平成15年12月11日東京高裁判決
小田急電鉄事件 ……………………………………………………100-101
平成15年12月26日名古屋高裁判決
桜花学園名古屋短大事件 ……………………………………………192
平成18年2月10日大阪高裁判決
兵庫県（期末手当減額）事件……………………………………………87
平成19年12月6日東京地裁判決
東宝舞台事件 ……………………………………………30/101-102
平成21年3月6日東京地裁判決
東京都自動車整備振興会事件 ……………………………………19-23
平成23年12月26日東京地裁判決
山忠建設事件 ……………………………………………………258-260
平成25年1月15日東京地裁判決
EMGマーケティング事件……………………………………………135
平成25年1月31日東京地裁判決
リーディング証券事件 ……………………………………………286
平成25年3月27日東京地裁判決
大阪南労基署長事件 ………………………………………………250
平成25年10月11日大阪地裁判決
三愛事件 ……………………………………………………………263-264
平成25年10月29日東京地裁判決
東洋大学事件 ……………………………………………………279-280
平成25年11月5日東京地裁判決
京北産業事件 ……………………………………………………257-258
平成26年7月28日東京地裁判決
鴻池運輸事件 ……………………………………………………374-376

3　労委命令

平成17年11月16日中労委命令
門真市・門真市教育委員会事件 ……………………………………394
平成19年9月25日大阪府労委命令
大阪大学事件 ………………………………………………………394
平成26年3月13日岡山県労委命令
セブン－イレブン・ジャパン事件 …………………………………307

平成16年３月25日第一小法廷判決
大曲郵便局事件……………………………………………………93
平成19年12月18日第三小法廷判決
福岡雙葉学園事件 ……………………………………………87-88
平成21年12月18日第二小法廷判決
ことぶき事件……………………………………………………45
平成21年12月18日第二小法廷判決
パナソニックプラズマディスプレイ事件 ……………………191
平成26年10月23日第一小法廷判決
広島中央保険生活協同組合事件 ……………………………256

2 下級審判例

昭和38年３月25日福島地裁判決
福島県教組事件 …………………………………………………213
昭和40年７月14日仙台高裁判決
福島県教組事件 …………………………………………………212
昭和55年６月16日東京地裁八王子支部判決
日野自動車事件 …………………………………………………325
昭和56年７月16日東京高裁判決
日野自動車事件 ……………………………………………324-325
昭和59年７月25日大阪地裁判決
日本高圧瓦斯工業事件 ……………………………………345-346
昭和59年11月29日大阪高裁判決
日本高圧瓦斯工業事件 …………………………………………346
平成元年９月22日東京地裁判決
カール・ツアイス事件 ……………………………………366-367
平成11年10月15日東京地裁決定
セガ・エンタープライゼス事件 ………………………………283
平成14年２月27日東京地裁判決
日本アイ・ビー・エム事件 ……………………………………367
平成14年９月13日大阪地裁岸和田支部決定
佐野第一交通（差額賃金仮払）事件 …………………………382
平成15年２月18日名古屋地裁判決
桜花学園名古屋短大事件 ………………………………………192

昭和55年５月30日第二小法廷判決
電電公社近畿電気通信局事件 ……279
昭和57年５月27日第一小法廷判決
東京都建設局事件……58
昭和57年10月７日第一小法廷判決
大和銀行事件 ……82-83
昭和57年10月７日第一小法廷判決
昭和郵便局事件 ……204
昭和58年２月24日第一小法廷判決
西日本重機事件 ……214
昭和58年９月８日第一小法廷判決
関西電力事件 ……335
昭和59年10月18日第一小法廷判決
日野自動車事件 ……325
昭和60年４月23日第三小法廷判決
日産自動車（計画残業）事件 ……390
昭和62年５月８日第二小法廷判決
日産自動車（組合事務所等）事件 ……393-394
平成５年３月25日第一小法廷判決
エッソ石油事件 ……379
平成６年７月14日第一小法廷判決
大阪大学（事務補佐員）事件 ……172
平成７年２月28日第三小法廷判決
朝日放送事件 ……313
平成７年９月８日第二小法廷判決
オリエンタルモーター事件 ……362-363
平成８年11月28日第一小法廷判決
横浜南労基署長（旭紙業）事件 ……309
平成12年３月９日第一小法廷判決
三菱重工業長崎造船所事件 ……323-324
平成14年２月28日第一小法廷判決
大星ビル管理事件 ……325
平成15年10月10日第二小法廷判決
フジ興産事件 ……336

判例・命令索引

1　最高裁判例

昭和32年12月28日大法廷判決
政令201号事件 ……221-223
昭和33年10月15日大法廷判決
覚せい剤取締法違反被告事件 ……223
昭和38年 6 月21日第二小法廷判決
十和田観光電鉄事件 ……303-304/335
昭和41年10月26日大法廷判決
全逓東京中郵事件 ……234-235
昭和43年12月25日大法廷判決
秋北バス事件 ……354
昭和44年12月18日第一小法廷判決
福島県教組事件 ……209-210
昭和48年 9 月14日第二小法廷判決
広島県教委（分限降任）事件……92
昭和48年12月12日大法廷判決
三菱樹脂事件 ……292
昭和51年 5 月 6 日第一小法廷判決
CBC管弦楽団事件 ……308
昭和51年 7 月 9 日第二小法廷判決
新井工務店事件 ……260-261
昭和52年 5 月 4 日大法廷判決
全逓名古屋中郵事件 ……235
昭和52年 8 月 9 日第二小法廷判決
三晃社事件 ……255
昭和52年12月13日第三小法廷判決
目黒電報電話局事件 ……327
昭和54年 7 月20日第二小法廷判決
大日本印刷事件 ……58/278
昭和54年10月30日第三小法廷判決
国鉄札幌駅事件 ……336

マ行

ヤ行

ラ行

ナ行

ハ行

タ行

サ行

法令索引

ア行

カ行

ワ行

ヤ行

ラ行

マ行

ハ行

ナ行

タ行

サ行

事項・人名索引

ア行

カ行

《著者紹介》

小嶌　典明（こじま・のりあき）

昭和27年大阪市生まれ。昭和50年神戸大学法学部卒業。大阪大学大学院法学研究科教授。労働法・労使関係専攻。小渕内閣から第一次安倍内閣まで、規制改革委員会の参与等として雇用・労働法制の改革に従事するかたわら、法人化の前後を通じて計８年間、国立大学における人事労務の現場で実務に携わる。最近の主な著書に、『職場の法律は小説より奇なり』（講談社）、『労働市場改革のミッション』（東洋経済新報社）、『国立大学法人と労働法』（ジアース教育新社）、『労働法の「常識」は現場の「非常識」』（中央経済社）、『労働法改革は現場に学べ！——これからの雇用・労働法制』（労働新聞社［労新新書004］）等がある。

法人職員・公務員のための労働法72話

平成27年12月17日　第１版第１刷発行

著　者　小嶌　典明
発行人　加藤　勝博
発行所　株式会社ジアース教育新社
〒101-0054
東京都千代田区神田錦町１-23
宗保第２ビル５階
TEL 03-5282-7183　FAX 03-5282-7892

ISBN978-4-86371-340-6
○定価はカバーに表示してあります。
Printed in Japan